受安徽省高校人文社会科学研究项目重大项目

《体育犯罪及其分层治理研究（SK2020ZD014）》资助

体育犯罪及其
分层治理研究

张训 著

上海三联书店

目 录

序：让体育远离犯罪、回归纯粹

体育本该是一片纯洁的领地。群众体育带给普通人身心的愉悦；学校体育促进年轻人体质增强、智力发展；竞技体育则带给人以激情、美感及励志精神。不过在消遣伦理观主导下，体育不可能成为一片净土。为贪图享乐而攫取、分食体育利益的越轨者不断突破法律防线和道德底线，侵蚀着体育的健康机体。

体育赌博的操盘手和操控比赛的执法裁判以及幕后黑手不费吹灰之力就能获得巨额收益。体育赛事的色情服务者和组织者几乎无须投入就获得丰厚的回报，色情交易为享乐主义者制造温柔乡并成为滋长其他犯罪的温床。体育经纪人凭借三寸不烂之舌和精明的头脑就能在体育链条的缝隙中分得一杯羹并从优秀职业运动员那里攫取巨额利润，贪婪地盘剥、压榨运动员的身体价值，一旦其机体衰老，运动能力丧失，就会被弃之如敝屣。不仅如此，体育经纪人的胃口与日俱增，并转而寻求其他发财机会，不经意间已然滑入犯罪泥淖。

体育究竟从何而来，为何而生，又走向何处？有人认为，体育起源于战争与军事。但我更愿意相信，体育起源于人类劳动，是人类在奔跑、跳跃、投掷、攀爬、游泳的劳动实践中学会了嬉戏与竞技。体育战争起源说凸显了体育的政治色调，而体育劳动起源说则显示了体育的自然性、纯粹性。让体育回到原点首先是一种理念和信仰的宣扬，不管体育项目是优雅的还是激烈的，它都应该成为人们纯粹的身心愉悦。不可否认，在某些时期，体育或许可以为政治作出必要的贡献，也可以成为经济发展的助推器，但是它不应当消弭或者舍弃体育原本的特质。为此，体育不能深陷政治泥淖，要远离经济漩涡；作为体育人，要远离越轨与犯罪，修炼一种风清气正的无华品质。

为此，至少需要做到以下几点：

第一，让体育跳出政治泥淖。一个不争的事实是，即便在和平年代，体育领地亦经常可以看到政治的身影。一如顾拜旦所言："所有的问题都已经跟政治有着密切的联系。"小到赛场上的种族、国别歧视，大到一些国家运用政治手腕试图玩转体育。在许多体育犯罪中也能寻找到政治的蛛丝马迹，比如在一些重大国际赛事中频繁出现的政治标语、冷战时期两个阵营拒绝参加对方举办的奥运会等等。一旦体育沾染政治色调乃至成为政治的傀儡，那么，体育文化、体育精神以及体育魅力必然大打折扣。国际足联曾经一度广招非议，不仅仅因其内部存在腐败行为，还因为这种腐败行为往往与政治有着千丝万缕的勾连。为此，排斥政治因素几乎成为善良体育人的共同情结。

至于如何划清体育与政治的界限或者将体育从政治的窠臼中剥离出来，我认为，除了要喊出"政治的归政治、体育的归体育"的时代话语之外，具体而言，不仅要设法割除各种重要运动项目协会与政治官员之间的纠葛，还要在体育赛事、体育协会、体育社团、体育部门等各个环节中切割掉政治势力。

第二，让体育远离经济漩涡。经济社会中，体育不可能完全褪去经济的烙印。事实上，经济也的确为体育的繁荣作出贡献。甚至，某些竞技运动就是"烧钱"运动，没有大量的资金投入就不可能产生 F1 这项运动。对于运动员而言，没有丰厚的奖金刺激和巨额的训练经费支撑，或许无法打造诸如勒布朗、梅西和汉密尔顿这些体育明星。但是，金钱显然无法造就一切。以经济对某项竞技体育成绩的促进和最终效果来看，经济的投入和成绩并非一定成正比。中国男子足球较早地走上职业化道路，一些国内大牌球员的收入亦堪比富豪，但其竞技水平和国际竞争力不过尔尔。

在商品经济年代，人们极容易受商业异化的冲击和拜金主义的蛊惑，稍有不慎，体育领域就会沾染金属色，体育明星也会沾上铜臭味。一旦与金钱挂钩，体育必然变味。甚至，若以经济利益为重心，不仅有损体育正义，还可能搬起石头砸自己的脚。例如，在 NBA 主客场 7 场 4 胜制的季后赛中，倘若某队在 3∶1 领先的大好形势下，精心谋划回到主场赢得球票收入而客场先"放水"输一场球，不料最终 3∶4 输了整个系列赛，岂不啪啪打脸，沦为笑柄！

第三，培养健康的体育文化观、伦理观。虽然体育起源于人类自然本性，亦要回归纯粹，走向绿色之路。但时至今日，体育历经风雨，简约而不简单。任何一项体育分支都蕴含着博大精深的体育文化。即便是带有暴力性质的体育运动也显露出人类追求一种狞厉之美的文化历程。例如，以武术为主要形式的中国传统体育深受儒家文化浸染。中国武术向来主张"尚德不尚力"，众多的拳谱家法开章明义皆是阐明武德，强调"武以观德"。而且，武术还在特定时代彰显出其爱国主义情操和民族责任大义。

现代奥林匹克精神又何尝不强调公平竞争、和平友谊的体育文化主旨？体育的魅力不仅仅靠体育运动员健硕的肌肉，也不能依赖于少数体育明星所营造的英雄主义情结，更不能靠功利催生的体育成绩博得人心。倘若如此，体育文化将不可避免地呈现功利化、娱乐化、低俗化乃至犯罪化的趋势。不容否认的是，事实上，古代中国的投壶、古罗马的角斗所残留的世俗之风在今天许多体育运动项目中仍然残存，而体育商业化所衍生的假、毒、赌之风也侵蚀着体育健康肌体。为此，需要摒弃功利主义思想，杜绝体育文化的媚俗心态，努力营造一种健康向上的体育文化氛围，积聚体育正气，特别培养中国体育文化自信，让中国体育拥有健康的机体、正义的力量、阳光的形象、奋斗的身姿、民族的情怀，如此才能正本清源，让体育回到本真意义上，最终走向绿色，融入自然。

第四，让体育步入法治轨道。法律是底线规则。当体育精神、体育文化、体育道德、体育行业标准，甚至体育仲裁对一些体育越轨行为无法有效约束或者不能形成有效干预时，法律该登场了。

相较于其他社会规则，法律的一个显著特征在于其惩处的严厉。因为体育越轨行为呈现违纪、违法和犯罪的层次性，针对体育越轨行为的法律评价体系也是分层级的。规范性文件表现为，体育社团内部的纪律规章、行政机关的部门规章、刑事法律规范等。

当然，基于体育的特殊性，针对体育领域的法律系统，不仅要满足科学性、专业性、技术性要求，还需要涵括体育行为的指引、评价、示范、惩处和救济等在内的一整套规范体系。

社会的进步往往需要付出一定的代价，体育也不例外。因而应当尊重体育行业的自身特征，不能因为法律过于繁密和严苛而禁锢和限制体育的发展。创设体育法律是为了规范和引领体育行业的发展，让体育走在正确的轨道上。

导　论

一、命题的提出及其价值

一如曼德拉在首届世界劳伦斯体育大奖颁奖典礼上所言，"体育，拥有改变世界的力量"。在现代社会，社会体育意味着健康，竞技体育意味着财富，学校体育意味着传承，多样的体育生活给参与其中的人们制造了精神愉悦，而卓越的体育成绩则给运动员个体乃至民族与国家带来无上荣光。事实上，纵观人类历史，体育的魅力和影响力不仅止于此。体育的兴衰史往往就是一国国力盛衰的晴雨表。即便在和平年代，一场普通的足球友谊赛在不经意间都可能上升为一场民族战争。为国争光的体育明星也常被视为民族英雄。所以，世界各国纷纷加大对体育事业的投入力度，争相申办奥林匹克运动会等大型国际赛事并积极组织代表团参赛，力争取得好成绩，以显国威。可以说，当下的体育在一定程度上被赋予了政治意蕴。体育运动上升到国家政治层面则无疑成为体育国际化和产业化的助推器，而且，一旦当体育染上政治色彩，关涉这一领域的严重越轨行为就顺理成章地成为犯罪行为。因为，在刑法学意义上，犯罪本就是一个政治概念，"国家把某些行为定为犯罪的行为原本就具有政治色彩"。[①]

实践告知，无论在体育运动的历史皱褶里，还是在当代体育产业化

---

① ［日］大塚仁：《犯罪论的基本问题》，冯军译，中国政法大学出版社 1993 年版，第 5 页。

链条的罅隙中，都能捕捉到形态各异有损体育机体的病灶。在体育行业做大做强和体育明星风光无限的背后，体育丑闻和体育犯罪也成为挥之不去的巨大阴影。体育暴力，体育诈骗，体育贪渎，体育色情，黑哨、假球操纵体育赛事等与体育相关的越轨行为和犯罪行为越来越突出，并已经演变成一个世界性话题。

因而在发生学意义上，体育犯罪概念已有提出之必要。近年来，学者们亦围绕犯罪学和体育学这一新兴交叉领域展开探索性研究，使得体育犯罪学逐渐成为一门显学。不过，立足于刑法学层面的研究者，在刑法教义学上将体育犯罪的相关刑法规定视为其他刑法分支学科加以注解。这也使得人们无法在犯罪学意义上完成对体育犯罪行为与体育越轨行为、体育正当行为之间的准确界分。为了使体育犯罪能够最终完成刑法学意义上的规范表达，笔者将以体育犯罪在犯罪学意义上提炼之必要为逻辑起点，分析几种典型体育犯罪的成因、特征、属性为其寻求合理的法律应对路径。并在寻求对体育犯罪的法律应对时注意体育自组织纪律体系、行政法体系和刑法体系之间有机衔接。

如此，把体育犯罪及其刑法应对策略研究引入法治社会、和谐社会的建设网点，不仅可以为体育学、犯罪学、刑法学乃至社会学研究提供一个崭新的视域，而且其研究本身也可以成为揭示法治社会、和谐社会性质的一个学术生长点。作为社会控制工具的法律，本身就是人类社会长期博弈的结果。本课题有关体育犯罪问题的思考与建言，看似只是立法和司法的技术性调整，实则是立法与司法观念的应然转变，于体育法学理论创新意义重大，于社会秩序稳定与关系和谐意义重大，于竞技体育的有序发展和体育的产业化、国际化意义重大，于体育犯罪及其防控法律理论自身体系性之建构意义重大。甚至可以说，对体育犯罪的深入研究，将会成为我国法治建设中的一大特色、一大亮点。具体而言，本课题研究的意义主要体现在以下两个方面：

第一，本课题的理论意义。犯罪学史和刑法文化学史的发展表明，总结相关场域犯罪研究的经验、探寻此类型犯罪背后的共同原理、阐述特定场域犯罪系统的运作机理有助于揭示犯罪类型及司法意义上的犯罪体系的本质与规律。因此，对体育犯罪的理论体系提炼可以从更为接近法治本体的视野来探讨此种犯罪类型之成因，还可以从一个特别的视角来打量中国法治建设的刑法学、犯罪学、体育学乃至社会学层面，能够将法治视域和体育产业化视野下的体育犯罪问题研究引向深入，并建构出具有中国特色的体育学、犯罪学、刑法学乃至社会学的分支学科的理论支架，从而丰富与发展上述学说。

第二，本课题的应用价值。本课题的研究，不仅有助于科学地认识暴力与秩序冲突中的新制度、新问题，用正确的理论指导中国司法实务中的制度创新，保障我国体育行业乃至整体社会秩序稳定，促进我国法制完善和司法改良，而且有利于整合各种法律资源和社会资源，以相对强制性规范融合体育法、社会法、行政法与刑法之间的冲突与矛盾，促进体育法、社会法、行政法与刑法之间的良性互动，更好地保障体育机体的良性运转和维护体育活动参与者的权利。当然，这种研究更加有利于在实践中正确认定体育犯罪，在处理模式上将法律规制和政策中的"轻轻、重重""倾斜保护"的罪刑结构外化为"法益保护"的实际行动，以合理组织对这一犯罪的刑法反应。而且，鉴于体育国际化及体育犯罪国际化的趋势，立基于中国范围内的体育犯罪的理论预设和具体防控机制不仅仅具有"中国特色"，也具有普适于世界之共性。因而，可以预期的是，其理论和实践成果不仅仅属于中国，也将助益于全球视域内的体育犯罪应对。

二、本命题研究思路、方法及立场

作为一种既古老又时兴的犯罪，体育犯罪不仅发生在运动场上，还出现在体育产业相关的经济领域及管理机构内；不仅仅发生在竞技体育领域，还滋生于社会群众体育和学校体育中。随着体育社会化、体育产业化和体育国际化的快速发展，体育犯罪亦呈现出复杂、多变和细化的特征，其主体、侵害对象以及类型出现一定程度的变异。这就要求，在应对体育犯罪时，不仅要在历史褶皱中巡视古老的体育犯罪品种，还要捕捉体育犯罪集散地内的新型犯罪类型和犯罪场域。体育产业化和体育国际化的延伸拓展了体育犯罪的活动空间，使得从发生学的角度和犯罪学的意义上有了"新型体育犯罪"理论构建之可能与必要。其中，合理规划当代体育犯罪理论的构建路径、挖掘当代体育犯罪理论的核心内容、论证当代体育犯罪的理论价值、构设当代体育犯罪应对机制的理论框架、构建当代体育犯罪的预警机制与管理体系、搭建体育刑法的体系，这就是中国体育犯罪理论研究的基本路向。

围绕本命题的研究思路，拟采用以下方法对之进行研究：

1. 田野调查的个案选择与方法。采用定性研究和问卷调查的定量研究相结合的方式到体育活动尤其是竞技体育举办地进行深入调研。

2. 跨学科视景透视（interdisciplinary perspective）。本课题研究采用建立在体育学、犯罪学、刑法学、人类学、社会学、历史学和民俗学交叉透视基础上的研究方法。

3. 比较分析方法。比较英、美、德、法、荷兰等国体育犯罪研究及法律应对的情况（如考察保加利亚制定单行刑法规制足球流氓犯罪的模式），提炼我国地方的经验做法（如借鉴山东省××市警方建立"足球流氓"档案的控制策略），为本课题的研究提供比较基础。

4. 具体研究宏观化。把研究结论放在宏观视野下进行审视，从学科和事业全局的高度来验证其科学性、可行性。

为了准确界定本命题所涉及场域、概念、类型以及防控措施，笔者将明确以下研究立场：

其一，拓展研究场域。本命题源起于实践，因而实践中体育犯罪具体样态是本命题的生命源泉。为此，首先需要对体育犯罪行为的发生场域和范围进行界定。笔者认为，在体育社会化、产业化和国际化的背景下，研究视野不能过于逼仄，要从纵横两个切面打量体育犯罪行为。在横向上，要注意到其发生场域不限于竞技体育，还有社会体育和学校体育等领域；在纵向上则要关注体育管理活动、体育竞赛活动、体育商业活动、体育场馆建设和体育文化国际交流活动等整个体育链条。另外，体育犯罪的种类繁多。以中国现行刑法规定的体育犯罪为例，相关罪名约占整个罪名的四分之一。所以研究体育领域中的犯罪行为不能仅仅关注其中的个别类型，而需要关注其整体性。

其二，明确研究视域。这也是关于体育犯罪属性的定位问题。如上文所言，已有的研究并未就体育犯罪究竟该置于刑法学意义上还是犯罪学意义上表明立场。有研究者倾向在公权力视角下研究它，这种范式更接近于在刑法学上解读。有学者从社会学、心理学角度研究体育贿赂犯罪的方法则表明其犯罪学的倾向。而在我看来，对于体育犯罪行为而言，刑法意义上的规制对象往往是指触犯刑事法规、应受刑罚处罚的行为。如果仅仅将体育职务犯罪行为限定在刑法学意义上，则无疑极大地限缩了其外延，而且，刑法学研究的是体育职务犯罪的法律构成要件，目的在于就此类犯罪如何准确适用刑罚。换言之，刑法学主要是在规范层面上研究体育职务犯罪，而犯罪学则是在事实层面上研究体育职务犯罪的发生、运行等规律。所以，犯罪学研究主要集中在体育犯罪现象本身。在犯罪学视野中，对体育犯罪行为可以从更为广泛和多重的角度进行解析，既可以从生物学、心理学和文化学的角度进行，也可以从社会学的角度进行；既可以从个体行为角度也可以从群体现象角度展开。毋宁说，体育犯罪行为就是指体育越轨行为。其更接近社会学范畴。由此，把体育犯罪行为放在社会背景下，研究其与社会之间的关系，从而能够更为科学全面地认识这一现象，进而制定相应的防控对策。基于此，本书将主要依循犯罪学的研究路径对这一社会现象进行学理分析。

其三，遵循"一体化"研究范式。在刑事法研究领域，储槐植教授提倡"刑事一体化"研究范式，在其看来"刑事一体化，既是概念，也是方法。"[①] 而在体育犯罪应对之法律体系构建上，更要遵循法制一体化模式。因为按照犯罪学视域的界定，本命题所言的体育犯罪行为形式上与体育越轨行为相吻合，其中既有体育违纪行为，也有一般的体育违法行为，而严重的体育越轨行为才会触及刑事法网，成为纯粹刑法意义上的体育犯罪行为。针对不同性质和不同层次的体育越轨行为，需要构设并完善包含体育纪律条例、体育行政法规和体育刑法在内的一整套的法律体系。为此，延循储槐植教授刑事一体化的理念，笔者主张在构设应对体育犯罪行为的法律体系时，应遵循法制一体化理念。

另外一个层面，"一体化"理念体现在针对体育犯罪的应对策略上。体育活动有其专门性和技术性等特征，过多的干预可能会制约乃至损害体育运动本身的发展。针对体育中的越轨行为，首先要进行有效甄别，尽可能遵循技术事项例外、用尽内部救济等原则，法律只是最后的手段。这就要求，针对体育犯罪行为，需要构建涵括预警、预防、控制及惩治在内的"一体化"应对体系，而非仅仅依赖法律的控制能力，还要谋求契合于体育活动本身特征的其他应对方案。

其四，秉持有惩罚就有救济的理念。作为应对体育越轨行为的一种手段，处罚成为必要。学者们则根据研究的需要，从不同的角度对体育处罚进行归类。韩勇将体育处罚分为违规处罚、违纪处罚和违法处罚三种。[②] 王梦认为体育处罚类型有纪律处罚、行政处罚和刑事处罚三种。[③] 韩勇所言的违规处罚更类似于一种竞技体育中的临场处罚，可以涵括在体育纪律处罚之类。笔者更倾向于王梦的归类，认为根据处罚主体、处罚依据、处罚后果的轻重以及如何救济，体育处罚主要包括纪律处罚、行政处罚和刑罚三种类型。处罚虽然是必要，但亦出于无奈，因而应当谨慎为之，并避免过剩、不当的处罚，而且至为重要的是，应当保障每

---

① 参见储槐植：《刑事一体化论要》，北京大学出版社 2007 年版，第 24 页。
② 参见韩勇：《体育纪律处罚研究》，《体育科学》2007 年第 4 期。
③ 参见王梦：《反兴奋剂目标与纪律处罚措施探讨》，《体育文化导刊》2012 年第 1 期。

种、每次处罚都有相应的救济手段。正如"没有救济的权利不是权利"（A right without remedy is right），没有救济的处罚不是正当的处罚。笔者认为，依据不同体育处罚类型制定相应的处罚救济程序，并且建立相同体育处罚内部救济与外部救济之间、不同处罚救济之间、不同的处罚机关与救济机关之间的贯通机制，以保障救济的有序与顺畅。

三、本命题核心内容及创新点

各类体育赛事中的体育暴力、体育赌博等越轨事件以及近年来国际、国内足球领域发生的贪渎事件警醒人们关注体育领域里的各种越轨行为，也对构建体育犯罪理论提出了要求。因为体育犯罪是在实践中引起警觉的，所以其理论构建须以实证分析为逻辑起点，而对体育犯罪的概念化和类型化又促成其独立的理论品格。结合这些，本命题的研究主要围绕以下核心内容展开。

1. 结合个案对体育犯罪现象、成因、特征进行实证分析。笔者选择具有典型意义的体育活动场域与体育犯罪典型案例，采取深度访谈和现场研究的定性研究、问卷调查的定量研究相结合的方式，破解被调查者的经验图式并结合体育参与者的综合素质、赛场文化以及场域内外情境展开研究。

2. 通过对政府和社会组织关于体育犯罪的实际防控策略进行分析，并结合国内外体育赛事治安防范的经验，建立体育犯罪的风险管理机制。具体包括：建立体育犯罪的预警机制，建立体育犯罪的预防机制，建立体育犯罪的控制机制，建立体育场域中突发犯罪的应急机制，建立体育犯罪防范与控制的绩效评估机制，建立体育犯罪处罚救济机制。

3. 通过对收集到的体育犯罪案例和现实中的体育犯罪样态进行实证分析，概括体育犯罪的普遍性和特殊性，并借助概念化和类型化等手段提炼体育犯罪的理论内核和价值根基，以便构建其具有更大普适性的理论体系，同时完成体育犯罪理论研究在犯罪学（社会学）层面和刑法学层面上的结合。

4、刑法体系驻守在维护体育秩序的最后一道法律防线上，虽然刑罚不可轻易动用，但必要时，仍需要借助于刑罚的打击力度。为此，需要构建针对体育犯罪的刑事司法介入机制，甚至针对特别的体育场域和体育犯罪类型需要司法提前介入，因而，需要论证体育刑法的立论根基、价值理念、规范属性、运行模式、研究内容和目标定位，以此构建体育犯罪的刑法防范和应对体系。厘清体育越轨行为的社会危害性、相当性与体育犯罪、体育犯罪的刑事责任与体育犯罪的刑法应对之间的关系。论证我国对体育犯罪行为进行刑法应防的必要性和对策选择。

主张将体育犯罪置于犯罪学（社会学）意义上加以分析，在此基础上对体育犯罪进行类型划分和属性定位；提出体育犯罪行为与体育越轨行为的区分度并以此提出体育法、行政法与刑法之间的衔接与协调问题；提出体育刑法的构设问题，并以体育刑法的规范属性、学科定位和技术生成为核心要素；提出对体育犯罪的源头即体育犯罪历史进行探索；提倡对每一具体体育犯罪类型的全方位细致扫描尤其将其置于犯罪学分析框架内，由此构建起包括政策干预、纪律约束、司法介入等硬性干预机制和包括心理预警、文化塑造、伦理约束、媒体监督等软性干预机制的体育犯罪防控机制。

上述的主要观点其实也是本课题的创新之处，此外本课题研究还力图在以下方面取得突破和创新：

第一，一种新的研究方法。本课题的研究将立足于跨学科的多维视角透视的基本立场，从体育学、刑法学、犯罪学意义出发的概念化和类型化推演与"自下而上"的社会学研究方法相结合。尤其是，本课题对体育犯罪（史）的分析基于田野调查的一手资料基础之上，从而使研究成果具有较高的真实性和可信度。

第二，一个新的研究视角。尽管国内外对体育犯罪问题有一定研究，但研究没有达成犯罪学和刑法学层面的有机结合。本课题试图探索体育犯罪理论研究"人"和"地"的双重视域。

第三,一些新的对策思路。中国正由一个体育大国迈向体育强国,而且社会群众体育亦如火如荼,随着足球进校园在全国范围内的推进,学校体育也悄然兴起,那么,探究并努力建构具有中国特色的体育犯罪理论,进而为保障中国体育活动的有序、良性发展及体育越轨行为的治理提供强大的理论支撑,无疑是一项具有国家战略意义的工程。本课题的研究希冀并将着力在此问题上提出一些具有实践操作价值的对策思路。

四、对已有研究的综述

笔者用文献检索法在权威网站输入与本课题有关的关键词,查阅分析了目前的相关文献。同时,也仔细阅读了其他有关研究纸质成果,现综述如下:

在我国,体育法制研究起步较晚,大约发端于二十世纪七八十年代。"作为一个部门法学,在体育界和法学界的共同推动下,我国的体育法学发展很快,成就可谓显著。"[①]体育法学的其中一个分支,即体育犯罪学作为体育学和犯罪学的一个新兴交叉研究领域,在经历了十多年的探索与发展之后,也逐渐受到越来越多的学者的关注。其相关研究成果主要集中在体育犯罪的本质与现象两个基础问题上。体育犯罪本质争议的焦点在于:犯罪学体育犯罪概念与刑法学体育犯罪概念之间的关系。

到目前为止,对体育犯罪概念的界定,一直处于争鸣的状态。持扩大犯罪说者认为体育犯罪是指发生在体育活动的过程中,与体育从业者(从事体育工作的自然人。包括运动员、裁判员、体育官员、从事体育产业服务的人员等)、体育活动或体育环境(含体育设施)有关的所有

---

① 　参见贾文彤:《刚刚在路上——再论中国体育法学向何处去》,《体育与科学》2015年第5期。

犯罪现象的总和。① 持同等法定犯罪说者认为，竞技体育犯罪是指在竞技体育的运动训练或竞赛过程中发生的，严重侵害了公共利益及相对方的合法权益，扰乱了体育正常的竞赛秩序，以及其他危害社会的行为，依照法律应当受到刑法处罚的均称为竞技体育犯罪。② 持包容法定犯罪说者认为体育犯罪其实是一种体育非法行为，是体育竞技领域中广泛存在的一种现象，它在范围上包含违法、犯罪、违规以及反道德等各种复杂的行为。③

关于体育犯罪现象的研究，学界主要围绕体育伤害、体育贿赂、体育诈骗、滥用兴奋剂、体育暴力、体育流氓等问题展开。

在我国，由于对体育伤害问题的研究起步较早，所以理论成果相对丰富。关于体育伤害，有学校体育伤害和竞技体育伤害之分，多数学者以研究学校体育伤害及侵权赔偿为主，但也有人认为对竞技体育伤害行为的探讨才是对体育犯罪概念下的体育伤害研究。④

对于体育贿赂犯罪的研究，目前已经初步形成了从行为定性到犯罪构成再到犯罪预防的理论体系。其中既有人从中外比较研究视角探寻中国对竞技体育贿赂问题的法律规制的特点、不足⑤；也有人从社会学和犯罪学的视角探究竞技体育贿赂问题的成因，并把假球、黑哨现象与商业贿赂连接起来⑥；还有人从社会控制与心理学的角度聚焦如何预防和控制竞技运动中的贿赂问题。⑦ 最新公布的 2016 年度国家社会科学基金中，有人以体育职务犯罪之刑法规制为题中标，以国家项目资助为基础展开的科研活动令人期待，相信项目组会为体育职务犯罪之研究推上

① 参见巴艳芳、郭敏、田静：《体育犯罪学初探》，《体育文化导刊》2006 年第 1 期。
② 参见夏婧、李丹：《我国竞技体育中的犯罪预防与惩处研究》，《理论月刊》2008 年第 1 期。
③ 参见黄晓卫：《体育非法行为及其司法控制刍议》，《四川体育科学》1999 年第 2 期。
④ 参见康均心：《我国体育犯罪研究综述》，《武汉体育学院学报》2010 年第 4 期。
⑤ 参见谢望原、陈琴：《体育竞技中贿赂犯罪比较研究》，《政法论丛》2004 年第 6 期。
⑥ 参见邹鸿：《体育犯罪问题研究》，西南政法大学硕士学位论文，2007 年。
⑦ 参见石泉：《竞技体育刑法制约论》，吉林大学博士学位论文，2004 年。

新高度。

使用兴奋剂，在意大利、德国、澳大利亚等国可以作为犯罪行为处理。康均心、夏婧在《兴奋剂的入罪问题研究》一文中，在对毒品和兴奋剂的关系进行分析研究的基础之上，认为兴奋剂是涵盖了人工合成的新类型毒品在内的，在一定程度上是可以构成犯罪（武汉体育学院学报，2010）。罗嘉司在其博士学位论文《竞技体育犯罪研究——以犯罪学为视角》中则归结出使用兴奋剂成行为的五个特点（2006）。其后，理论界和实务界不断推进使用兴奋剂的犯罪化之路。贾健进一步指出，滥用兴奋剂犯罪化可采用单独创设罪名的方式，立法的场域应适用在组织化和商业化竞技体育比赛范围内，行为类型应严格限缩为自愿使用或者引诱、教唆、欺骗或者强迫他人使用兴奋剂；并且，基于特殊预防和克服短期自由刑弊端思考，刑种上可增设资格刑规定（武汉体育学院学报，2015）。终至，刑法修正案（十一）明确将引诱、教唆、欺骗、组织、强迫运动员使用兴奋剂的行为规定为犯罪。使用兴奋剂犯罪在刑法意义上得以确立（具体罪名为妨害兴奋剂管理罪）。

从 20 世纪 80 年代开始，学者们就运用不同方法，从不同角度，在不同层次上对体育暴力（主要是赛场观众暴力）行为进行了细致研究。如，项世新运用比较法从社会心理学角度对其进行宏观研究（1987）；白君龄等运用问卷调查法从心理学角度对其进行微观研究（1988）；张志东等运用逻辑分析法从社会学、文化学、心理学角度对其进行系统研究（1988）；石岩运用现场研究法从社会心理学角度对其进行组织、群体研究（2003）；仇军等运用数理统计法从心理学和管理学角度对其进行社会态度的实证分析。在引入国外相关研究成果时，鉴于翻译角度的不同，国内相关概念上尚未统一界定。例如，关于体育暴力概念，翟继勇、刘一民把破坏性暴力（Destructive Violence）分为"看台暴力（Stadium Violence）""运动暴力（Sports Violence）""混合暴力（Mixed Violence）"（2003）。石岩则呼吁对球迷骚乱（Fans Rioting）、球迷闹事（Fans Misbehavior）、球迷暴力（Fan violence）、观众骚乱（Spectator Rioting）、足球流氓（Soccer Hooligan）、足球暴力（Soccer Violence）、观众越轨行为（Spectator Impermissible Behaviors）等采用规范的称谓，并将之统称为"球场观众暴力（Field Spectator Violence）"（2004）。石岩、周洁依据球场观众暴力事件发生的规律与特点，将球场观众暴力遏制方略分为三个部分：源头预防、过程控制与末端治理（2007）。石岩、吴洋还从风险的角度对球场观众暴力进行探讨，构建球场观众暴力风险发生模型，并在此基础上对我国球场观众暴力风险管理体系进行研究（2009）。

关于体育流氓犯罪，国内外学者主要集中在"足球流氓"的研究上。虽然对足球流氓（football hooligan）的概念并没有一个明确的界定，但人们对其已基本达成一些共识，即不管比赛进行如何都将表现出与足球运动相联系的、人际间流氓行为的一类人（Eitzen，1979），他们的主要目的是为了表现男子汉气概、地域争斗及刺激（Dunning，1988）。John Harrington 侧重于足球流氓的心理视角，而较少从更广泛的社会因素考虑（1968）；Lan Taylor 首次从社会学角度进行分析，提出了足球流氓阶层划分的不同观点，即不仅局限于工人阶级，也有一部分是中产阶级（1971）；John Clarke 和 Stuart Hall 从亚文化角度研究足球流氓的行为方式（1978）；Peter Marsh 的研究则是从社会心理学角度，更侧重于对个体行为和当事人自我表述的研究（1978）。石岩、范冬梅在文献资料调研的基础上采用逻辑分析法对中国式球场观众流氓话语进行探讨，认为中国式球场观众流氓话语有流氓性、易发性、集群性、指向性和攻击性等特点，并从文化学和社会心理学视角对其进行分析，总结造成中国式球场观众流氓话语的球场社会环境因素和球场观众自身因素，遵循"疏重于防，防重于堵"的原则，从操作层面和制度层面提出中国式球场观众流氓话语的应对策略（2010）。

综观检索出来的文献发现，研究者大多是热衷于应用研究和实证分析，研究视域主要集中在犯罪学、社会学、心理学等层面上，分析体育越轨行为的现象、类型、成因以及防控，而在一定程度上忽视了基础理论的研究。如就体育犯罪概念界定的视域问题没有明确界定，各种类型的体育犯罪内涵和外延界定不清，对体育犯罪独立的理论品格论证不足。同时就其中某一类体育犯罪行为的研究面亦过于逼仄，而忽略了对其他相关命题的广泛关注。例如，对体育暴力犯罪研究往往集中在竞技体育赛场或者球场暴力上，而忽略了场外和其他体育活动场域的暴力行为；体育流氓研究的对象也大都聚焦在足球流氓上，而忽略了其他赛事中的流氓行为；体育贪渎等职务犯罪的发生场域主要定格在竞技体育领域，而忽视了社会体育、学校体育、群众体育等领域；对体育色情犯罪等关注度不够；对体育犯罪防控体系搭建不够缜密，缺乏整体性和系统性；对体育犯罪的防治往往钟情于法律手段，而忽视了文化、伦理、政策等其他干预手段；对应对体育犯罪的法律体系构设也不完善，没有注意到各阶层法律之间的衔接与协调问题；对针对体育犯罪处罚的救济关注不够，更没有注意到针对不同层次体育犯罪行为所处惩罚之间的衔接与救济问题等。

学界聚焦个别犯罪类型的研究模式固然深刻、细致，但必然如上所言缺乏关联性和系统性，而已有研究对体育犯罪的概念、规范属性、核心内容、价值基础、发展路向也相对薄弱。更鲜有研究者立足于刑法学层面探视体育犯罪，在刑法教义学上对体育犯罪的相关刑法规定作为刑法分支学科加以注解，也没有对如何构设体育犯罪的刑法模式提出建设性意见，更没有人就针对体育犯罪专门制定单行的《体育刑法》还是附属刑法或者在现有的刑法典中重新布置专门的体育犯罪罪域作出有力论证。这种局面亦会最终导致人们无法在犯罪学意义上完成对体育犯罪行为与越轨行、合法行为之间的准确界分，从而无法开辟构设体育刑法的合理路径。

第一章　体育犯罪基本范畴

第一节　体育犯罪概念界定

对于犯罪的概念，可以从犯罪学、社会学、伦理学的角度加以揭示，所以对何谓犯罪的界定结论，不胜枚举。[①] 正如不同学科领域的犯罪概念不尽相同一样，体育犯罪的概念亦因界定者立足于不同视域而呈现出差异。从已有研究成果来看，学者们分别侧重于刑法学、犯罪学和社会学三种视域对体育犯罪概念进行界定。笔者主要梳理学界在刑法学和犯罪学视域中的体育犯罪概念，并最终确立本书的立场。

一、不同视域之争

在刑法学界，虽然理论上对犯罪作出形式上和实质上的划分，但按照我国刑法第 13 条规定："一切危害国家主权、领土完整和安全，分裂国家、颠覆人民民主专政的政权和推翻社会主义制度，破坏社会秩序和经济秩序，侵犯国有财产或者劳动群众集体所有的财产，侵犯公民私人所有的财产，侵犯公民的人身权利、民主权利和其他权利，以及其他危害社会的行为，依照法律应当受刑罚处罚的，都是犯罪，但是情节显著轻微危害不大的，不认为是犯罪。"普遍将犯罪概念归纳为依照法律应

---

① 参见陈兴良主编：《刑法学》，复旦大学出版社 2009 年版，第 24 页。

当受刑罚处罚的危害社会的行为，[①]并进一步厘定犯罪的三个基本特征，即社会危害性、刑事违法性和应受刑罚处罚性。[②]

遵循这一视域，有人认为，笼统地说，所谓的体育犯罪，只是对我国刑法所规定的诸多犯罪中可能与体育竞技相关的罪名所进行的类型性归纳，这些罪名本身相较于刑法其他罪名并不具有质的区别。并认为，对体育犯罪界定时不应脱离刑法犯罪概念的外延、内涵予以盲目扩大，故此，体育犯罪，只能是指在竞技体育比赛过程中，严重侵害了公共利益和对方的合法权益，扰乱了正常的体育竞赛秩序，以及其他具备法益侵害性从而依照法律应当受到刑罚处罚的行为。[③]

在犯罪学研究者看来，犯罪不存在一般概念，基于犯罪学科构建的犯罪概念是功能性的，系指以严重的社会侵害性去划分何者才是犯罪的一种判断依据，并以此概念来说明犯罪学研究犯罪的基本范畴及客观标准。具体包括：绝大部分法定犯罪行为、待刑罚化的犯罪行为、准犯罪行为，待犯罪化的犯罪行为。以此而言，犯罪不仅仅是个体行为，还可以在外延上将其定义为社会现象。[④]

在这一路径上，有人认为，体育犯罪是指发生在体育活动的过程中，与体育从业者、体育活动或体育环境有关的所有犯罪现象的总和，并认为在体育犯罪的范畴上，无论是应该受到何种国家法律处罚的行为还是某种违反传统伦理道德的行为都应视为犯罪。[⑤]持这一观点的研究者不在少数，康均心教授将其归纳为包容法定犯罪说。其代表性观点认为体育犯罪其实是一种体育非法行为，是体育竞技领域中广泛存在的一种现象，它在范围上包含违法、犯罪、违规以及反道德等各种复杂的行

---

① 参见张明楷：《刑法学》，法律出版社 2011 年版，第 88 页。
② 参见高铭暄、马克昌主编：《刑法学》，北京大学出版社、高等教育出版社 2011 年版，第 44—46 页。
③ 参见杨科：《体育犯罪概念及其类型的再分析》，《武汉体育学院学报》2010 年第 6 期。
④ 参见王牧主编：《新犯罪学》，高等教育出版社 2010 年版，第 70—74 页。
⑤ 参见巴艳芳、郭敏、田静：《体育犯罪学初探》，《体育文化导刊》2006 年第 1 期。

为。在康均心教授看来，此学说代表了体育犯罪研究的一种新的趋势和发展方向。因为在体育领域中，把刑事法律规定的犯罪行为和具有严重社会危害性的越轨行为这两种有着属种关系的行为都纳入到体育犯罪的研究视野，将法律因素与社会因素并重，不仅大大拓宽了犯罪学研究的视野，而且为刑法应对把哪种行为规定为犯罪提供了理论依据。[①]

二、本书的立场

在笔者看来，虽然包容法定犯罪说所提倡之犯罪概念，在一定程度上忽视了犯罪概念在犯罪学意义和刑法学意义上的区分[②]，甚至混淆了伦理和法律的辖制范围之别，而且从根本上有悖于罪刑法定原则。然而，其突出贡献则在于这种研究模式打通了犯罪学和刑法学之间的研究壁垒，为体育犯罪行为在刑事立法和刑事司法中落脚找到一个切入点。这也契合本研究命题一以贯之的研究思路，因而，本书立足于犯罪学立场，又对研究视域进行必要限缩，既将体育犯罪视为一种社会现象，在犯罪学乃至社会学视野中打量，又在必要时将其置于刑法学视野之内加以考量。

不过值得关注的是，给体育犯罪下定义的多为法学界研究者，很少有体育学者置喙，这就难免使得体育犯罪概念多了法学学究气息，而少了体育实践的味道。事实上，任何忘却或者忽视体育犯罪发生场域即鲜活的体育领域的定义都是不真实和不完整的。因而，在界定体育犯罪概念之前，还需界定其发生场域。不过，体育学界研究体育违法行为、体育越轨行为抑或体育犯罪行为，一般都将其设置在竞技体育领域，并且没有人审视具体体育运动的合法性。出现这种局面多因体育研究者受限于专业性，亦缺少一定的法律视野，难免失却周延。事实上，正如上文所言，体育犯罪行为的发生场域不仅限于竞技体育领域，还包括社会体

---

① 参见康均心：《我国体育犯罪研究综述》，《武汉体育学院学报》2010 年第 4 期。
② 一般而言，犯罪在刑法学意义上是指"犯罪构成"，在犯罪学意义上则指"犯罪现象"。

育和学校体育。现实中发生的体育犯罪事件也对此进行了验证。就此，笔者将在考察体育犯罪的实践样态时予以说明。另外，笔者主张，不管该项体育活动的存在是否合法（例如地下拳击赛，亦被称为黑市拳击赛），也不论该项体育运动是否正式（如城市之间等娱乐性体育运动，事实上，《中华人民共和国体育法》亦认可"业余、自愿、小型多样"的"社会体育"），只要具有一定的竞赛性质，就可以成为体育犯罪之发生场域。

在体育犯罪的主体范围和犯罪品性认定上，也应当持开放性态度。体育犯罪主体既包括个人也包括体育社团、体育企业、体育行政、事业单位等。其犯罪品性是双向的，并不必然表现为运动员个人及其团队或者体育主管、赛会主办等单位的单向行为，可以是单位对个人合法利益的侵犯（如胁迫或者采取隐瞒手段致使运动员使用兴奋剂的行为），也可以是个人对单位施加的侵害（如个体采用伪造年龄、成绩等以获取运动队或者体育院校入选资格的行为）。

当然，立足于犯罪学视域考察是为了更细致地寻找体育犯罪现象发生的原因并分析其特征，并为其制定涵括政策、伦理、文化、法律等手段在内的综合防控体系。不过，对体育犯罪的规范意义上的防控最终还是要经由纪律规范、行政规范筛选，一部分最为严重的体育越轨行为还是要回到刑事法视野中来。按照现行的刑法罪名体系，体育犯罪散布在不同的罪域之中。诸如体育欺诈等犯罪在破坏社会主义市场经济秩序罪域；体育恐怖主义等犯罪在危害国家安全罪域；体育暴力、体育赌博、体育色情、体育流氓等犯罪在危害公共安全罪、侵犯人身财产罪、妨害社会管理秩序罪等罪域；体育贿赂等贪渎犯罪在贪污贿赂及渎职罪域。由此，也带来另外一个问题，即存在体育犯罪与其他刑法学意义上的罪域之间的竞合现象，这无疑加大了对体育犯罪概念和内涵进行界定的难度。同时，体育犯罪与体育违纪行为、体育违法行为之间在"不法"方面具有同一性，因而也会出现体育犯罪与行政违法行为、纪律违规行为之间的竞合，实质上，体育领域罪犯的刑事责任就是相关行政责任积量到质的结果。因此，体育犯罪的边界还需要在行政法主要追求合目的性和刑事法主要追求法的安定性之价值博弈中加以圈界。

综上，结合体育领域的特殊性，吸收体育学的相关知识，在犯罪学视域下，笔者认为，所谓体育犯罪是指发生在体育活动中，涉及体育运动、体育环境、体育产业、体育交流、体育教育、体育行政管理、体育建设等相关领域，依据纪律规定、行政规章、法律规范应当受到惩处的危害性行为。

第二节 体育犯罪的属性定位

体育犯罪不仅具有一般犯罪的基本特征，也因为其滋生场域的特殊性而拥有其自身的一些特别属性，具体如下：

一、补充性

体育精神能够给人激励，体育运动也带给人们感官上的愉悦，体育产业在一定程度上促进了经济的发展，因此，必须给予体育充分的活动空间。以此而言，即便对待严重体育越轨行为亦需慎刑。也就是说，对于体育不法行为，尽可能地运用纪律、民事、行政及仲裁措施处理，只有其超出了纪律手段、民事措施、仲裁裁决、行政处罚的调整范围和能力，才能交由刑法规制。对大多数体育非法行为不予刑罚处罚的做法受社会行为整体可控制理论的影响，即社会中某一类行为虽然具有一定的社会危害性，但整体上仍然处于非刑罚措施可以控制的状态，所以刑罚将作为最后的选择。这也是由刑法的补充性所决定的，表现在以体育刑法应对体育犯罪方面，就称之为体育犯罪的补充性。

二、交叉性

体育犯罪的交叉性表现在其违纪、违法与罪责上的交叉。这种交叉关系源自体育犯罪的多重违法性，即纪律违法性、行政违法性和刑事违法性之间的结合。多数的体育不法行为介于触犯纪律规定、行政规章和刑事法规之间。特别针对后两者即行政违法和刑事违法竞合时，可能会出现不纯正的刑事不法或者不纯正的行政不法这种中间状态。因此，也给具体处置体育不法行为带来甄别上的难题，体育犯罪的交叉性要求纪律机关、行政机关和司法机关之间建立相应的衔接机制。

三、创生性

体育犯罪的创生性体现在它的开放性、互动性和吸纳性上。体育犯罪活动场域的开放性和人员的流通性决定了它的开放性特质。其互动性除体现在其与其他犯罪类型之间的相互转化之外，还体现在其对体育领域越轨行为的走势具有一定的预见性。配之以体育犯罪的开放性、吸纳性特质，它有能力选择合宜的时机将某些体育越轨行为吸纳进来。如针对体育竞技赌博和体育彩票等行为可设置体育赌博罪等。当然这种互动是双向的，既可以表现为一般违法行为向犯罪行为的临界，也可以表现为犯罪行为向一般违法行为的靠拢。

四、反伦理性

大多数的体育犯罪属于有悖伦理的自然犯，如体育欺诈、体育伤害、体育贪渎、使用兴奋剂、黑哨等。当然，反伦理性的强弱，并不能决定体育犯罪成立与否。例如，反伦理性较强的体育色情行为，并不必然被现行刑法规范规定为犯罪行为。

第三节　体育犯罪的类型划分

为了便于分析体育犯罪的特征及构设其应对体系，笔者将结合包括刑法典、刑事司法解释等文本在内的规范性文件中的相关规定以及现实中发生的典型案例尝试对体育犯罪进行大致简单的归类。

一、体育贪渎犯罪

当体育场不再是纯粹的竞技场时，尤其在权力与影响力能够被金钱左右时，体坛贪渎犯罪便会层出不穷。体育贪渎犯罪是指掌管或者能够影响某一体育行业、项目的人员利用其职务之便或者能够左右某一行业、项目发展趋势的影响力，贪污、索取、收受贿赂，徇私舞弊，不履行法定义务，侵犯职权的廉洁性、不可收买性的行为。具体可以细化为受贿、挪用、渎职、洗钱、操纵比赛、商业贿赂等犯罪类型。

贪渎犯罪在举国体育制度之下更容易滋生。其中以吸足民众眼球的"中国足坛窝案"较为典型。其以杨一民、谢亚龙、南勇、陆俊、祁宏、邵文忠等足协官员、裁判、球员和俱乐部高管等终以贪污、（非国家工作人员）受贿、行贿等罪名获刑而告一段落。在国际范围内，则以 2015 年 5 月 27 日案发的"国际足联腐败案"最为引人瞩目。可以预判，这种可以跨越国境的犯罪行为不会就此罢休，仍在世界各国蔓延，其对人类社会的严重破坏性已成为国际共识。

二、体育赌博欺诈犯罪

体育赌博是国际性犯罪，它是以体育比赛的结果论输赢，从而决定财物得失的特殊赌博行为，其社会危害性明显重于一般赌博，而且发展呈现出跨境全球化、集团渗透化、高科技智能化、灵活多样化和广泛巨额化等各种特点。[①] 对此，我国相关法律、法规予以明令禁止。《中华人民共和国体育法》第 34 条规定严禁从事体育赌博活动。中国足协2015 年发布的《中国足球协会纪律准则》第 69 条规定自然人或组织以

---

① Michael Winkelmuller, Hans Wolfram Kessler. The Liga Portuguesa Case In The European Court Of Justice——Why The United Kingdom Should Promote A Liberalisation Of The EC Gambling Market［J］. Entertainment Law Review, 2010, 21（2）. pp. 51—53.

足球比赛为内容，组织设赌、参赌或为赌博活动提供条件、信息或以各种方式配合他人赌博以及对赌博活动、赌博行为进行纵容、包庇的，分别给予罚款、停赛、取消注册资格、禁止转会、禁止从事任何与足球有关的活动的处罚。司法实践中比较著名的案例如"郭美美涉及2014年巴西世界杯期间开设赌场案"。因为体育赌博往往伴生作弊和操纵比赛结果的行为，所以体育赌博也可称为体育欺诈，不仅侵犯了体育运动的纯洁性，也欺骗了体育消费者。

三、体育有伤风化犯罪

一场体育盛会往往也是色情服务者的盛宴。历次大型体育赛事衍生的性犯罪都让主办方苦恼不已。2012年F1巴林站打响之际，各国性工作者再次齐聚巴林，致使巴林政府不得不再次采取紧急措施，驱逐甚至拘捕这些淘金者。2012年夏季奥运会开办之际，即便对色情业睁一只眼闭一只眼的英国，也害怕它会给奥运会尤其是伦敦的形象带来致命打击，因此对于虎视眈眈的性工作者，伦敦警察如临大敌，及早着手清理奥运村外围的色情服务场所。体育色情对于相对保守的中东国家自然是一种道德的冲击，它所造成的危害还不止于此，因为体育色情总是与毒品、暴力犯罪相伴生。

在刑法学视域下，体育有伤风化犯罪主要包括发生在体育领域中的前期刑法典中流氓罪分解出来的寻衅滋事罪和聚众斗殴罪，还包括分散在现行刑法各章节的强制猥亵妇女、侮辱妇女罪，聚众淫乱罪，组织、强迫、引诱、容留、介绍卖淫罪，组织淫秽表演罪和传播淫秽物品罪等。而在犯罪学视野里，体育有伤风化犯罪不仅仅包括应受刑法规制和刑罚已然处罚的犯罪行为，还应包括其他具有社会危害性的违法行为。具体包括体育色情犯罪行为、体育领域发生的有伤风化的语言暴力行为和带有一定身体暴力性质的有伤风化行为等。

四、体育暴力犯罪

体育暴力犯罪可以分解为体育恐怖主义、体育伤害等犯罪。当体育竞技场上单纯的运动员之间的伤害还纠缠于其属于正当业务行为还是犯罪行为的学理之争时，随着体育活动的国际化因素增加，体育场已经被暴力分子和恐怖主义盯上了。从足球流氓制造事端到恐怖主义袭击，近年来运动场上的暴力越演越烈，令人触目惊心。2015 年 11 月 13 日，法国巴黎北郊法兰西体育场外的爆炸声震惊了世人。血淋淋的场面再次勾起了人们对波士顿马拉松爆炸案等一系列重大体育暴力恐怖事件的惨痛记忆。类似惨案及其制造的惊恐比比皆是。2012 年欧洲杯行将落幕，波兰内务部长亚赛克-西乔奇基在半决赛到来之际向外宣称，德意大战赛前遭受严重的恐怖主义威胁。2012 年 2 月 1 日晚，在埃及塞得港进行的一场足球比赛结束后，两队球迷发生了大规模的冲突，造成了 74 人死亡，248 人受伤的惨剧。最令人发指的是 2004 年皇马和拜仁之战的次日发生在西班牙马德里的地铁爆炸案，当时造成了 200 人死亡，近 1500 人受伤的恐怖惨剧。可见，体育暴力犯罪所造成的伤害已经向广度和纵深蔓延。

五、使用兴奋剂犯罪

竞技体育往往靠成绩说话。一般而言，好成绩的取得需要凭借优秀的身体素质和高超的体育技艺，但临场发挥也很重要。影响乃至决定运动员临场发挥的因素很多，其中一条关键因素是竞技状态。不同的竞技体育项目，需要运动员保持不同的临场竞技状态。譬如拳击，需要运动员精神亢奋，情绪高昂，增加抗击打性；射击就需要运动员沉稳、冷静。不同类型的兴奋剂恰恰能够起到不同的效果。针对拳击、游泳等激烈身体对抗或者体力输出的运动，精神刺激剂类如麻黄素、可卡因等兴奋剂的使用可以提高运动员的呼吸功能，改善循环，增加供氧能力，使运动员精神兴奋，体力充沛。针对射击、下棋等凝神静气的比赛，受体阻滞剂等镇静作用的药物就可以降低血压、减慢心率、降低心肌耗氧量，提高人体平衡能力和运动耐力，还可消除运动员赛前的紧张心理。[①]

实践告知，多年来竞技体育领域非法使用兴奋剂成为公然的秘密。无疑，兴奋剂的滥用不单单损伤运动员的身心健康，更有违体育精神。任其发展，会在体育领域形成一条从兴奋剂生产、交易、非法使用的灰色链条，还可能由此衍生强迫运动员尤其是未成年人使用兴奋剂、虐待、故意伤害等其他类型的犯罪事件发生。为此，不仅给予相关违规使用兴奋剂人员以体育纪律、体育行政处罚，有识之士一直致力于推动使用兴奋剂单独入罪。在中国，兴奋剂犯罪单独入罪已经迈出实质性一步。2020 年 12 月 26 日第十三届全国人民代表大会常务委员会第二十四次会议通过的刑法修正案（十一）明确：在刑法第三百五十五条后增加一条，作为第三百五十五条之一，"引诱、教唆、欺骗运动员使用兴奋剂参加国内、国际重大体育竞赛，或者明知运动员参加上述竞赛而向其提供兴奋剂，情节严重的，处三年以下有期徒刑或者拘役，并处罚金。组织、强迫运动员使用兴奋剂参加国内、国际重大体育竞赛的，依照前款的规定从重处罚"。按照《中华人民共和国刑法》规定，其具体罪名为"妨害兴奋剂管理罪"。这是中国刑法为体育领域使用兴奋剂行为量身定做的罪名。

六、体育歧视行为

2019 年 7 月，韩国光州游泳世锦赛，中国运动员孙杨获得世界赛200、400 米自由泳冠军，其中更是在 400 米自由泳上完成四连冠。不过孙杨的辉煌成绩却因澳大利亚运动员霍顿和英国运动员斯科特的不合作而蒙上一层阴影。早在三年前，霍顿就在 2016 年里约奥运会赛后新

---

① https://www.leha.com/health/103407.

闻发布会上突然指责孙杨药检阳性，引起一片哗然，之后，霍顿抓住不放，连续多年在多个场合对孙杨进行攻击。①霍顿及其背后支持者和呼应者针对孙杨的"拒绝合影""拒绝握手""攻击"等一系列事件，笔者此处姑且将其概括为"孙杨事件"。孤立地看"孙杨事件"，其透射出外国运动员的不友好、不礼貌乃至诬蔑行为。傲慢、诽谤、猜忌和无端挑衅是什么？究其本质，它是一种歧视。歧视就是一种不平等对待。从霍顿之后对其他西方国家运动员的迎合以及国际泳联的反应也能看到。在英国选手斯科特与孙杨发生摩擦后不久，国际泳联（FINA）颁布一项新的行为准则。该准则适用于国际泳联所属的所有运动员等人，禁止任何政治、宗教和歧视性行为。

针对这种歧视，孙杨本人亦及时予以回应。譬如，在韩国光州世锦赛上，孙杨对霍顿的轻蔑举止和无礼行为，应对得有礼有节，表示"你可以对我有意见，但颁奖是非常神圣的，你有千万个不愿意，但你站上领奖台的时候，就是要对中国尊重"。于此，孙杨一语道破了霍顿及其背后支持者的歧视缘由、目的及后果。不过，对于效仿者英国运动员斯科特，孙杨的回应稍显急躁，不仅用怒吼、挥拳、摆手等肢体语言表达愤懑情绪，其后的"You are loser"之表述亦稍带讥讽意味。为此，孙杨也受到了国际泳联的警告。这也同时警示，人们在面对歧视的时候，究竟该如何回应。

当然，"孙杨事件"中的歧视或许性质并不是最恶劣的，引发的后果也不是最为严重的，但其只是体育领域歧视的冰山一角。来自肤色、身体、种族、宗教、国籍、民族、地域、性别、年龄、教育、就业等各个层面的歧视现象不断侵蚀着体育肌体，腐蚀着体育公平竞争的环境，成为体育界挥之不去的阴影乃至毒瘤，严重影响着体育活动的健康发展。因此有必要列为一种典型类型，以便引起大家关注。

---

① 至于孙杨之后因为兴奋剂事件被国际体育仲裁法庭（CAS）禁赛，那是后话，另当别论。

第二章　体育犯罪的根源探析

如同其他一切犯罪现象，体育犯罪生成及发展有其一般的历史原因与社会根源；而作为独特的犯罪现象，体育犯罪又有其自身的存在基础。破解体育犯罪之存在根基需要借助本体论方法，而本体论所关注的恰恰是存在而不是意识，一般而言，存在是不可把握的，只有当人尊重蕴含于存在中的规律时，它才听命于人。[①] 由此，笔者拟主要从人性和伦理两个层面对体育犯罪的存在基础及根基进行剖析。

第一节　体育犯罪的人性基础

对体育犯罪追根溯源，在犯罪学视域下，需要将其作为一种社会存在来研究，而在刑法学视域下，则要对涉及体育犯罪的个体行为进行分析，以便界定其是否构成犯罪以及如何追究犯罪主体刑事责任。这表明，对体育犯罪进行人性剖析，离不开一个前置性命题，即对人性善恶的探究。体育领域中的诸多犯罪行为皆与动物性和社会性两种人性息息相关。立足于犯罪现象的存在论旨在揭示犯罪的社会原因和个体原因，以此需要对犯罪现象存在及其原因作出社会和个体的双重解释。体育犯罪作为一种客体，对于体育活动秩序之主体而言，具有一定的促进作

---

① 〔德〕阿图尔·考夫曼、温弗里德·哈斯默尔主编：《当代哲学和法律理论导论》，郑永流译，法律出版社 2002 年版，第 15 页。

用，并成为体育领域法律制度构建和体育秩序建设的客观基础。体育犯罪给体育秩序带来冲击，但同时也集中暴露出体育活动中存在的问题，警醒人们予以防范并适时作出变革。

休谟曾言："一切科学总是或多或少地和人性有些联系，任何科学不论似乎与人性离得多远，它们总是会通过这样或那样的途径回到人性。"① 体育犯罪学也不例外。为了揭示体育犯罪的一般规律，研究者要在其多姿的样态、繁复的体征表象下，探寻其背后的生成原因，从而进一步寻找应对防范之策，并在多元化的防控体系下构筑最后一道防线，即为追究其中最严重的越轨者寻找刑法标准和依据。为此，在犯罪学和刑法学双重视域下，人们都需要对体育犯罪进行人性根源上的追问。对体育犯罪追根溯源，在犯罪学视域下，需要将研究路径置于存在论意义上，将其作为一种社会存在来研究，而在刑法学视域下，则要将研究路径置于价值论意义上，对涉及体育犯罪的个体行为进行分析，以便界定其是否构成犯罪以及如何追究其刑事责任。无论从存在论意义上还是从价值论意义上对体育犯罪进行人性剖析，都离不开一个前置性命题，即从伦理学意义上对人性善恶的探究。为此，本书将在伦理学、存在论和价值论三种视域下，对体育犯罪的人性根源进行追问。

一、体育犯罪道德视域

关于体育犯罪下隐藏着的体育道德观，笔者已经在另著中描述了与体育暴力犯罪、带有政治性倾向的集体体育犯罪以及商业化引起的投机性体育犯罪相对应的个人英雄主义到权利个人主义、身体整体论到现代集体主义、不劳而获和拜金主义。② 此处还想重申，归根结底，体育犯罪道德命题都要驻足在人性的善与恶上。

人性究竟是善还是恶，这是一个千古话题。历史上，既有中国儒家

---

① ［英］休谟：《人性论》（上册），关文运译，商务印书馆 1991 年版，第 6 页。
② 参见张训：《体育犯罪的伦理线索考察》，《中国矿业大学学报》（社会科学版）2015 年第 5 期。

一贯推崇的人性善之说，也有法家所提倡的人性恶之说，还有西方社会通行的人性既善且恶二元之论。人性善恶之争姑且搁置不论，有一点可以明确，但凡某类行为被一国刑法规制为犯罪的，势必是一种"恶"。当然，如果从刑法以及犯罪的政治品性出发，此种"恶"并非一定纯属于自然之恶、伦理之恶。比如为维护某种秩序而构建的一些行政犯罪不见得一定违背主流道德观。甚至相反，一些对"大义灭亲"之举的刑法规制还可能违背人们的伦理观。但无论如何，犯罪行为都是一种反社会行为，都会给既有的社会秩序带来冲击，并会给有被害人犯罪事件中的被害人制造伤害。总体而言，诸如暴力、有伤风化、欺诈、贪渎等发生在体育领域的犯罪行为皆是违背伦理道德的。所以，姑且认定一切体育领域中发生的犯罪行为都是"恶行"，而潜藏其下的人性往往是丑陋的。因之，当伦理无法约束附会在体育犯罪之间的人性之丑恶一面时，法律则成为防控人性之恶泛滥的最后手段。正如拉德布鲁赫所言："法律不是针对善，而是针对恶制定的。一项法律越是在它的接受者那里以恶行为前提，那么它本身就越好。"[1]

事实上，对人性的关注乃任何制度与法律体系的根本出发点。制度与法律既要回应现实，成为既有社会秩序的阅读者和维护者，又要把握时代脉搏，成为新的社会价值观、伦理观的引领者和社会应有秩序的确立者与保障者。体育犯罪学是以人性研究为逻辑起点的，是以探究体育活动中的人性与犯罪的关系为己任的，所有体育领域中的制度构建包括法律体系设计亦都是以具体人为对象得以展开的。这就是，为何要制定体育规则以及当有人违反规则时需要予以惩处。体育规则之制定是为了体育活动的良性运行，而体育惩罚之创制则是以假定人性中隐藏着恶的因子为前提的。体育职务犯罪几乎成为世界各国体育领域中的流行病，其个中原因自是复杂多样，乃经济、政治、文化、道德等诸多因素交织

---

[1]　［德］拉德布鲁赫：《法学导论》，米健、朱林译，中国大百科全书出版社 1997 年版，第 2 页。

而成，但终究还要归咎于人之贪念。一旦当人性之丑陋与权柄结合，体育领域中的贪污贿赂、挪用侵占、操控比赛等亵渎职权廉洁性的犯罪行为就会衍生乃至泛滥。正如孟德斯鸠指出"一切有权力的人都容易滥用权力，这是万古不易的一条经验"①。为此，立足于人性之基，体育犯罪学研究最终目的旨在架构一套应对体育犯罪行为的制度与法律体系，以防止体育犯罪行为的泛滥，将体育职务犯罪行为控制在一定限度之内。正所谓"要防止滥用权力，就必须以权力制约权力"。②孟氏的表述显然暗含着这样一种潜台词，即人性中潜藏着值得警惕的丑陋一面，不过其以"权力制约权力"之说似乎又陷入另外一种两难境地。

但不管怎样，基于防范人性之恶的体育制度与法律体系必须构建。因为很多时候，在人性的立场上，人们可能缺少任何手段来调控自己的情感与欲望，不能合理地决定何者该禁止与抑制；另一方面，在许多情形下，人们缺乏那些能够使对某物的欲望而非真正善的东西得到抑制的性好（disposition）。③事实亦如此，涉及体育职权的犯罪多因没有内部有序的制度调适和外部有力的法律监管而失控。因而，体育领域相关制度和法律体系的构建是为了维护体育秩序，实现体育正义，与其说这些法律制度本身必须充盈正能量并契合当下社会主流伦理观和道德观，毋宁说是其必须警惕并观照体育行为中人性之恶的冲动。

而基于人性之道德意蕴而构建的体育犯罪防控体系需要照应到人性的两个方面，即人性中的动物性和社会性。体育领域中的诸多犯罪行为皆与这两种人性息息相关。众所周知，体育竞技不仅仅是身体技巧的竞争，在一定程度上还是一种人类原始力量的比拼，在特定的情境下，参与其中的个体极可能因为嫉妒、仇恨、羞愤、焦躁而催生出人类的动物本能。实际上，"人来源于动物界这一事实已经决定人永远不能完全摆

---

① ［法］孟德斯鸠：《论法的精神》，张雁深译，商务印书馆 1978 年版，第 67 页。
② ［法］孟德斯鸠：《论法的精神》，张雁深译，商务印书馆 1978 年版，第 67 页。
③ ［美］A. 麦金太尔：《追寻美德——伦理学研究》，宋继杰译，译林出版社 2003 年版，第 189 页。

脱兽性"。① 而此极可能会在体育竞技过程中制造轻者语言暴力、重者身体暴力的体育暴力行为。因体育特定场景和情境而衍生的体育色情、聚众斗殴等犯罪行为亦在一定程度上显现了人类的动物本性。在另外一个方面，一些人基于理性算计，在体育巨大的利益空间内寻找"商机"、充当"操盘手"，用在人类社会生活中习得的娴熟社会技能从事体育欺诈、操纵体育赛事、利用体育进行赌博等。此时，体育领域的犯罪行为虽然一定程度上仍然具有引发于一己私欲的自然属性，但是犯罪者的整体行为是在理性支配下、遵从社会诸多法则，因而表现出明显的社会属性。由此，无论基于人类的动物本性，还是人类的社会性，都明白无误地告诫，体育犯罪学需要将研究对象置于伦理学视域下考察犯罪个体的人性问题。

在认可人性有恶的一面的同时，人们还需要承认人性具有善的一面，并且具有可塑性，否则任何伦理纲常抑或法律制度都会毫无意义。基于人性的可塑性，体育犯罪学的分析范式以及最终为实践所提供的理论框架才变得有意义和成为必要。因为，为了抑制体育领域活动者的恶性，才有了防控体育犯罪制度及法律存在的必要，而在另一面，人性的善良乃社会长久发展之本，因而无比重要，却又容易招致欺诈和侵犯，为了保护参与和推进体育事业的善良人免受侵害，构建法律制度更有必要。

二、体育犯罪存在论

犯罪之于社会，犹如病灶之于人体，如影随形，并很难根除。可以说，犯罪是人类社会的普遍现象。正如迪尔凯姆所言，犯罪不但存在于某些社会，而且存在于一切社会中，没有一个社会可以例外。② 当然，他说的犯罪更多是在犯罪学意义上而言的一种社会现象，至于刑法学意义上的犯罪则是在国家诞生之后才得以出现。既然犯罪作为一种社会现

---

① ［德］恩格斯：《反杜林论》，《马克思恩格斯选集》（第 3 卷），人民出版社 1975 年版，第 140 页。
② ［法］埃米尔·迪尔凯姆：《社会学方法的规则》，胡伟译，华夏出版社 1997 年版，第 53 页。

象而存在，其产生与续存必然有其深刻的社会原因，但同时，犯罪并非普遍行为，只有少数个体选择实施犯罪，因而，犯罪行为的发生必然又有独特的个体因素作祟。立足于犯罪现象的存在论旨在揭示犯罪的社会原因和个体原因，以此为分析范式的犯罪学则需要对犯罪现象存在及其原因做出社会和个体的双重解释。

（一）体育犯罪存在的社会解释

中国目前正处在向现代化转型的时期，无论是经济冲击还是较快的社会节奏都容易生成一个压力型社会。在这样的社会里，压力并不都能转化为动力，必然有一部分难以消解，滋生出抑郁、厌恶等负面情绪。而体育运动场域尤其是竞技体育赛场氛围恰恰容易激发人们心中的暴戾之气，但囿于时空的限制，又难以纾解这种情绪，按照聚合作用论的观点，个体所处的种种社会的自然的条件、个体已有的心理条件以及个体对当前特定的社会事物产生的犯罪心理聚合在一起，共同发生作用，从而产生犯罪。[①]

这同时也揭示了体育犯罪发生机理的另一个重要因素，即犯罪发生的情境因素。犯罪情境的动态性、行为性和直接性对体育犯罪行为的产生与变化发挥着性质和强度不一的作用。根据社会心理学家勒温的场地论（field theory），人所表现出的一切行为乃是个人与其环境两方面因素交互作用的结果。即人的一切行为，无不受身边环境及其他人的影响，同时，个人的一切言行举止也随时随地地影响着别人。[②]体育伤害等暴力犯罪在社会情绪聚合的场景中更容易发生。

由此还可以联想到自然环境对犯罪的影响，并且可以从中找到社会学解释的途径。在实证主义犯罪学派眼中，居住环境周边的自然因素在某类犯罪中的促成作用不容忽视，不然，为何"大多囚犯都是西西里岛

---

① 参见乐国安：《法律心理学》，华东师范大学出版社 2003 年版，第 133 页。
② 参见张春兴：《现代心理学——现代人研究自身问题的科学》，上海人民教育出版社 2005 年版，第 420—421 页。

人"？社会学家认为，某一生活区域的社会生态学以特定方式影响社会互动的模式。实证调研显示，生活在高档街区的人们一般相安无事，而在破败街道上，暴力犯罪发生率就会高得多。①

社会生态学理论将犯罪归因为一种对社会环境的失调反应。的确，自然居住条件和社会生活环境作为人类社会因素的一部分，对体育犯罪产生着潜移默化的影响。在我国，随着市场经济发展，体育逐步走向产业化、市场化和国际化。体育领域在广度和深度上得到前所未有的拓展，而此给体育事业带来机遇的同时，也意味着会制造新的不平等，令一些参与其中的人产生心理失衡，而且新旧体制更迭之际容易造成新旧法律制度衔接不畅的局面，并由此引发体育领域出现大量失范行为。

当然，体育领域失范原因众多，但其中重要一点是人们对体育秩序的重构与整合能力减弱。新时期，体育产业呈现出的新特征、新节奏、新方向打破了旧有体育秩序的平衡，而新的平衡亟待形成。在新旧法律制度交替、磨合时期，体育秩序必然会出现整合力锐减状态。正如迪尔凯姆指出："这段时间各种价值观都无一定，规则标准无从说起。可能与不可能之间的界限模糊不清，人们很难区分什么是合情合理的要求，什么是非分之想。由此人们的欲望便失去了约束。"②而另外重要一点是物质诱惑力的增强。因为，失范的结构状况并非完全由于规范无序、冲突或者根本没有规范导致，还由人们无法弥合梦想和现实之间的距离而产生的挫败感造就。在体育产业这块硕大的蛋糕面前，总有人因为无法品尝或者嫉妒他人独占而充满怨愤。由此造成的紧张社会关系无疑加剧了现代社会体育的压力或者制造了新的压力。来自不同源头、形态各异的压力促成了现代体育犯罪类型的多样性。可以说，当前体育犯罪大量增加是现代社会转型、体育秩序重构必须要付出的代价。

---

① [美]罗纳德·J.博格、小马文·D.弗瑞、帕特里克亚·瑟尔斯：《犯罪学导论——犯罪、司法与社会》，刘仁文等译，清华大学出版社 2009 年版，第 134—135 页。
② [法]埃米尔·迪尔凯姆：《自杀论》，钟旭辉等译，浙江人民出版社 1988 年版，第 212 页。

（二）体育犯罪存在的个体解释

虽然如上所言，独立个体（或者小团体）的犯罪行为并不能离开人类社会整体的影响，在很大程度上归咎于社会环境，但是它毕竟是作为个体而存在。因此研究犯罪，必须要在犯罪者个体身上寻找原因。

早在犯罪学产生之前，人们试图通过超自然的能量在犯罪者个体身上找到原因的做法就已经盛行。例如，那时的"神明裁判"总是借助于犯罪者个体的意志和体质寻找最终的答案。其后，在迷信和残酷的"神明裁判"背景下，古典犯罪学派的理性犯罪人学说诞生。他们认为，在决定是否违法方面，个人关于对与错的内化或者规范评价比对刑罚的感知更为重要，并且与正式的刑罚相比，非正式制裁或者法律之外的威慑，如羞耻、尴尬、受到家人和同龄人的谴责等能够更有效地制止违法行为。[①]

实证主义犯罪学派则运用生物学和心理学研究方法，分析犯罪个体的"异常"。著名的如龙勃罗梭提出的"天生犯罪人"理论。当代生物学派犯罪理论承认犯罪行为乃生物学因素和社会环境相互作用的产物，但普遍认为犯罪与智力、病理、性别、遗传等有关。例如荷兰遗传学家布鲁纳研究报告显示，一个具有特殊历史的荷兰家族男性成员都具有一种奇怪的攻击性，通常是暴力行为，如裸露、纵火和强奸。他们对很小的挫折和压力的反应都很疯狂，如叫喊、咒骂，甚至殴打激怒他们的人。布鲁纳声称在这些深受折磨的男性身上发现一小段基因缺陷，它产生了一种酶，会阻断大脑中用于传递信息的化学物质。因此，那些具有这种基因缺陷的人便积累了过量的有巨大能量的神经递质，从而导致了攻击性的爆发。[②]

[①] M. Erickson, J. Gibbs, G. Jensen. The Deterrence Doctrine and the Perceived Certainty of Legal Punishment[J]. American Sociological Review 1977（42）：305—317.

[②] ［美］威廉·赖特：《基因的力量——人是天生的还是造就的》，郭本禹译，江苏人民出版社2001年版，第152页。

如同生理学派，心理学派亦认为犯罪人是一类不同的人。"天赋异禀"在竞技体育运动中最容易找到注脚。犯罪领域里的人也同样"超乎寻常"。通过心理学家的深度精神分析，人们有理由相信犯罪者具有异于常人的"犯罪个性"，亦称犯罪人格（criminal personality），是在生物的与社会的因素制约下的一种趋向于犯罪的稳定心理结构，乃一种严重的反社会人性格，对犯罪行为具有源发性。因而，在一定意义上，它成为人身危险性的客观基础。[1] 在心理犯罪学派看来，犯罪人和行为不良者通常表现为情绪不稳定、精神错乱、偏执、精神分裂、神经官能紊乱、以自我为中心、自恋、享乐主义、易冲动、叛逆、注意力缺陷障碍、缺乏安全感、自我评估低等等。其中极端的人格类型是精神变态者（psychopath）或者反社会者（sociopath）是指个体不仅缺乏自控能力，同时缺乏罪恶感或者关心他人、对他人承担责任的能力。[2] 体育领域有伤风化犯罪中的一些类型也映照了这一学说。

由此，犯罪者个人的人格、智力、观念、思维模式等独特的心理因素和年龄、性别、体型、遗传等特殊的生理因素也成为诱发和左右某一类体育犯罪发生和发展的重要因素。而正视犯罪形成的个体因素，对建立犯罪控制的回归性方法有重要影响。通过情境预防方法可以清除外围不利的因素，缩小犯罪发生的场域，清理制造犯罪的社会环境，而通过心理和生理的治疗式干预，可以将具有变态的或者不相适应人格的个体拉回社会群体，从而成为一个正常的人。

三、体育犯罪价值论

价值是什么？价值是指在主体与客体的相互关系中，客体的存在、作用与及其变化对于一定主体需要及其发展的某种适合、接近或一

---

[1] 参见陈兴良：《刑法的人性基础》，中国人民大学出版社 2006 年版，第 303—307 页。

[2] ［美］罗纳德·J.博格、小马文·D.弗瑞、帕特里克亚·瑟尔斯：《犯罪学导论——犯罪、司法与社会》，刘仁文等译，清华大学出版社 2009 年版，第 123—124 页。

致。① 本质而言，价值表现为一种主体的需要和客体的效用。价值至少具有以下几种属性：客体对主体的动态满足；作为客体本身的静态呈现；体现主体与客体之间的关联性。对体育犯罪价值属性的探析，亦需要从上述几个方面着手进行。

（一）体育犯罪的正向价值。犯罪的确是一种恶。但"人们厌恶罪恶，却又离不开罪恶。因为罪恶能发人深省，能教人清白，能激起人的坚强"。② 体育犯罪作为一种客体，对于体育活动秩序之主体而言，具有一定的促进作用，甚至还具有一定正向价值。体育领域中的暴力、欺诈、有伤风化、赌博等犯罪行为的确属于与生俱来的"自体恶"，它是先于法律的规定而存在的，对体育秩序乃至整个人类社会秩序而言，是一种天然的恶，因而在刑法理论上被称为"自然犯"。与之相较，体育领域中的操纵比赛、洗钱、贪污渎职等行为则是因为法律特别规定才成为犯罪的，属于"禁止恶"。在刑法理论中，后者亦被称为"行政犯"或者"法定犯"，是国家及其法律体系评价的结果。以此而言，体育领域中的部分越轨行为对于一国刑法边界的限定起到重要的"引领"作用，即哪些越轨行为将成为刑法禁止的，哪些暂时还不需要。因此，在一定程度上，体育领域中的犯罪是具有相对性的。这也就是为什么"堕胎""自杀""通奸""公共场所举止不雅"等行为在有些国家是犯罪，在另外一些国家就不是，或者在历史上一些时期是犯罪，而在另外一些时期又不是。

即便是自体恶的传统犯罪，对于体育机体的"病理"诊断和"病灶"清理亦具有一定的警示意义。如迪尔凯姆所言："当犯罪率下降到明显低于一般水平时，那不但不是一件值得庆贺的事，而且可以肯定，与这种表面的进步同时出现并密切相关的是某种社会紊乱。"③ 体育领域

---

① 参见袁贵仁：《价值学引论》，北京师范大学出版社 1991 年版，第 75 页。
② 参见皮艺军：《在天使与野兽之间》，贵州人民出版社 1999 年版，第 2、55 页。
③ ［法］埃米尔·迪尔凯姆：《社会学方法的规则》，狄玉明译，商务印书馆 1995 年版，第 89—90 页。

犯罪的频繁出现，反而胜过长期没有犯罪现象而在一朝爆发的情形，因为"犯罪的出没"时刻为体育行政管理者和体育秩序维护者敲响警钟，静默之后的突然爆发往往更让人猝不及防。以此而言，说犯罪还是一种社会的"排气孔"和"调节阀"，也有一定道理。因为，虽然任何人都不愿看到犯罪现象的出现，但是在某些时候，犯罪又能够成为社会能量的一种极端释放方式。甚至基于"法定犯"的伸缩性，有些犯罪行为还可能成为社会行为的先决因素。特别在犯罪学意义上，某项体育领域的越轨行为在既定的体育法则下属于一种"禁止恶"，但是随着该项体育活动的发展和改进，此类行为又有可能被重新认识和定位，甚至最终被排除在体育法则规制之外，从而成为无害乃至有益行为。

（二）体育犯罪成为体育领域法律制度构建和体育秩序建设的客观基础。在犯罪学意义上，犯罪作为一种社会现象客观存在，并无法根除。而在刑法学意义上，犯罪者因为兼具社会危害性和人身危险性而需要承受刑罚之重。两种视角的比较，带来一种理论研究上的启迪，即在多元价值观的社会里，人们应当给予每个个体足够的自由活动空间，秉持刑法不可轻易涉入、刑罚不可轻易动用的理念，对社会成员抱持一定的容忍度和宽容心。特别是在体育领域，它是一个需要激情甚至个性的领域。的确，任何越轨行为都招人嫌恶，也带来危害，但是过多的束缚和制约虽然一时间带给人们秩序上的安宁，却因为同时制约了体育运动和体育秩序本身应具有的张力和弹性而最终有损某项运动乃至整个体育运动的发展。事实上，在体育实践中，人们并不是对于体育领域中一切越轨行为都通过惩罚手段予以应对。特别在竞技运动领域，人们并非动辄对所有超出体育规则所允许的正当性的越轨行为都适之以法规。竞技运动因为激烈的对抗才具有魅力，对抗中亦难免会发生激烈的身体触碰，甚至出现竞技者之间故意的言语和身体冲撞，有时观众也激情难抑，做出一些过激的行为。对于这些轻微的越轨行为而言，过多和过剩的干预和惩罚势必会阻断竞技体育自身的规律性，从而有损于竞技体育本身之美。

相反，体育领域中的犯罪现象作为一种客观存在，为体育法律制度构建提供了样本并为体育秩序的建设勾勒了蓝图。人们结合犯罪存在的客观事实，以人类意志自由论为前提，考量体育犯罪给体育秩序建设带来的价值，指引相关体育法则的存废与体育规则的取舍。此处以对足球流氓行为的法律规制为例作一些简单说明。现代社会，足球运动极具魅力，影响力深远，不过，也因此滋生或引发了不少体育犯罪品种，其中足球流氓的崛起严重侵扰了世界足球的健康发展。对于其中伴随的故意伤害、故意杀人等犯罪行为属于"自体恶"，自然为法律所不许。对于纯粹的足球流氓行径，各国亦纷纷制定法律，甚至制定刑事法律对其进行规制。如英国国会于1991年和2000年分别通过《足球犯罪法案》和《足球骚乱法》；意大利参议院于2003年和2007年分别通过《反球场暴力法》和《反足球流氓法》；保加利亚议会2003年通过《惩治足球流氓法》；比利时联邦议会1999年通过《足球法》；等等。

（三）体育犯罪与体育秩序之间的互动成为体育政策调整的导火索。体育领域中不断涌现出的犯罪势必对体育秩序带来莫大的冲击，但在另外一种角度，正是体育活动中问题的集中暴露，警醒人们体育社会中存在的某些问题确实很严重，已经威胁到体育秩序的根基，从而提醒人们体育制度改革势在必行。这也表明体育犯罪自身的危害性在引起人们对其打压的同时，唤起人们从体育犯罪源头上预防乃至根治它。

此处以中国足球领域和国际足球领域爆发的腐败案为例略作说明。中国足球领域的腐败问题并非一时之痛，乃长久积习。正如有人指出："体育腐败早已成为我国体育圈的流行病，它的病毒广泛存在于中国体育界的每个角落里。"[①] 中国足球领域贪渎犯罪频出，在一定程度上可以归咎为体制之祸。而足球贪腐给中国足球生态和体育秩序带来的伤害更

[①] 参见孙正平：《金话筒的诉说——电视体育节目的解说与主持》，中国经济出版社2000年版，第61页。

加令人痛心。以至于中国足球运动一次次跌入低谷，足球竞技水平萎靡几乎成为国人之殇。为了振兴中国足球运动，也同时为了革除足球领域贪渎流弊，需要从体制之根源着手，进行革命式突变。为此，在中央巡视组入驻国家体育总局注入体育制度革新的强心剂之后，中国足球领域经过一系列的变革尝试。至今，改革已经迈出了实质性一步。自 2015 年 3 月公布《中国足球改革发展总体方案》，明确中国足球协会乃具有公益性、专业性、权威性的社团法人，在人、财物等方面拥有自主权之后，2015 年 8 月《中国足球协会调整改革方案》公布，正式宣布中国足协与体育总局脱钩，依法独立运行。当然，即便这种革新仍然带有"摸着石头过河式"的性质，效果还有待实践检验。不过，从犯罪学意义上，足球领域爆发的贪渎等犯罪行为已然唤醒人们追思以往足球体制和体育政策本身所存在的问题。

这一点在世界足球领域也有所表现。国际足球领域尤其是国际足联贪腐亦几乎成为公开的秘密。特别是近期国际足联腐败案集中爆发，引世人侧目。人们开始审视、排查国际足联腐败的原因。目前来看，国际足联内部运行、监管体制以及外部干预、介入机制等方面都存在一定的问题。为此，相关组织已经着手进行清理和整顿。最明显的莫过于围绕国际足联主席布拉特展开的从腐败案发司法部门对其调查，到其自己宣称拟辞去职务，再到道德委员宣布其停职的一系列举措。相信，由腐败案引发的整肃国际足联体制的后续工作仍将会陆续展开。凡此种种，都足以表明体育犯罪尽管作为一种恶，但在一定程度上却助益于人们警觉它，并设法革除不合时宜的旧体制、构筑蕴含时代品性的新体制以应对它。

第二节　体育犯罪的伦理线索

顾拜旦曾经深情地颂扬："体育就是美，体育就是正义，体育就是勇气，体育就是进步。"的确，体育与人类朝夕相处，伴随并促成人类文明的进程。其间，它经历了原始体育、古代体育、近代体育和现代体育等不同形态。不过，从体育诞生的那一刻，犯罪也附着其上，演绎出从原始到现代等不同体育犯罪样态。① 虽然，犯罪并非一定违背伦理纲常，如安乐死，大义灭亲之杀人等，特别是基于现代社会风险因素增加而增设的一些行政犯罪，在本质上并不一定违背道德。不过，人们达成共识的是，绝大多数犯罪尤其是传统意义上的自然犯罪往往就是伦理失序问题。基于此，不同的体育犯罪形态，往往依附着不同的伦理失序现象，或者反过来说，正是不同的伦理失序情形支撑起不同的体育犯罪形态。由此，伦理观成为考察体育犯罪现象的一条重要线索。

需要说明的是，体育伦理和体育犯罪伦理是两个不同的命题。体育犯罪伦理观乃体育伦理体系中的糟粕部分。笔者对体育犯罪伦理线索考察的初衷并不在于剖析体育伦理命题本身，而是想通过对不同时代体育犯罪形态之下的伦理样态的检索，找到两者的契合点，通过伦理的内在要素即道德来规诫、约束或者至少是启发行为人，以减少乃至避免体育犯罪的衍生。相较于法律规范对于防控体育犯罪的"刚性"而言，伦理只是一种软性约束，但是正如学者所言，如果没有伦理的制导，在体育比赛剧烈的身体对抗中，激发出来不会是友谊，而是仇恨；不会是闪耀着善的光芒的人性，而是血腥的动物攻击性。② 虽然该论者只驻足于竞技体育中的犯罪进行评价，但毫无疑问，其一针见血地指出了人类一旦脱离人伦约束而爆发出的动物本能的可怕性。由仇恨、嫉妒、焦躁等点燃的动物性在体育暴力犯罪事件中表现得尤为明显，如拳王泰森的咬耳朵事件，绰号"苏牙"的乌拉圭足球运动员苏亚雷斯频频咬人事件，臭名昭著的波士顿马拉松爆炸事件等。所以，对体育犯罪伦理线索考察的重要性与其说是急需要召唤伦理对体育犯罪进行规诫，毋宁说是体育犯

---

① 参见张训：《体育犯罪样态演化研究》，《犯罪研究》2014 年第 5 期。

② 参见任海：《论体育伦理问题》，《伦理学研究》2007 年第 6 期。

罪对伦理呼唤的结果。

一、体育犯罪伦理研究的述评

不管怎样，体育犯罪伦理学也是体育伦理学中的一个分支，跟体育伦理研究的根基相通，其理论内涵和研究范式在一定程度上亦直接移植于体育伦理学。因此，对体育伦理研究状况的关注将助益于对体育犯罪伦理研究述评的深入。

我国体育伦理研究起步较晚，但经过多年的发展，体育伦理学已然成为一门新兴学科。体育伦理作为一个学术命题，亦已成为学界共识。体育伦理学的发展轨迹大致如下。

人们最初关注体育伦理是从体育道德起步的。有人从整体主义视野，关注体育道德对体育活动的引领作用（黄诚胤，2007）；有人则撷取历史片段关注不同时期的体育道德，如对古希腊时期的体育道德的研究（马晓云，2013）；有人关注某一历史时段中国古代体育与道德的交融状况，认为在此时期，体育已成为一种道德教化的手段（张新等，2004）；有人以古希腊为起点，考察了贯穿西方历史的体育道德之嬗变（张勋，2009）；有人则驻足于某一体育领域考察其中的体育道德功效，研究视野主要聚焦在职业联赛领域的黑哨等行为。对体育道德研究必然牵引出体育伦理的身影。正如有人结合体育道德失范问题论证体育伦理的重要性（于英等，2013）。不过需要警醒的是，在处理体育道德和体育伦理关系时，应避免混淆二者的界限。事实上，体育道德与体育伦理并非等同，前者强调的是个人修养的自洽性，而后者旨在突出个人与社会关系之间的和谐性。就此，已经有人从体育道德与体育伦理之对象、内容、层次以及价值表现形式等不同角度进行了细致区分（蒋晓丽等，2006）。

就体育伦理命题本身的研究而言，既有关于根本性命题的研究，如有人对体育伦理进行哲学追问（孙威等，2004）；亦有应用型研究，如有人强调应当关注体育伦理的应用性（刘湘溶，2005）。这恰好代表了体育伦理研究的两个大致方向。西方关于体育伦理的研究最早就是从哲学领域开始的，延至当代，体育伦理仍然是欧美和日本体育哲学的重要内容。[①] 随着体育事业的飞速发展，现实中的诸多有违体育道德和伦理的现象层出不穷，使得研究者的视野逐渐回到现实，开始关注哲学之外的体育伦理问题，如体育领域的暴力化、过度商业化、技术异化和非人性化等问题（Jan Boxill，2003）。欧洲体育首脑会议则通过以公平竞赛为核心的体育伦理纲领作为体育者的信念支撑和责任依据。在中国，体育伦理的研究亦分为基础性研究和应用性研究两大领域。前者主要考察中国传统伦理思想在体育中的生成及延续，包括考察中国古代不同时期的体育伦理思想（张新，2002），探源体育的哲学基础（阎守扶，1999），分析中国的传统武德（周伟良，1998），中国传统文化和体育伦理之间的纠葛（旷文楠，1987），以及中华体育精神（张振亭，1999）。后者主要结合现代经济及体育自身的发展，考察中国传统体育伦理的现代转型（龚正伟，2000），市场经济条件下的体育道德运行（陈伟，1994）以及由此催生的中国体育市场伦理问题（刘湘溶等，2003）。而且，考察的视域更加精细和专业，学者们分别着眼于不同体育场域、体育赛事、体育专项乃至某一体育运动队伍的思想、精神、道德以及伦理状况。

文献显示，学界就体育伦理命题已经初步形成了从本质界定到学科定位的理论体系，而且研究视野愈加宽广并逐步细化，学者们分别从社会学、心理学、刑法学等不同角度对体育伦理进行扫描。不过，体育伦理应用研究视域仍显逼仄，研究多集中在竞技体育领域，虽然有人提及学校体育伦理问题（李世宏，2010），但对日益兴起的社会体育及其他如军事体育伦理问题几乎无人述及。而且研究关联度不够，比如，对于

---

① 参见卢元镇：《体育人文社会科学概论高级教程》，高等教育出版社2003年版，第75—77页。

体育伦理与体育违法行为、体育犯罪行为之间的关联阐述甚少，只是在论述体育伦理时以不同的体育违规和体育犯罪现象作为佐证，如有人担心体育领域中使用兴奋剂会因为改变基因而给生命伦理带来冲击（申建勇，2008）。在少量研究体育伦理与体育犯罪之间关系的著述中，亦只突出伦理对犯罪行为的预防及其对犯罪者的治疗，主张在定罪量刑时要考量人格因素（薛静丽等，2010）。

总体而言，相对于体育伦理学的成熟性和体系性，体育犯罪伦理学显得过于稚嫩、单薄，并呈现出碎片化和孤立性特征。具体主要体现在以下几个方面：

第一，缺少价值层面的本源性理论探讨。人所共知，犯罪乃绝对的恶，不过在特定情境下，犯罪也是有价值的。正如迪尔凯姆所言，犯罪是对未来道路的预测，对未来道路的开拓。这种犯罪是有益的，因为它为后来越来越必要的改革预先做了准备。① 为数不多的体育犯罪伦理研究主要停留在规范层面，这样的话很多情形下只能就事论事，而无法超越规范抵触体育犯罪伦理学的价值层面，从而也无法触及体育犯罪伦理的元命题。如此，一方面很难完成体育犯罪伦理的体系搭建，另一方面体育犯罪伦理体系即使生成也将因为其忽略价值等本源性命题而先天营养不足。

第二，没有注意体育犯罪学和体育伦理学之间的关联性。现有研究中，没有人注意古今中外不同体育犯罪样态与何种体育伦理观之间的关联，而此恰恰是体育犯罪学和体育伦理学连接起来的枢纽。至于有人在阐释体育伦理命题时所列举的体育领域越轨行为或者犯罪行为的实例也仅仅是作为一种注脚使用，而没有赋予其承担连接体育犯罪学和体育伦理学之间的重任。如果体育犯罪伦理学缺失价值等深层次伦理命题的观照，也同时失去体育犯罪学的营养补给，那么，其理论体系注定是孤立的。

---

① ［法］迪尔凯姆：《社会学方法的准则》，狄玉明译，商务印书馆1995年版，第88—89页。

第三，体育犯罪伦理尚未形成主体性乃至体系性学说。就我国体育伦理学整体而言，其在很多情形下呈现碎片化特征，即在其学说内部尚没有形成主流观点和主流学派，更不用说尚处在起步阶段的体育犯罪伦理学了。出现这一局面的原因可能是，伦理学界很少有人关注或者潜心研究体育伦理，而体育界又很少有人具有深厚的伦理学素养。至于体育犯罪伦理学，则更因为现有的体育伦理学者几乎无人关注体育犯罪乃至体育法律问题而连其体系性构建尚未完成。没有主体性学说、甚至没有体系性学说的结果就是无法在社会中引起反响并得到呼应，更难以在相关领域引起制度变革。

当然，不容否认的是，人们就体育伦理乃至体育道德的广泛论证为体育伦理与体育犯罪样态之关联命题研究的开展积累了学术基础，为体育犯罪伦理学的构建带来了深刻的学术启迪。

二、不同体育犯罪的伦理观索引

追索体育犯罪的历史脉络，会发现，不同区域、不同历史时段的体育犯罪之所以样态纷呈、其防控治理措施迥异，是与当时的伦理观息息相关的。笔者将结合不同时期和不同领域较为典型的体育暴力犯罪、带有政治性倾向的集体体育犯罪以及商业化引起的投机性体育犯罪等，考察其背后的个人英雄主义到权利个人主义、身体整体论到现代集体主义、不劳而获和拜金主义等体育伦理观的演化，以期寻找不同体育犯罪伦理观之间的关联，提炼体育犯罪伦理之特质及共性。

（一）个人英雄主义到权利个人主义的演绎

人类在追求美的历程中，曾经钟情于一种狞厉的美。如李泽厚所言，中国古代青铜器上各式各样的饕餮纹样旨在营造一种无限深渊的原始力量，突出在这种神秘威吓面前的畏惧、残酷和凶狠。① 它根植在体

---

① 参见李泽厚：《美的历程》，天津社会科学院出版社 2001 年版，第 52—53 页。

育领域并且一直延续至今，成为催生体育暴力犯罪的精神根源。为了享受暴力美学，古罗马的竞技场几乎每天都在向世人演绎着拳斗、角斗、斗兽直至上万人参与的模拟作战等各种流血的竞技。[①] 今天的职业拳击、铁笼格斗乃至橄榄球赛事中仍然残留着此类遗风。在纯粹的身体对抗中所展现的力量和技巧往往容易塑造个人英雄，并由此凝结成个人英雄主义。直到今天，深藏于人们心底的英雄主义情结仍然为体育组织者和体育经纪人察觉并利用，他们不遗余力打造着属于某个体育领域的个体英雄或者明星。但体育领域中滋生的个人英雄主义的泛滥必然带来暴力犯罪，正如有人指出，"竞技体育的发展史实际上是一部身体暴力演变史"。[②] 即便在讲究武德的中国传统武术竞技中，看上去斯文的身体契约之下掩盖的可能是血腥的暴力事件，曾经风靡欧洲的骑士比武和后来的绅士决斗也大抵如此，经常制造出无数的"优雅的"暴力事件。

科学技术的日新月异在某种程度上摧毁了人类英雄主义情结，多元价值观并存的现代社会已经不再是一个纯粹崇尚英雄主义的时代。虽然在竞技体育领域英雄主义色彩似乎永不褪色，但体育商业化、职业化、市场化已逐渐成为体育事业的发展方向。体育英雄也已经不再是单纯的信仰依靠，而成为赚钱的工具。他们已脱离了最初的轨迹。[③] 科技带来的个体创业自由致使人类整体主义根基开始动摇直至肢解，取而代之的重要伦理思潮是权利个人主义，它意味着个人具有独立性，个人优先于社会，个人有权按照自己的意愿生活、工作和行动，有权谋求自己的利益，有权追求自己的幸福。[④] 在物质至上的特定时期，唯利是图将成为权利个人主义的重要表征，而权利个人主义直至个人自由主义的延伸，还会牵引或者制造道德虚无主义，并会由此引起一系列的道德恐慌，这

---

① 参见吴光远、黄亚玲：《体育人文社会学概论》，北京体育大学出版社 2011 年版，第 44 页。
② 参见侯迎锋、郭振：《西方竞技体育身体暴力的演变》，《体育学刊》2010 年第 11 期。
③ 参见梁爽：《美国体育中的英雄主义》，《科技视界》2014 年第 6 期。
④ 参见陈强：《权利个人主义与道德个人主义辨析》，《道德与文明》2014 年第 5 期。

在青年人身上体现得尤为明显。正如学者在研究英国足球流氓时指出，20 世纪 60 年代，青年人普遍产生"道德恐慌"，导致青少年犯罪率上升，足球赛场上的打斗和骚乱也频繁发生，同时，随着众多工人的参与，足球流氓在英国出现了。[①]

显然，道德恐慌或者道德虚无带来的精神空虚将促使人们在体育赛事中寻求释放的甬道，而作为竞技体育的赛场所制造的特定情境极容易渲染并勾起潜伏在人们心底的恶性情绪，自由的异化加之人们对权利选择理解上的偏差拆除了伦理的藩篱和法律的禁锢，诸多因素叠加起来为不断出现的体育暴力犯罪事件埋下伏笔。于是，从竞技体育领域到社会体育领域，从运动员之间的单打独斗到运动队之间的群殴，从足球流氓制造事端到恐怖主义袭击，近年来运动场上的暴力越演越烈，并逐步向广度和纵深蔓延。[②] 当然，体育领域暴力犯罪事件的诱发因素很多，但不容忽视的是人们尤其是青年一代之体育伦理观的支撑力量。有国外学者在使用世界价值观调查（WVS）的数据分析方法测试近年来中国人的幸福感时发现，中国人在评估自身幸福及生活满意度时，越来越优先选用个人主义因素。1990 至 2007 年间选取的四次样本比对显示，选择和控制生活自由的个人主义因素没有随着时间的推移而发生变化，受访者集体主义情感因素的重要性降低了。以此，个人主义的道德观可能会战胜集体主义的道德观。[③] 或许，以个人主义为核心的价值观和伦理观对这一时期体育暴力犯罪事件频发现象能够起到一定的注解作用。

（二）身体整体论到现代集体主义的延伸

但在体育犯罪的伦理诱因上，群体主义或者集体主义就一定逊于个人主义么？这一点在早期体育犯罪史上就显露端倪。在懵懂的先民社

---

① 参见李津蕾、石岩：《英国反足球观众暴力立法的变迁历程与内容透视》，《中国体育科技》2005 年第 4 期。

② 参见张训、费加明：《论体育犯罪及体育刑法的构设》，《上海体育学院学报》2013 年第 1 期。

③ 参见［美］丽莎·G.斯蒂尔，斯科特·M.林奇：《中国人对幸福的追求：中国经济社会转型中的个人主义、集体主义和主观幸福感》，《国外理论动态》2014 年第 5 期。

会，为了生存，原始人类在奔跑、跳跃、投掷、攀爬、游泳的劳动实践中学会了身体锻炼与竞技。但劳动技能的落后、身体的羸弱使得人类个体无法脱离整体生存，在生存哲学主导的伦理体系中，身体整体论成为当时体育伦理观的主体部分。随着氏族部落的建立，人类社会有了初步分化。个体之间的对抗亦演变为群体之间的对抗。在为食物及领地而展开的群体角逐中，单纯的个体间的嬉闹、竞技逐步演化成一种有意识、有配合的群体间的对垒。即便人类跨入文明时代，物质财富有所积累，但在深邃的自然和由此引发的图腾崇拜以及神秘的宗教诸神面前，人们总是想方设法让身体技艺与宇宙、自然和群体紧密契合以便显示其顺服的诚心。这个时候，人们爱宇宙胜过爱自己，因为身体只是宇宙整体的一部分。身体整体主义视野下个人的运动成绩并不是关注的重点，而是因为运动员的身体与其他社会机制的种种关联，形成了整体的荣誉。[1]

但后来，人类整体性为地域扩展、种族繁衍等因素不断碾压、切割，整体主义伦理观亦不断分化乃至肢解。身体整体论也在氏族或部落之间的对抗中逐渐衍生出群体主义以及后来的集体主义伦理观。而部落间基于争夺资源或血亲复仇而发生的暴力冲突势必影响并烙印在这种体育对垒中。[2]因此有人认为，体育起源于战争与军事。[3]据说，英国足球是起源于公元913年英国人在战争中战胜丹麦人后以敌人头颅为乐的游戏。[4]而此时，身体整体论会导致体育中的整体暴力，在国家诞生之后，体育往往沾染上政治品性，使得某些集体性的体育犯罪成为政治的一部分。正如学者所言，"竞技运动经常被一些所谓的国家主义所利用，使其沦为政治的工具"。[5]而集体主义以及后来演绎出来的国家主义又

---

① 参见高强：《论现代体育之"超越"品格》，《成都体育学院学报》2014年第1期。

② 参见张训：《体育犯罪样态演化研究》，《犯罪研究》2014年第5期。

③ 参见吴光远、黄亚玲：《体育人文社会学概论》，北京体育大学出版社2011年版，第39页。

④ 参见颜绍泸：《体育运动史》，人民体育出版社1990年版，第182页。

⑤ 参见刘湘溶、刘雪丰：《当前竞技体育伦理问题及其实质》，《伦理学研究》2006年第3期。

导致单位和集体体育犯罪的兴起。现代集体主义伦理观仍然带有这一倾向。小到比赛双方的支持者利用政治仇怨作为攻击手段，例如 2012 年欧洲杯小组赛就因为俄罗斯球迷打出政治标语"攻陷华沙"而引起了俄波两国球迷之间的暴力冲突。大到国家政策，如包括中国在内的诸多国家因苏联出兵阿富汗而抵制莫斯科奥运会就极具政治色彩。

从带有人类天然性的群体主义到具有社会性的集体主义再到兼具政治品性和地方狭隘性的民族主义，一步步演绎着身体整体论的变异，虽说这种变异反映了人类主观思想的变化，又何尝不是客观规律的反映。人类早期社会，为生存需要催生的群体主义或许是一种无奈的选择。当人类生活能力与日俱增，在身体上脱离群体有了相对的可能，从而使得集体主义可以不再纯粹。所以，在现代社会，即便是出于集体主义考虑，也可能会因为一味地、不择手段地追求小集团利益，将集体主义演绎为集团主义乃至个人主义。往往在以地域或者团体为单位的体育竞赛中，各方很容易打着集体主义的幌子而给健康纯洁的体育机体制造伤害。当"唯成绩论""唯金牌论"成为体育界的价值取向时，人们对善恶标准的认识就会出现偏差，并伺机摆脱道德的约束，进而触犯约束其行为的规则和制度。[①] 贿赂、黑哨、幕后交易、贪渎等体育职务犯罪因此层出不穷，并由此衍生其他体育犯罪样态。这一点一再为实践所验证。近日，某知名人士在谈及"全运会"时爆料，一些教练和运动员为争金牌不择手段，给对方运动员饮水里下巴豆甚至兴奋剂，破坏对方的器械。[②] 正是出于清除不良体育伦理观的需要，2015 年 2 月，国家体育总局结合中央巡视组的整改意见，拟取消全运会各省市金牌奖牌榜，以整肃金牌至上的价值观和伦理观，营造纯洁健康的体育精神，还体育运动以清白。

---

① 参见韩新君等：《运动员越轨行为研究》，《上海体育学院学报》2013 年第 1 期。

② 参见崔永元：全运争金不择手段　甚至往水里加兴奋剂，来源网易体育，网址：http://sports.163.com/15/0130/09/AH6SRVJ60005227R.html。

（三）不劳而获和拜金主义伦理观导致投机性体育犯罪兴起

总体而言，人类社会经济组织结构经历着劳动经济、消遣经济、消费经济三种形态。在劳动经济时代，劳动光荣成为每个人追寻的劳动伦理观，好逸恶劳为人们所不齿；而在消遣经济时代，闲暇和不劳而获则成为身份和地位的象征。当然这些经济形态是相互交织的，无法决然分割。在消遣经济形态成为主导的社会中，闲暇成为一种生活时尚，而投机性获利行为受到追捧。值得警惕的是，在这样一个时代，当劳动、财富伦理观与道德秩序同时失守时，蛰伏在人性深处的饥渴会无限放大，投机性犯罪应运而生。

体育本该是一片纯洁的领地，群众体育带给普通人身心的愉悦；学校体育促进年轻人体质增强、智力发展；竞技体育则带给人以激情、美感及励志精神。不过在消遣伦理观主导下，体育不可能成为一片净土。为贪图享乐而攫取、分食体育利益的越轨者不断突破法律防线和道德底线，侵蚀着体育的健康机体。体育赌博的操盘手和操控比赛的执法裁判以及幕后黑手不费吹灰之力就能获得巨额收益。体育赛事的色情服务者和组织者几乎无须投入就获得丰厚的回报，色情交易为享乐主义者制造温柔乡并成为滋长其他犯罪的温床。体育经纪人凭借三寸不烂之舌和精明的头脑就能在体育链条的缝隙中分得一杯羹并从优秀职业运动员那里攫取巨额利润，贪婪地盘剥、压榨运动员的身体价值，一旦其机体衰老，运动能力丧失，就会被弃之如敝屣。不仅如此，体育经纪人的胃口与日俱增，并转而寻求其他发财机会，不经意间已然滑入犯罪泥淖。在2003年，罗纳尔多的经纪人马丁斯和皮塔即因涉嫌洗钱和非法转移外汇而获刑。

在消遣经济向消费经济过渡的时代，劳动还未真正成为一种时尚和需要，但物质和财富却充满魅惑，不劳而获和拜金主义两种畸形的财富观与伦理观一拍即合，在体育领域结成怪胎。受经济爆炸、商业异化的冲击，加之拜金主义的蛊惑，体育产业化进程并非一直能够良性运转，体育相关人员亦无法超凡脱俗，以致体育领域某些地方总是散发着铜臭味。一旦与金钱挂钩，体育领域的投机性犯罪样态更会层出不穷。体育领域的硕鼠们贪污、挪用、侵占、索取，无所不用，恣意啃噬、吸食体育机体的养分。体育赌博者借助现代网络技术开辟体育网络赌博的新天地。大型赛事中的色情犯罪者也不再满足于仅仅操持体育赛事中的皮肉生意，而学会利用体育明星的"票房人气"，根据其绯闻或者桃色事件，以牟利为目的制作、复制、传播、贩卖以其为原型的淫秽物品。[1]

三、重塑道德规诫：体育犯罪伦理考察的结论

"伦理学的基本问题是道德与利益的关系问题。"[2] 现代体育伦理观之所以出现扭曲和异化现象，很大程度上就是人们的道德操守在与利益的纠葛中发生了偏离。虽然我们无法否认个体存有私心，正如亚当·斯密所言，"每个人生来首先主要关注自己，因为他比任何其他人都更适合关心自己"，[3] 但是作为人类整体一分子，人们必须遵守既定的规则。尤其在竞技体育领域，"不按规则得到的胜利是道德上的失败"[4]。体育犯罪伦理观无疑是体育伦理体系中最糟粕的部分，它的养成也是道德迷失在金钱面前的最淋漓体现。为了肃清体育犯罪伦理观，尚需要从道德救赎入手，洗涤人们心灵中的金属色，构设生态体育伦理思想和绿色体育伦理思想，塑造积极的体育风尚，重构健康的体育伦理观。这就要求，除了完善针对体育越轨行为的立法和执法体系之外，还需要加强道德对科技导致的伦理观异化的牵引力量，促成道德对主要由经济因素引发的功利心的规诫。

当然，道德有时看似虚无，甚至其在经济、政治力量面前显得绵软

---

① 参见张训、费家明：《论体育犯罪及体育刑法的构设》，《上海体育学院学报》2013 年第 1 期。

② 参见唐凯麟：《伦理学》，高等教育出版社 2001 年版，第 8 页。

③ 参见［英］亚当·斯密：《道德情操论》，蒋自强等译，商务印书馆 1997 年版，第 101—102 页。

④ 参见费孝通：《美国与美国人》，生活·读书·新知三联书店 1984 年版，第 187 页。

乏力，而且不同时代、不同社会存有不同的道德观，也就是说道德体系本身是多元的。比如，在功利主义道德论那里，道德强调的是要么利己、要么利他或者利于最大多数人的最大幸福。但当下社会中总是存在为人们信奉的主流道德，其核心就是诚信、勇敢、节制与程序。这些特征也恰恰是体育应有之义。体育与道德二者之间的融通使得道德对体育伦理观能够起到修正作用不至于沦为虚无。

（一）道德对技术异化力量的牵引

就某项竞技运动而言，对其运动规律的了解和技巧的娴熟掌握是提升运动成绩的内在要求，而随着科学技术的崛起，外在技术的革新力量在体育运动领域的植入才代表着真正的体育技术化。不可否认，将科技引入体育领域会为体育的腾飞安插翅膀。譬如，科学技术的应用大大提升了运动器材的耐用度和安全性。医疗技术的提升也为运动损伤提供有效帮助，让有些运动员即便高龄也能保持运动高水准。信息与数字技术使得竞技体育的训练、恢复和管理更加合理和富有成效。电视回放系统的使用让体育比赛更加富有感染力，如慢镜头的使用最大限度展示了人类身体舒展的运动美感，而即时回放系统（鹰眼）在网球、足球赛场的应用能够弥补人类肉眼招致的误判。

但是，科技是把双刃剑。一味兴奋剂会秒杀你十年的艰苦训练，穿上鲨鱼皮泳衣就能瞬间提升技战力。"体育技术化发展所带来的一个直接的结果是，运动成绩作为人体超越自我精神的替代之物，不仅替代了体育价值目标的表现形式，而且直接导致了体育价值目标的转向。"[①] 以此而言，科学技术力量还成为"唯成绩论"之功利主义形成的重要促成因素。事实上，体育伦理的变异在很大程度上乃拜科学技术力量所赐。突飞猛进的技术革新力量碾压和切割着传统体育文化的延续性，使得许多优良的体育人文精神在新时代立足未稳即迷失于快节奏的变革之中。

[①]　参见王健、董传升：《人文主义视野中体育伦理的技术化转向及其困境》，《社会科学辑刊》2006年第6期。

不过，科学虽不像人们想象得那样完美无缺。它在许多方面存在虚假，有时会带有更大的欺骗性。而且，因为科技的发展方向往往取决于其背后的伦理思想，出自纯粹功利目的的技术竞争必然导致技术的异化。可以说，技术的胜利有时是以道德败坏为代价的。[①] 但是毫无疑问，突破和创新是科学的永恒命题。

这一点与体育运动何其相似。找到科学技术与体育运动之突破与创新这一契合点，为发挥道德对科学技术在体育领域异化力量的牵制奠定了可行性基础。换言之，法律的规范作用和道德的约束力量在应对科技与体育伦理观异化时，路径是相通的。比如，基于伦理风险，人们应当限制克隆技术和转基因技术的研发与应用，在体育领域同样禁止服用兴奋剂乃至使用基因变异技术获得优胜。

由此可以看出，当体育伦理观发生偏差时，技术则为虎作伥，从而使得人与人之间的竞争演变成技术与技术之间的竞争，以致体育失去其应有的价值和魅力。而立足于唯科学主义立场的集体主义极容易忽视社会个体的感受而强行炮制出一些所谓的"客观事实"，从而挟制人们的道德观。

为此，还需要进一步夯实体育伦理体系基础，既要从传统克己复礼、居仁由义的儒家伦理体系中汲取精华，并移植到当代体育伦理体系中来，又要学会如何弥补工业和科技给体育伦理体系带来的创痕，在现代价值观林立的体育伦理体系中梳理、提炼富有正能量的主流伦理观，以防止体育犯罪伦理观因技术异化出现偏差，杜绝体育犯罪伦理观的养成和泛滥。在发挥道德的牵引力量时，诚信是科技引入体育领域必须坚守的道德底线，尤其在以公平竞争为核心的竞技体育领域，任何为虚假服务的科技在诚信面前终将原形毕露，由此，诚信之道德元素的灌输将会有效肃正人们将技术引入体育领域的初衷，并且成为其后工作开展的

---

① 参见张之沧：《后现代理念与社会》，南京师范大学出版社 2005 年版，第 97—105 页。

标尺。

（二）道德对功利心的规诫

科技革命使得社会经济结构发生了本质变化，利己主义、个人主义伦理观在此间受到催化并得以逐渐膨胀。"优胜""唯成绩论""金牌至上""急功近利"成为这一伦理思想在体育领域的写照。

功利主义伦理思想往往与拜金主义伦理观相互勾连，几乎蔓延于所有体育领域。即便在以提升青年人体质和智力为己任的学校体育教育中，也出现了盲目扩招、放羊式教学的迹象，而且教育内容也逐渐舍弃伦理道德方面的教化，以至于一段时期，一提到体育生，人们就会想到头脑简单、四肢发达。还有的体育培养机构为了显示自己的训练成果，集体使用兴奋剂。在群众体育运动中也有人为了沽名钓誉，不惜牺牲娱乐精神，使出请专业运动员冒充参加业余比赛的伎俩等。

特别在竞技体育领域，功利主义已然渗透到体育产业链的每一个环节、每一个群体，从体育行政管理者到裁判员、教练员、运动员、赛事组织者、体育经纪人乃至普通观众等等。

对于体育行政管理者而言，其主管的某项运动能够迅速出成绩，就能为其带来辉煌政绩。为此，不少人用尽心机，才出现上文所言的某体育官员在"全运会"中给其他地区运动员投放巴豆、兴奋剂之事件。有些体育社团负责人为了能在某一等级的竞赛中取得身体对位上的优势从而获得眼前胜利，不惜违规篡改运动员年龄，"以大打小"。有的教练员则无视运动训练规律，不惜摧残运动员身心，采用野蛮训练甚至药物刺激等方式，以期短时间提升训练水平，为自己博得美誉。运动员自己拼搏有时也不再仅仅抱持为国争光、为集体争荣誉的理想，甚至不再为了体现自我价值或者享受比赛本身带来的愉悦，而是为了满足一时的虚荣。享受体育魅力的念头已经被抛离，取而代之的是优胜，优胜，全然不顾一味地功利心可能会使比赛结果事与愿违。这种思想和做法当然在一定程度上也是外在环境引发，尤其在"奥运会"等国际性大赛中，似乎只有金牌获得者才能引人注目并持久发酵，房子、车子直至现金等物质奖励似乎总能充满诱惑，而银牌及其他获得者很快甚至当场就会被遗忘。高高的领奖台背后投射出的又何尝不是虚荣和功利。作为观众，很多人是带着主场情结来的，这种情结本身就意味着对体育运动欣赏力发生了偏移，而希望主场获胜的功利心则极可能演绎为负向情绪，一旦当其发现主队有溃败迹象，极可能反戈相向，或者迅速离席让运动员失去主场氛围，甚至向比赛场地泼洒秽物，有的则启动流氓话语模式，爆粗殴打他人，毁损财物等。连几分钟甚至几十秒等待的耐心都没有，更遑论静心等待某项运动几年甚至几十年的兴起周期。实践告知，某一运动员能够取得辉煌战绩，自会有万人拥戴，一旦因为伤病或者年龄等原因而致成绩下滑，其得到更多的可能不是安抚与包容，而是辛辣的讽刺和恶毒的谩骂。

这些都是功利心在作祟。而事实上，"许多很功利的事往往必须不带功利去做，收获才大。"① 为此，我们必须在竞技体育伦理体系中注意维修体育管理者、组织者伦理，比赛赛场伦理，运动员伦理和观众伦理等几个重要方面。对体育伦理体系修复不能仅仅依赖于事后惩戒的法律手段，而应当更多地借助于道德规诫的防御和抵制力量。道德的教化功效其实在早期人类社会就为人们注意到并加以利用。古希腊的竞技运动几乎被认为是现代竞技的始祖，虽然它留给人们许多血腥和残暴的传说，但是不断的流血对抗使当时的人们逐步认识到，在死亡面前，胜利也就是失败，于是，节制、公正与睿智等不同且互竞的美德在城邦竞技的语境中得以践行。② 中国传统体育也在儒家文化的浸染下成为道德教育、修养情操、培养礼仪的手段。例如中国武术"尚德不尚力"，众多的拳谱家法开章明义皆是阐明武德，强调"武以观德"。③ 可见，道

① 参见苏力：《只是与写作相关》，《中外法学》2015 年第 1 期。
② ［美］A. 麦金太尔：《追寻美德》，宋继杰译，译林出版社 2003 年版，第 174—175 页。
③ 参见张新、夏思永：《管窥中国传统体育伦理思想》，《北京体育大学学报》2004 年第 1 期。

德对功利心规诫的重要手段就是运用人性中的节制力。亚里士多德说："一个人回避肉体的快乐，并以避开肉体快乐为快乐，就是节制。"[1]文明社会，任何人都应当被假设为理性人，而作为理性人，节制就是理性对欲望的克制。包尔生也认为，抵制感官享乐的能力是人性化的前提。[2]

当然，道德教化之功短期之内不可能收立竿之效，纯粹的道德节制或许对某些人收效甚微，但是道德的内外兼修应当成为塑造健康体育伦理观的永恒手段。只有当无形的道德难以束缚某些个体无限膨胀的欲望时，才可以借助于法律的节制力量。不过，作为一种社会制度设计，法律规范又何尝不是道德规范的升华，是一种看得见的道德。故此，还是在道德力量的引领下，吸收并借鉴儒家角色伦理结合现代美德对自由个人主义之功利性进行克制，以体育英雄的谆谆教导与榜样力量作为激励，把自己修养成为更好的体育人。[3]

第三节　身体及体育权利的规训

体育总是以身体为基础得以展开，体育权利亦是身体权利的延伸。离开身体的开放，体育将无从谈起，而离开对身体的尊重，任何体育权利都是虚置。然而，任何权利都是相对的，不仅要与义务相匹配，还要受到规则的约束，否则就能可能剑走偏锋。身体的放纵是对身体权利的曲解。包括体育犯罪在内的越轨行为在很多情形下恰恰是体育权利的不当行使所导致。论证身体及体育权利的属性一方面为体育活动的开展寻找正当根基，另一方面则要告诫人们，任何身体及体育活动的放纵都可

---

[1]　［古希腊］亚里士多德：《尼各马科伦理学》，苗力田译，中国社会科学出版社1999年版，第31页。

[2]　［德］包尔生·《伦理学体系》，何怀宏、廖申白译，中央编译出版社1998年版，第38页。

[3]　参见安乐哲：《儒家角色伦理学：挑战个人主义意识形态》，《孔子研究》2014年第1期。

能滋生体育越轨行为，从而需要通过对身体及体育权利的行使保持警惕并制定规训之策，以便进一步认清体育犯罪等越轨行为产生的根源。

身体的禁忌与开放是决定体育如何发展以及发展到何样高度的决定因素。当人类处在普遍的身体禁锢的时代，也就是处在被描述为"身体还是灵魂的监狱"的时代，体育尤其是竞技是没有发展空间的。说到底，体育的魅力取决于身体的魅力，而身体魅力的展现需要拥有一定的空间，并且需要借助于群体、社会和国家力量的辅助。换言之，身体能量的最大程度释放要求尽可能地打破身体的禁忌，但此仅靠个人无法实现，需要国家和社会的文明、文化达到一定程度，并且通过法律规范的形式进行赋权与确证。如此，身体不再专属于个人，体育权利的属性也得以延展，而且，在另外一个层面，身体的开放性也同样需要国家利用法律的力量进行规制，并需要对身体及体育权利进一步界定。

故此，界说体育权利属性，同时也是界定身体归属性的过程。身体属于谁？这是一个看似无聊却值得深思的问题。在自然意义上，身体发肤受之父母，亦终将归自身支配；在社会意义上，人们在处置身体时又不得不考虑法律、伦理、习俗等诸多因素。[①] 基于此，本书将从自然、社会以及法律等三个层面对身体及体育权利属性进行界定。

一、禁忌：身体及体育权的自然属性

人类个体之身体是体育魅力展现的物质基础，而人类群体只不过渲染了体育氛围并且促成了体育活动的规则性和可观赏性。以此，人的身体首先是自然的，然后才是社会的。正如经典作家所言："任何人类历史的第一个前提无疑是有生命的个人的存在。"[②] 此外，即便到今天，人类文明的密码仍然无法破解关于身体的所有秘密。对于身体禁忌，有人将其描述为身体和灵魂的混合体，认为"身体是灵魂的寓所，为了保

---

① 参见张训：《身体处置权行使的刑法边界》，《中国刑事法杂志》2017 年第 2 期。
② 参见《马克思恩格斯全集》（第一卷），人民出版社 2001 年版，第 61 页。

护灵魂也就是生命不受伤害，人的身体有很多禁忌"①。当然，剔除其中的迷信色彩，单纯从生理学角度，每个人的身上几乎都有不愿轻易示人的禁忌之地，所谓"男不露脐、女不露皮"是也。当然，时至今日，文明以及价值多元化趋势已然消解了一些传统的关于身体禁忌的观念，人们对于自己身体开放程度具有了多重选择空间。但无论如何，人类个体关于身体的禁忌应该是身体权最朴素的起源。至于体育，虽然其表现为一种身体的外在的实践活动，但在本真意义上，其亦起源于人们在劳动过程中对自己身体的欣赏以及对身体能力的展示。或者说，体育活动是人类及其身体演变中的自带属性，因而随着身体一起带有天然的禁忌性。

决定是否开放自己的身体以及开放到什么样程度，这属于身体禁忌权的内向性表达，即身体所属之人有权选择划定自己身体禁忌空间范围。另外，身体禁忌权还具有外向性特征，即身体所属之人拥有回避或者排斥他人无端触碰的权利。所谓"男人头、女人腰、只能看、不许捞（摸）"。在生物进化上，避免和异性身体随意接触是人的动物性是否消解的基本判断准则，也是人类羞耻心的趋向社会性的表达。正如英国动物学家莫里斯所言，"成人的身体接触含有性的联想"。②和恋人、夫妻、家庭成员之间接受身体亲密接触不同，人们在面对陌生人时，身体上的警觉性和灵敏度会提高。异性陌生人之间的身体疏离并非仅仅是生理上的反应，还同时是一种心理暗示。此种反应和暗示映射在群体当中，就会表现为一种社会行为和社会关系。即便同性之间，无端的身体触碰也会招致心理嫌恶。在一定程度上，身体上的远离是人类文明的一种标志。

当然，随着社会文化背景和时空的转换，身体禁忌内容和程度亦有所变换。这表明，身体禁忌并非固定和一成不变，它具有一定弹性和张

---

① 参见邱国珍：《中国民俗通志（医药志）》，山东教育出版社 2005 年版，第 343 页。
② ［英］莫利斯：《裸猿》，何道宽译，复旦大学出版社 2010 年版，第 86 页。

力。人们在行使身体禁忌权时需要对禁忌内容进行一定节制乃至克制。人毕竟是社会动物，具有群聚性，也正因为此，人类才能摆脱丛林，建立文明。所以，任何人在面对他人、群体和社会时，都需要作出身体权利的让步。这种让步，一方面是为了自身利益。譬如面对理发师、医生等职业人士，人们需要接受他们适当的身体接触。对于从事体育运动等特殊职业人员来说，身体禁忌权利还需要进一步释放。在不少竞技运动中，过多的穿着不仅影响运动员身体的美感，从而折损体育的魅力，也会影响运动员的体感，从而影响自身的体育成绩，并最终阻滞体育的发展。对于社会整体而言，正是每个人让渡自己的身体自由才可以增加社会的文明程度和生活的丰富性。譬如，在公共交通工具、集会广场等特定的空间，人们需要在一定程度上容忍别人对自己身体禁忌权的挤占。故此，身体禁忌权弹性的产生与大小从根本上受制于人类的群聚性与社会性。

身体禁忌权弹性或者张力的指向也是双向的，其既针对权利主体，也针对义务主体。在体育活动中，因体育有序、正常开展之需要，需要参与主体破除一定的身体禁忌，接受必要的身体接触。换言之，一旦你踏入运动场，就意味着你同时将身体交付给运动场。在另一方面，身体永远属于自己，其他人都是身体禁忌权的义务主体。作为义务人，对别人身体的触碰亦只能限定在必要、合理范围。赛场上，运动员之间一般的拉扯衣服尚可原谅，倘若通过以拉扯掉对方短裤的方式来阻止进攻的行为则不仅有违体育道德，还侵犯了他人的身体禁忌权。此外，异性教练员、医务人员等和运动员之间，身体接触应以必要的技艺传授、身体恢复、机体治疗为限，任何超越此限度的身体接触都是对他人身体禁忌权的侵犯。如果侵犯他人身体禁忌权，轻者遭受嫌恶和抵触，重者会迎来防卫或者反击，对于严重的侵权行为，公权力还会进行必要的干涉。

身体禁忌权并不仅仅表现为权利主体对自己身体选择的内在决定权，它还表现为一种动态性和外向性。"身体自由的拓展是需要透过实践进行体验的。"① 身体权利主体需要以行为的方式表达权利意识。人之为人，是其在用身体征服、改造自然包括自身的过程中完成的，而在此过程中，人向往自由的意志不断被加强，身体的能力亦不断得到提升。可以说，身体是人通向自由之路的"本钱"，体育是人释放天性的平台，而身体及体育之资本的积累需要寻求更为自由的空间。其中，作为人类释放灵魂的活动实践之一，体育是人生命的自由自觉的运动②。在由身体推及体育的道路上，人类的身体是自由的，体育亦是自由的。以此而言，即便在自然意义上，身体禁忌并非意味着封闭和保守，反而意味着宽容和进步。

二、开放：身体及体育权的社会属性

身体禁忌权透视着身体主体的可选择性，而开放本就是选择的一个方向。只不过，与身体禁忌的含蓄与克制相较，身体开放也意味着身体交往和活力释放。在相对意义上，身体禁忌权强调人类个体的主体性及其对自我身体的主导性，但是身体的开放则更多强调身体的社会性和交往性。对于身体主体来说，禁忌权更多体现主动性，而开放则意味着自我克制，因而带有被动性；对于社会或者群体而言，禁忌意味着身体权利主体的隐忍与禁锢，而开放则意味着尝试交往与展示，因而又带有主动性。不过，倘若身体的开放带有更多的外力制约，那么，它就会更多地体现被动性。

不过，人毕竟是社会中的人，身体的封闭势必会带来保守，不利于人际关系的建构，最终反过来会限制身体及自我，尤其不利于体育的交流与发展。同时，权利和义务本就是相互匹配的。作为社会共同体中的一分子，人们必然需要为这个整体做些什么。也就是说，人们在享受社

---

① 参见王结春、刘欣然：《古希腊城邦的体育自由思想》，《成都体育学院学报》2013 年第 8 期。
② 参见翟国范、张林学·《西方体育哲学之道德嬗变》，《北华大学学报（社会科学版）》2001 年第 2 期。

会共同体带来的权利惠泽的同时，需要付出相应的义务。所以，在关乎身体及体育的权利预设空间中，身体不再专属于自己，或者说身体必然会因为交往而沾染上社会属性。个体之所属整体可以根据整体的安全或者发展需要对个体的身体加以利用。正如有人指出，"人身体所具有的能量是国家所能控制的一种最原始的资源，国家迫使个体本身也参与到国家、民族威望的构建中"①。

的确，在社会安全和国家安全面前，个体安全需要作出一定让步。即使面对再小一些的专属性的团体或者组织，个体也需要作出让步。尤其在竞技体育领域，行业准则和规范成为防止运动员个性泛滥的栅栏。个性张扬或许能够激发身体的能量，但同样具有负面性。借助异化力量助长身体能力的行为终将招致祸患而被摒弃。轻者如穿着鲨鱼皮泳衣，重者如服用兴奋剂。

譬如对兴奋剂等药物的使用，尽管使用者可以忍受身体损伤痛疾及更大的隐患，但是却因最终有损体育事业发展而被广泛禁止。当身体及体育权行使触及体育行业底线乃至危及体育事业发展，运动员的特立独行就会被禁止。以此，体育社团可以通过行业禁止令的方式排斥和防止运动员之身体权利行使的异化性。正如新华社愤而评论中国男子足球队在2018年中国杯国际锦标赛上的拙劣表现一样："当球员的纹身、发型和绯闻远比其球技更能吸睛，当球员开始越来越像娱乐明星，中国足球便只能付出停滞不前，甚至战意消退、战力下滑的代价。"②可见，哪怕轻如纹身，看似微不足道，而且亦非中国男子足球运动队一家为之，只要影响了运动即战力，影响体育运动的整体形象，就会被排斥。不管是否如有人评述的"舍本逐末"和"小题大做"，但中国足协的"纹身禁

---

① 参见孙睿诒、陶双宾：《身体的征用——一项关于体育与现代性的研究》，《社会学研究》2012年第6期。

② 参见郑道锦、卢羡婷、钟泉盛：《当纹身比球技更吸睛 中国足球将停滞不前》，http://sports.sina.com.cn/china/national/2018-03-27/doc-ifysqfnh2279584.shtml。

止令"具有极大的宣示意义，即身体以及体育不仅仅是个人的事情，而是关乎集体、国家以及社会的事情。

再譬如，在一定程度上，崇尚武力是人类的天性，身体权光环的笼罩往往营造身体暴力美学的氛围，从而使得身体对抗演绎成血腥的身体暴力搏击，有损竞技的健康发展。为了规训和约束身体的自由散漫，现代国家通过体育组织机构引导原始的身体暴力搏击逐步走向有难度、有高度、有新意、有审美情趣的规范身体竞赛，将身体权限制在健康有益的发展方向上。

对于职业运动员而言，身体的开放程度需要更大，有时还可能被强制进行。不同的运动项目，让渡身体禁忌权的范围不同。在对抗性不强的竞赛中，运动员可能只需要在着装时作出让步，比如要按照竞赛规则穿着裸露身体较多的制式服装。在诸如拳击、格斗等对抗激烈的比赛中，不仅仅是裸露皮肤的问题，就连身体也要交付给赛场，以接受体育规则之内的身体伤害。对于竞技体育而言，运动员的身体是基础，通过训练而习得的技艺只是提高成绩的辅助手段，因而对于运动员身体的保护是竞技体育的根本。以此，身体保护不再是运动员个人的事情，他会牵涉到其所属的体育俱乐部、体育组织、体育行政机构乃至国家。而且，随着体育商业化和职业化的开展，运动员身体还会涉及保险等商业事宜，从而成为保险公司等商业组织关注的对象。在此情形下，运动员对自己身体的挥霍将会受到各方制约。例如《意大利集体协议》第14.5条规定，运动员必须在任何时候都保护他的身体和精神健康，并保持一个专业运动员的健康的生活方式。这点与中国足协关于足球运动员不能纹身的禁令、俱乐部关于运动员比赛期间不能泡吧的禁令多有类似之处。

对于个体之运动能力提升和整体体育运动之发展而言，竞技体育意味着选取具有突出天赋的个体，并假以时日进行有序的体育训练与教育，以提升其体育技艺和运动能力。就此，体育教育不再是家庭和个人的事情，而成为整个社会的事情。早在 1762 年，卢梭使用"体育"一词来描述对儿童进行身体的养护、培养和训练等身体教育过程，并以此来表达"自然主义"的教育思想。受此影响，19 世纪瑞士教育家斐斯塔洛齐提出教育必须激发和发展儿童的天赋能力和力量。① 此处所指体育教育或许针对普通的个体儿童而言，而在举国体育制度之下，体育教育往往是以集体（集中）受训形式开展的。对被选中并接受体育教育的儿童而言，意味着脱离父母，甚至远离家庭，及早参与到社会生活的重新分配中去。这也同时意味着，儿童体育能力的成长必然伴随着社会化过程。恰如亚当·福格森（Adam Ferguson）所言："体育是社会生活的一部分。有时，体育表现为一种集体仪式。总的来说，从社会学的角度来看，体育是社会的子系统；同时，也是一个社会行动和社会过程。"②

当然，在反向意义上，虽然国家以及社会促成身体权的形成，并在绝大多数情形下都能保障体育权的健康发展，但是过于强调身体权的社会属性可能会招致权利的萎缩，尤其当工业化和政治化运动介入时，这种担忧有时会演绎成现实。在这些整体的社会性运动面前，被卷入其中的身体要么成为一种工具，要么变得一文不值。以体育的名义，又该如何呢？单以外交政治为例，在良性化层面，体育可以作为一种恰当的外交手段，提升国家的影响力和综合国力，但在另外一个层面，体育也可以成为被政客玩弄的对象。诸如美苏之间的奥运抵制极大侵犯了人类的体育权利，而民族之间的极端歧视和仇恨也会在运动场上燃烧，从而限制体育的国际化进程。不过，就像有人所言"人类历史是身体的历史"③，其实，人类历史更是体育的历史。在原初意义上，奔跑、攀爬、

---

① 参见杨桦主编：《体育史》，北京体育大学出版社 2014 年版，第 139 页。
② 参见熊欢、张爱红：《身体、社会与体育——西方学者视野下的体育》，《体育科学》2011 年第 6 期。
③ 参见杜君立：《身体的国有化》，《新产经》2013 年第 3 期。

嬉戏以及专属于人类的劳动何尝不是体育运动形式。所以说，任何对体育权的伤害最终都会落位到对身体权的伤害上。

身体社会化的进程往往也是身体被物化的进程。相较于宽泛的体育事业，运动员或者参与到体育运动中的其他人员，身体及体育权的社会属性的泛化更容易使权利主体沦落为弱势群体。运动员的身体不仅作为一种资源随时被国家无偿征召和使用，有时还要面临体育组织、体育社团、体育行政机构的盘剥。本来意义上，体育组织、体育社团是为了聚集体育资源，为个人体育能力展示和体育行业发展而建立的。但是，当资源和权力真的聚拢之后，这些体育组织处于掌控体育运动资源的优势地位，它们往往打着"为社会利益或者集体利益"的大旗无休止地压榨运动员的身体权及体育权。恰如有人指出："体育组织利用其赛事组织权，在与运动员签订的工作合同中经常规定大量片面保护俱乐部和体育组织利益的条款"，"这种条款多数情况下表现为限制或者约束运动员的行为"①。这或许就是身体开放并参与到社会中的代价。在社会学语境下"主导群体已经掌握了社会权力，不愿意别人分享之"。②对此，我们无法否认，但也不主张运用"偷懒、装糊涂、开小差、假装顺从、偷盗、装傻卖呆、诽谤、暗中破坏等等"之"弱者的武器"③进行个体式的抗争，而是要学会正视，并积极面对，寻求协商，特别是法律的帮助。因为"法律使强者丧失了一部分力量，又使弱者获得了一定力量，从而达成某种均衡"④。

总之，身体的开放是权利行使的应有之义，是权利获得效益的基本前提，是人之社会化的必然，也是人类个体寻求社会庇护不得不作出的让步。作为人类共同体，不管是体育组织还是国家政权，需要关照委身

---

① 参见姜世波：《运动员操守条款的人权法审视》，《西安体育学院学报》2017 年第 5 期。
② ［美］戴维：《社会学》，李强等译，中国人民大学出版社 1999 年版，第 197 页。
③ ［美］詹姆斯·C. 斯科特：《弱者的武器》，郑广怀等译，译林出版社 2011 年版，第 2 页。
① 参见朵少祥：《弱者的权利——社会弱势群体保护的法理分析》，社会科学文献出版社 2008 年版，第 298 页。

其下的每一个体，不是弱化反而需要强化他们的身体权。体育的确可成为集体征用个体身体的一种由头，只不过，由身体权作为基础成分的体育权更多涵摄的是权力庇护，而非权力掠夺。

三、规训：身体及体育权的法律属性

身体因为有了思想才成为人类的身体，也正因为有了思想，人类的身体才容易被规训。身体可以被规训，意味着体育尤其是竞技体育才有了可能。不过，正因为人类的思想性，驯服人类身体有时候也变得异常艰难。

好在，国家的进步和社会的发展，促使对身体的粗暴管控和压制越来越显得不合潮流，法律规范的完善让身体规训变得越来越具有条理性和可操作性。在另外一个层面，身体对其所属集体组织管控过度所呈现出的反抗也越来越理性，多数情形下人们已经摒弃自伤或者自残等非理性对抗方式，而是尽可能地在维持身体应有机能的情况下通过法律渠道维护身体权益。可以说，法律是身体权得以形成和巩固的重要方式，在此过程中同时赋予了身体权之法律属性。

在法律层面，权利也体现为一种社会关系。例如，刑法规定犯罪行为侵犯人们的身体健康权其实就是通过其侵犯特定社会关系中的主体表现出来的。身体权中所涵摄的健康、自由以及生命等内容都需要置于社会及法律关系中才有意义。离开社会，人类个体终将是孤独的，离开法律，身体终将是一堆毫无价值的骨肉。当然，即便有了法律，人们亦需要将身体之动静外化为行为才具有社会评价意义。譬如独自在与外界隔绝的空间里所为的身体动静很难被评价为行为，也不会产生法律效用。

正如马克思曾经指出："对于法律来说，除了我的行为，我是根本不存在的，我根本不是法律的对象。我的行为就是我同法律打交道的唯一领域，因为行为就是我之要求的生存权利，要求现实权利的唯一东

西，而且因此我才受到现行法的支配。"①以此而言，在法律面前，私密空间里的单纯的身体或者身体里所包裹的思想毫无意义，也不可能成为法律评价的对象，只有身体行为才是法律需要固化和保障的权利。

身体权利能力，作为人之为人的资格，人人有之，但是身体行为能力却因人而异。因为身体行为能力是人们参与到社会关系中并为法律框定的一种实际行动能力，包括身体之主体享受身体权益并承担身体义务的能力，所以，每个人会因为年龄、精神状况以及身体状态不同而致身体行为能力有所不同。身体行为能力还不能简单地与民事行为能力画等号。一般而言，无民事行为能力或者限制民事行为能力主要是从行为人的年龄状况和精神状态两个方面进行评说和界定的，而身体行为能力还受制于权利主体的身体状况。故此，不完全民事行为能力人主要是未成年人和精神病人，而不完全身体行为能力者还包括身体残疾的人。作为身体行为能力阙如或者受限者，未成年人或者精神病患者难免在身体禁忌或者开放的尺度上把握不准，可能因此要么对他人造成侵犯，要么对自己造成伤害。鉴于此，人们应当给予其一定的身体救助与心理疏导，必要时还可能需要通过限制其身体自由的方式予以规制。当然，这一切都需要在法律框架内展开。否则一些人可能会遭受"医治之名"而被限制乃至剥夺身体行为能力。现代文明社会，对于身体残疾者应当给予额外的保护以弥补其身体行为能力的瑕疵，而不是凭借公权力强行推行优生主义法则残忍地对其进行毁弃处置。事实上，人最可贵的还是思想以及思想带来的创造力，谁知道你毁弃的不是下一个"霍金"呢？

与身体权利能力相较，体育权利能力是一种相对狭促的权利资格，并非人人皆有或者至少不是人人相同，需要视个体的运动专长、运动能力或者其参与的运动项目类别而定。在广义上，人人都有体育的权利，甚至在法律的推定意义上，所有的公民都拥有体育权利，只是在特

---

① 《马克思恩格斯全集》第1卷，人民出版社1956年版，第16—17页。

殊体育运动领域，体育权利受制于身体行为能力更为明显。在社会体育领域，人人皆可涉足，但依靠身体天赋和技艺的竞技比赛，最终会演变成为少数人的舞台。反过来，在专门针对残疾人等限制身体行为能力者的体育活动中，完全身体行为能力者就会失去参与的资格。在这个层面上，对于身体正常的人而言，其体育权利能力是受限的。这也恰恰表明，体育行为能力与身体行为能力是相匹配的，并非身体行为能力受限制，就没有体育权利能力，或者身体行为能力完整，就一定拥有体育权利能力。譬如，没有职业运动员资格的人，可以在业余运动中获得体育权利资格，反之不然，不同年龄层次的人需要在与之匹配的不同年龄组别的运动中获得体育权利资格。如此等等。

以上主要从人类的身体行为以及体育行为在国家和社会中的关系来剖析其实质的法律属性，至于在形式上身体及体育权究竟能够提升到什么样的高度，这不仅依赖于整体社会的文明程度，更取决于对其进行确证和固化所采用的法律层级。目前而言，我国法律体系中有《中华人民共和国民法总则》明确提出"身体权"，其他如《中华人民共和国宪法》《中华人民共和国刑事诉讼法》等亦就"人格尊严""禁止非法搜查公民身体""人身自由"等相关概念对"人身权"进行了确定，并且由这些概念亦能够推导出"公民体育权利"的法律内涵。不过正如学者所言："无论我国宪法还是体育法，都不曾明确规定公民的体育权利，从而使体育权利仍归于推定权利。"① 所以，我们更加期待，对身体权以及体育权的确证尚需要借助于宪法这一根本大法和体育法等专门性法律予以进一步落实。

不管人们拥有什么样的身体权利能力以及多少程度的身体行为能力，在其行使这些权利的时候都需要在一定限度内进行。如何衡量身体禁忌和开放的程度成为关键，而法律则是最好的标尺。在此意义上，法

---

① 参见张振龙、于善旭、郭锐：《体育权利的基本问题》，《体育学刊》2008 年第 2 期。

律除了设置一些中性条款起到宣示作用之外，还会通过设置大量的禁止性或者命令性规范对人们的行为进行明确的指引。

一方面，如梅洛-庞蒂所言"我的身体才是有意义的核心"①，因而保障身体权是法律的基础机能，而在另外一个层面，身体又是社会的，因而必然要求身体主体让渡一定的权利，这同样需要法律明确身体权的受限范围与程度。换言之，采取什么样的手段和在何种程度内对他人的身体进行约束是合法且合理的？或许，不同的年代，会给出不同的答案，譬如在私权盛行的时代，父母或者族长可以对晚辈的自由乃至生命作出处置。现代社会，撇开国家公权可以合法剥夺公民的自由乃至生命不谈，即便在私权领域，法律仍然考虑会赋予一些人对他人身体的处置权，譬如基于他人的明确承诺或者推定承诺，或者基于法律规定等。前者如参加正规比赛的竞技者接受符合体育规则的伤害。后者如《加拿大刑事法典》第43条规定："学校教师、家长或者处于家长地位之人，为纠正受其照看的学生或儿童，使用武力，只要武力在具体情况下系未逾越合理之程度，应视为正当。"类似法律规定成为对他人身体使用暴力的法律免责事由。

对于体育活动中的身体及行为进行规制，同样需要借助于法律手段。此处以职业运动员与其所属的体育组织机构之关系为例进行简单解析。虽然每个人的身体是独一无二的，尤其是高水平职业运动员是稀缺的，正如世界上很难再找到第二个乔丹、第二个费德勒、第二个梅西，不过，运动员之身体权的行使需要符合契约精神并在法律框架下进行。譬如对于和某体育俱乐部签订工作合同的职业运动员而言，其若要重获同类项目之体育竞赛自由，需要买断合同或者支付转会费。法律的公平性体现在对运动员和其所属体育组织机构的同等保护和同等制约上。运动员的身体权和体育权行使是前提，在合同范围内，运动员可以要求体

---

① ［法］莫里斯·梅洛-庞蒂：《知觉现象学》，姜志辉译，商务印书馆2001年版，第16页。

育俱乐部提供"上场"的机会或者有权拒绝参加不必要活动，体育俱乐部在运动员选拔、训练以及安排比赛任务等方面也需要在契约内展开；反过来，运动员也需要服从体育组织安排，参加必要的体育比赛乃至商业活动，而不能毫无根据地停训、罢赛乃至"失联"。

此外，运动员和体育俱乐部还要受到其共同所属的体育社团、组织或全国性、区域性的体育行政机构等第三方干预。第三方机构干预的法律基础要么因为其被公权力赋予社会管理职能，如体育行政管理部门，要么源于其在体育技艺上的权威性和事业发展的全局性要求，如之于足球运动员和足球俱乐部而言的全国性足球协会。不过，第三方机构不能作出以压榨或者压抑运动员身体为目的的行政处罚或纪律处罚，也不能对体育俱乐部作出违背事物和市场发展规律的处罚，而应当将管控限制在身体及体育权的法律属性之内。

第三章 体育犯罪的阻却因素

第一节 被允许的危险：阻却体育犯罪的机制因素

竞技体育中，危机四伏，即便是纯粹技巧性的比赛，也隐藏着诸多不确定因素，伤害随时可能发生。尤其在对抗性体育活动中，虽然现代体育规则愈加细密、保护装置日臻完善，这在一定程度上消减了身体受损的可能性，但竞技体育终究是"文明的野蛮"，暴力冲突招致的风险无处不在。而且在今天，借助于科技的力量，人类的体育能力如虎添翼，无疑增添了体育对抗的可视性，超凡的科学技术也在不断更新并加固体育损伤的减震器，不过单纯的身体对抗也因此穿上科技盔甲，平添了诸多风险伤害。风险作为科技时代的共性，是人类社会加速前进必须要付出的代价，而风险伤害在体育对抗中则成为超越单纯身体对抗的衍生物。譬如赛车、低空跳伞挑战赛等追求人类极限的运动离不开技术开发，却往往带来难以预估的伤害。所以有人说"竞技体育的发展史实际上是一部身体暴力演变史，身体暴力既是竞技体育的表征，也是竞技体育的本质"[①]。可以说，以暴力为特质的竞技体育无论如何修饰，也是野蛮的文明，而且"体育中的暴力往往是日常生活暴力之父"。[②]

不过，前进总是与风险同在，正如比赛中的全力冲刺总会伴随着身

---

① 参见侯迎锋、郭振：《西方竞技体育身体暴力的演变》，《体育学刊》2010 年 17 卷第 11 期。

② Regina v. Ciccarelli, 1988 W.C.B.J. LEXIS 9876, p 17.

体损伤，人类文明史又何尝不是一部充满探险精神的历史。或许竞技体育的魅力就在于其存在诸多不确定因素。人们在选择发展、参与体育运动的同时，就意味着认同了体育伤害。只不过，谁也不想制造体育灾难，唯有将体育风险降至最低，才能打造属于竞技体育的文明。在这其中，学者所要做的事情就是为竞技体育中存在的被允许的危险找到理论归依，即在风险理论中找到体育活动中被允许危险存在的正当性要件。

一、被允许危险行为的理论渊薮

在自然属性上，任何危险行为都该被禁止，特别是具有严重危害性的行为还需要纳入刑法规则范畴。不过在社会属性上，基于共同的约定或者人们的共识，一些伤害身体的行为被规定为允许的行为甚至是正当行为，例如正规的医疗行为和竞技体育行为。类似于此的正当业务行为成为催生被允许的危险理论的实践要素。也由此可以看出，被允许的危险行为首先是法律意义上的概念。这一点也能从德国刑法学家罗克信的表述中得以明确，"被允许的危险，是指行为创设了在法律上具有重要意义的危险"①。

那么，人们为何要在法律上创设这种被允许的危险？结合时代背景，其实乃人们权衡利弊的结果，亦属无奈之举。当人类社会进入高速发展时期，风险越来越多，风险理论应运而生。被允许的危险理论只是作为其中的一个分支。"被允许的危险的概念所表示的是，在一定条件下的危险行为，是全社会所期盼的，由于这样的行为对社会有用，为追求其有用性，允许冒着生命危险去实施此行为，即使发生侵害法益的结果，行为人的行为从总体上看仍然属于应当被合法化的范畴。"②依此表述可知，被允许的危险理论旨在为社会进步的宏旨埋单，所关联事业

---

① 参见张明楷：《论被允许的危险的法理》，《中国社会科学》2012年第11期。
② ［德］汉斯·海因里希·耶塞克、托马斯·魏根特：《德国刑法教科书》，徐久生译，中国法制出版社2001年版，第485页。

"为目前社会生活不可或缺者，如矿场、大型工厂之经营，大规模之土木工程事业，铁路、航空等高速度事业等"[1]。那么，终究是为人类生活锦上添花的体育活动是否需要弘扬如此大的牺牲精神呢？对此，一定存在诸多纷争。事实上，体育活动已经成为人类社会不可分割的一部分。不过，除了少数体育狂热者钟情于极限运动之外，无论是大众体育还是竞技体育，人们在追求速度和激情的同时，更强调安全。但基于竞技体育与生俱来的危险性，现代法制体系又需要为体育活动的危险性预留一定的调控空间。被允许危险理论"如果禁止所有的危险，社会就会停滞"之要旨亦可以照搬到体育活动中来，即"如果禁止所有的危险，体育事业将会停滞不前"。这也契合社会中所有的危险性却又具有必要性的行业特性，只不过需要在法律范式内对其加以廓定。基于此，本书选择以下理论观点作为竞技体育活动中被允许危险行为存在的理论渊薮，即"从事危险行为的人，如果遵守了危险业务所要求的行为规则，尽到合理的注意义务，即使造成了危害社会的结果，行为人也无须承担过失责任"。[2] 不过，对其中行为人的主观因素，笔者并不将其仅仅定位为过失，在一定情形下，即便行为人存在主观故意，也可以适用这一理论，对此，下文将予以阐释。

二、体育活动中被允许危险行为的界定

当代社会体育活动类型多样，既有业余的娱乐体育，也有专业性的竞技体育运动，还有普及型的群众体育。不同的体育活动类型，对身体可能造成的伤害不一。仅仅在讲究展示身体技巧或显示对抗魅力的竞技体育活动中，也分门别类存在诸多体育行为类型，而其中的风险自然也存在差异。因此需要对不同体育活动类型进行细致划分并对其中存在的危险行为进行界定。

---

[1]　参见陈子平：《刑法总论》，中国人民大学出版社 2009 年版，第 153 页。

[2]　参见黎宏：《日本刑法精义》，中国检察出版社 2004 年版，第 123 页。

（一）体育活动中危险行为的来源及分类

体育活动中被允许的危险行为主要表现为体育伤害行为。从来源与因果关系看，体育伤害行为既可发生在体育训练、备战时期，也可发生于体育比赛过程中；既可发生在赛场内，也可发生在赛场外；既可因个体、单位故意或过失而为，也可因为意外事件或者不可抗力导致。为了厘定哪些才是被允许的体育伤害行为，需要在廓定其来源的基础上，对其进行细致划分。

根据其对人类身体部位的调动及其涵括的心理、体力的特征分布，大体将体育竞赛活动分为智识型和体力型两种。前者主要是运用脑力或者心智的体育竞赛，如围棋、桥牌等；后者则主要借助身体素质开展的竞技，如足球、拳击比赛等。在职业智识型体育竞技中，虽然同样耗损运动员身心，以至于在个别情形下会出现运动员精力耗弱等损害症状，但很少出现因身体触碰而发生的伤害事件。体力型体育竞赛当然也需要智力的付出，正如体育运动健将往往拥有超凡的体育智商，只不过，在身体对抗十足的竞赛中，身体的强悍往往胜过智力的机巧，所以在以此为基调的身体对抗性比赛中，身体上的创伤在所难免。

体力型体育竞赛并非仅仅表现为身体上的直接对抗，也存在一些分别展示人类身体之美的个体或者团体之间的技艺竞争，比如跳水、体操等；还存在虽然运动员个体或者团体同场相向但因设施阻隔或者只需借助于器材传递而消除了直接身体触碰的竞技，如网球、排球、田径赛等。在这些间接性身体对抗的竞技体育活动中，体育伤害主要来自运动员自身失误或者体育设施存在安全隐患等方面。比如在跳水比赛中头部撞击踏板导致瘫痪，时速过快的网球、棒球击中太阳穴导致脑震荡，参加马拉松赛而致肌体受损，因场地过于湿滑运动员扣球落地时滑倒导致骨折等。尽管这些伤害可以通过长期专业训练或者安检体育设施予以避免，但实践告知，类似伤害事件无时无刻不在发生，因此只能将其视为竞技体育的一部分。

以身体直接接触乃至碰撞为表现形式的对抗性竞赛活动是体育伤害的重灾区。在此类竞技体育活动中，虽然少不了技术的支撑，但身体乃是对抗的本源。直接性身体对抗的竞赛一般以运动员之间的个体对抗（如拳击、摔跤等）或者运动队之间的集体对抗（如英式橄榄球、篮球等）为表现形式。比赛过程中，身体接触频繁，尽管长期的训练使得运动员拥有自我协调和保护能力，而且一般职业运动员也会遵循职业操守尽量防护对手不受过剩伤害，但赛场上风云际会，很难预防意外的发生，更别说总有些别有用心的故意伤害令人猝不及防。

结合上述体育伤害场域、类型进一步归类，根据伤害缘起，又可以分为竞技者自身引发的体育伤害和他人制造的伤害行为。关于前者上文已有表述，如因自身失误或者身体状态不佳等原因而导致在赛场上受伤。后者根据比赛性质和场域划分等因素，主要表现为竞争对手和观众等第三方制造的攻击性伤害，以及场馆设施或者组织不力而引发的体育设施致害、踩踏事件等。比如在较为狭促乃至封闭的比赛空间中（如铁笼格斗），伤害行为主要来自竞技对手，当然现实中曾发生过拳击手攻击裁判的行为；而在足球赛场等场域较为开放的比赛中，伤害除了来自对方运动员之外，还可能因观众投掷的重物或者踩踏行为所致。

与体育相关的伤害还可以在时间维度上延伸至赛前和赛后，在空间维度上延展到场外。如运动员在比赛之前或者结束后在球员通道里伤害对方的行为，还有的球迷将伤害行为延伸到比赛之后的返程路上。这些与体育相关的伤害可以笼统地称之为场外伤害，其实在广义上，还包括借助于体育赛事公共性而制造的故意伤害事件，如波士顿马拉松爆炸事件，以及其他犯罪者选择在体育场所进行的伤害事件，如最近发生在法国巴黎法兰西体育场附近的恐怖袭击案。之所以称这些为体育场外伤害，是因为其并非发生在赛场内与比赛过程中，或者即便发生在比赛过程中，但其并不是针对体育竞技者而是借助于体育活动的影响力而制造的更为广泛的伤害。虽然与体育活动有关，但是其发生场域俨然不在竞技体育活动范围内，所以其不作为本书考察重点。

而在另外一个层面上，为竞技体育开展的训练及热身等活动本身就作为竞技体育活动的一部分，所以在竞技体育训练和备战中发生的伤害、猝死等事件应当纳入体育伤害行为序列。魔鬼训练以及训练中的虐待行为是催生体育伤害的重要因素。据报道，从事类似体育运动的儿童中，20% 面临被虐待或剥削的风险，仅在英国，每年就有 2600 名 16 岁以下的运动员因为运动损伤到医院就医。[①] 在此进路下，体育场馆设施隐患所制造的伤害也应纳入体育伤害行为。例如，足球球门安装不牢砸伤运动员；篮球架距离球场端线过近致使运动员扣篮落地时腿部折断等。不过这种行为和上述所言踩踏事件在刑法上一般会以重大安全事故罪进行追究，并不适用被允许的危险行为理论。此外，还需要对体育伤害行为进行主观剖析，根据行为主体的主观意识，体育伤害行为可分为故意伤害和过失伤害两种。至于因无法预见的意外事件和旨在阻止正在遭受不法侵害的正当防卫行为所导致的伤害行为则另当别论。

（二）体育活动中被允许危险行为的界定

对于竞技体育而言，身体上的摩擦、碰撞、损伤乃司空见惯的事情。如果处处设防甚至力图避免任何身体上的触碰，难免矫枉过正，又何谈竞技体育的对抗之美。所以，对于竞技体育活动中的轻微危险动作，只需加以警告，必要时可以通过纪律处罚惩戒。比如足球比赛中运动员抬脚过高，确实属于危险动作，自然需要禁止，但其并非法律意义上的危险行为，无须动用行政罚或者刑罚之大棒。不过，介于危险动作与轻微举止之间的行为尚需要予以足够重视。实践中有某足球运动员攻击对方球员下体虽然成为体育史上的经典画面，但不足以屏蔽此类行为的危害性。

这就涉及体育活动中危险行为与被禁止行为的区分问题。体育活动中被禁止行为主要有违规、违纪、违法和犯罪行为几种，可笼统称为体

---

① 参见佚名：《儿童运动过度有害健康》，来源：新华网，网址：http://news.xinhuanet.com/newscenter/2008-07/11/content_8529511.htm。

育越轨行为。一般体育违规行为尚算不上体育活动中的危险行为。其中无意违规行为会在赛场上即时领受裁判员的纪律惩罚，虽然可能造成危害后果，但是即便拿到刑法语境中，也多视为意外事件。有意为之的犯规行为也应当区分其属于恶意犯规还是合理的技战术安排。为了增加体育内涵和竞技魅力，合理使用犯规也被视为一种技战术，所以其在一定程度上属于被允许的行为，但为了控制比赛的节奏以增加观赏性，又有必要禁止过多的犯规，因而在此视角下，其又属于被禁止的行为。如果是以故意伤害为目的的恶意犯规，就会超越一般违规行为，上升为违法乃至犯罪行为。不过，一般的体育违规、违纪和违反行政法的行为尚不触及刑法意义上的被允许危险理论，所以此类行为即便被禁止，也不属于刑法意义上的危险行为。事实上，被禁止的行为一般都是危险行为，包括上述所言的轻微的危险举动，但这里的"危险行为"并非法律意义上的用语。合规则的危险行为也不在禁止之列，即便该行为已经造成严重的后果并且在形式上符合犯罪构成要件，也因其具有阻却违法性的法定事由，从而成为被允许的危险行为。

从上述来看，仅仅将体育活动中被允许的危险行为表述为发生在体育领域或体育相关领域的危险行为显然过于笼统。应当剔除一些行为，包括那些涉及过于宽泛的体育相关场域和时间节点的行为；那些虽然发生在体育活动过程中却因法律另有规定不宜列为被允许危险行为的行为。在此基础上，将体育活动中被允许危险行为进一步限定在体育活动场域内和体育活动过程中。当然，对这里所指的体育活动场域和过程亦不能理解得过于狭隘。它既包括体育赛场内的竞赛活动，也包括赛场外进行的体育训练或辅助性活动；它既包括正式的体育竞赛活动，也包括为此开展的体育热身活动。

由此，本书认为，体育活动中被允许的危险是指为了体育事业的总体繁荣，体育活动中行为人举止虽然在一定程度上侵害了他人法益，但只要其符合体育规则，并尽到合理的注意义务，即使造成了危险结果，行为人也无须承担责任。

三、体育活动中被允许危险行为构成的正当性要件及判断标准

实践中无法肃清也不能屏蔽所有的体育危险行为；而被允许的危险理论则主张体育活动中被允许的危险行为具有正当性。但是，这并非意味放弃对体育中被允许危险行为及其造成的危害结果进行评估。总体而言，被允许的体育危险行为必须依附于具有重大社会效益的体育活动中。此类体育活动要么具有高度观瞻性以满足民众的心理需求，要么能够带来巨大的政治效应或者经济收益，要么有利于激发全民族的凝聚力。同时，还要开展为此造成伤害的风险评估，即风险或者伤害所造成的负面价值是否会阻断此项运动开展的必要路径以及它制造、传递的正面价值能否支撑这项运动开展下去。具体到法律层面，需要在规范意义上考量体育活动中被允许危险行为的构成要件及其判断标准。

（一）体育活动中被允许危险行为构成的正当性要件

判断体育活动中危险行为是否正当最有效的检测方法就是看它是否符合法律规范。意大利学者认为，体育伤害行为合法的条件是：比赛的进行事先经过法定运动组织的同意；参赛人员的健康符合参赛要求；造成结果的行为没有违背有关当局制定的正式比赛规则。[①] 该说重点突出了体育活动的合法资质在被允许体育伤害行为正当性要件中的核心地位。但仅此还不足以阐明体育活动中被允许危险行为正当性的全部根据。本书认为，需要从体育活动本身的资质条件，体育活动的时空维度，体育活动中伤害行为之主体、主观、客观构成要件等几个方面深入剖析体育活动中被允许伤害行为的正当性要件。

1，体育活动的资质条件

现代社会，体育活动呈现多元化特征，各个级层、各种类型的体育

---

① ［意］杜里奥·帕多瓦尼：《意大利刑法学原理》，陈忠林译，法律出版社1998年版，第159页。

比赛层出不穷。这其中，正规体育赛事活动中的危险行为才是允许与否的评价对象，也就是说正规的体育赛事活动是判断被允许危险行为正当性的前提条件。对一些黑市拳击、掰手腕、私下的比武大会等风险性极大的"地下"赛事，其间发生的伤害行为应当直接纳入刑法评价体系，不存在所谓的被允许的危险行为。那么，什么才是正规的体育赛事活动呢？

判断一项体育赛事本身是否正规，要看其发起者、主办者和承办者是否具有相应资质，要看每场比赛（或赛事系列）是否经过相关政府组织或者体育社团的认可，还要看赛事活动本身有无制定详尽、合理的经过行业认可和实践检验的体育活动规则。一般而言，正规的赛事还具有推广性和普及性特征。不过，带有区域性特征的赛事，只要经过国家批准并制定有详细的比赛规则，也应当纳入正规体育活动赛事之列，如被列入国家级非物质文化遗产名录的"掼牛大赛"、蒙古族搏克等。

当然还需要说明的是，正规的体育赛事并非仅仅指称职业体育赛事。一些业余乃至娱乐性的赛事也属于正规赛事，例如学校体育中的教学比赛、明星邀请赛等。事实上，即便在正式的比赛中，也并非所有运动员都是职业选手，如 2018 年世界杯亚洲区预选赛中，和中国队分在一个小组的不丹队中有不少球员都是业余的。甚至在一些正规的比赛场合还禁止职业选手参加，例如奥运会拳击比赛。而且，基于技战术演练、运动员体能调配、比赛连续性等各方面要求，一些体育项目的正规赛事并非限定为一场单独的正式比赛，还要延伸至为正式比赛开打做准备的系列热身赛中。

2. 体育活动的时空及伤害对象要求

在时间维度上，体育活动中被允许的危险行为必须具有现时性，即发生在比赛过程中，诸如上文所言的比赛前和比赛后的伤害行为不在此列。当然，为了比赛进行的训练和热身过程中发生的伤害行为应当作为是否被允许危险行为的评估对象。

在空间维度上，要求体育伤害行为发生在用于比赛或者训练的正规场域。正规体育场所是指政府部门或有关机关、企事业团体等修建或者划定专门用于比赛、训练的场馆，或者基于惯例人们普遍认为适于训练和比赛的场地。而诸如用于"打黑拳"的拳击场，用于强力训练的树梢、屋檐，相约比武的乱石岗等就不属于正规竞赛场域。

在被允许危险行为的伤害对象上，亦具有特定性要求，一般认为应当是参与竞赛的运动员。不过，值得斟酌的是，被允许危险行为的伤害对象是否应当包括现场观众、教练员、裁判员及技术人员等。因为基于分配正义理念，倘若伤害对象不包括上述人员，那么诸如运动员为救球冲上观众席、技术台致使观众、技术人员受伤，在奔跑中撞伤裁判员、教练员、替补队员，这些伤害行为就不适用于被允许的危险理论。事实上，在许多场域相对开放的体育活动中，任何置身其中的人都具有人身伤害的风险性，例如棒球、标枪等投掷类比赛等。运动员同样为了比赛制造的伤害行为却因为对象不同而享受不了正当化的待遇，这显然有失公允。因此，本书主张，体育活动中被允许危险行为的对象应当扩展至裁判员、教练员、技术人员以及现场观众，与之相应，比赛场域亦应延伸至观众席、技术台、教练席、替补席。

3. 体育伤害行为正当性的构成要件

体育活动中伤害行为符合正当性构成要件主要包括行为人主体适格，行为人目的适正、不存在主观故意，行为造成的危害结果适当、并且与行为之间存在因果关联等几个方面。

第一，行为人主体适格。有人主张"体育运动中正当行为的主体必须是直接进行体育运动的运动员"[①]。对此，笔者并不完全赞同，而是主张一切在体育运动中从事身体调动或者有着直接身体接触的人员都是体育伤害行为的适格主体，包括运动员、教练员、队医、按摩师、裁判员

---

① 参见吴情树等：《论体育运动中的正当行为——以大陆法系刑法为文本》，《天津体育学院学报》2005 年第 20 卷第 4 期。

等。因为，在实践中，教练员在正常训练过程中可能因方法失当而造成运动员受伤；队医在对受伤运动员紧急处理时可能因过失而导致运动员伤势加重；按摩师在对运动员身体理疗过程中也可能致使其身体受损；在足球、篮球、拳击等比赛过程中，身临其境的裁判员完全可因为碰撞致自己或者他人受伤。显然同样为了体育开展，如果上述人员无法享受运动员能够享受的正当化待遇，亦有失公允。当然，适格主体所制造的伤害行为需要限定在体育运动过程中，换言之，虽然取得运动员、教练员等资格，只要其行为不发生在上述时空范围内，就不符合体育伤害行为正当性要件。例如，运动员在替补上场之前或者被替换下场即不属于处在体育竞赛过程中。

第二，行为人目的适正。根据现有法律规定，正当防卫、紧急避险、法令行为、正当业务行为等行为因为目的正当，即便行为人存在主观上的伤害故意，也因此阻却其行为的违法性。一部分体育竞技中的故意伤害行为本属于正当业务行为，比如拳击、格斗等比赛中就以故意打击对方身体而致使其丧失比赛能力为表现形式。之外的绝大多数对抗性比赛，即便如足球比赛等如此激烈者，也不允许故意伤害他人，因而不存在故意伤害违法阻却之说。不过，在此类体育竞赛中，造成体育伤害行为的行为人目的是否适正并不以其是否故意为唯一判断理由。实践中，足球等竞赛，允许运动员实施一些针对身体的战术犯规行为。一般而言，这种故意犯规行为只需承担违规责任。不过，如果此类犯规行为超越一定限度就可能致他人受伤，该行为就要面临正当与否的评价。虽然行为人先前的犯规出于故意，但是对他人出现严重的伤害结果却基于过失，否则其行为就无法成为违法性阻却理由。在一些允许伤害故意赛事中，如果超越了体育规则限定的伤害范畴，也会制造不合规则的伤害。例如，拳王泰森情急之下的咬耳朵行径。当然，基于报复的伤害行为在各种类型的体育活动中都属于被禁止行为。总之，行为人的一切行为都是以体育活动的正常开展为目的，在此前提下才存在即便出现行为人由于主观过错造成伤害结果亦符合正当性构成要件的情形。

第三，伤害行为造成的结果适当。伤害结果分为重伤害、轻伤害和轻微伤害，其中轻微伤不受刑法评价。在刑法上，任何故意伤害行为都可以作为规制对象，哪怕没有造成伤害结果，也可以故意伤害（未遂）对其进行刑法评价。体育活动中的故意伤害行为需要符合体育规则，否则将受到刑法评价。当然，其故意伤害行为虽然不符合体育规则，但基于体育运动特征考虑，只要其在可接受范围内，符合体育行业普遍认可的相当性法则，就无需为此承担刑罚责任。例如，拳击手为了取得比赛中的优势，出拳过低，只要对方伤害结果在可接受范围内，此类伤害仍然会被认定为属于体育活动之一部分。只是这种不合体育规则的故意伤害行为过于严重，甚至出现致他人重伤、死亡的结果，其已经因为造成过剩伤害而超越了被允许危险理论所能涵括的范畴，而直接上升成为被刑法规制的伤害行为。至于体育活动中的过失伤害，一般使用被允许的危险理论。如果行为人过失实施了不合体育规则的危险行为，只要没有造成伤害后果或者伤害后果不严重，一般只需在比赛中承担违规责任，则无需适用刑法中的被允许危险理论。

在伤害结果的客观判断上，除了断定伤害结果不是臆造或推测的之外，还应当排除其是否来自现场观众等其他人的伤害或者是场馆体育设施安全隐患导致，也就是说，行为人的施害行为与危害结果之间要具有因果关联性。

（二）体育活动中被允许危险行为构成的判断标准

相较于体育活动中被允许危险行为构成的正当性要件，体育活动中危险行为的判断标准设立属于基础性命题，更为宏观一些，也就是从社会效益、法律效益等方面就体育活动中的危险行为与体育事业发展乃至人类文明进程之间进行衡量与比较。就此，学界亦展开多重论证，有人以法益衡量为基础，认为危险行为必须在法律容许范围内；有人则从行为人的客观注意义务和被害人的有效承诺角度考量，运用社会相当性法则加以判断。

本书认为，对于体育活动危险行为是否正当的判断，应当坚持行为人与行为合一、行为价值和结果价值双重考量的总体思路。主要以"行为是否必要、行为人有无选择性、行为人是否尽到足够的注意义务"为具体判断标准。

行为是否必要？是从行为的社会效益角度而言，即这种危险行为是否有利于促进体育事业的进步，与危险行为相伴的体育活动对于人类社会的整体繁荣而言是否属于必需品。也就是说，落位到具体体育活动中来，要判断此类危险行为是否属于体育活动不可分割之一部分，倘若舍此将无此项运动，则可以作出其为必要之论断。

行为人有无选择性？是从行为的法律效益角度而言，即此类行为的作出是否经过法益之间的衡量与比较，是否所获收益大于其损害利益，或者至少符合社会相当性原则，否则此类危险行为将因为不符合法律规范而被禁止。当然，在体育运动的激烈对抗中，要求运动员作出危险行为的判断与取舍有时是极为艰难的。作为职业运动员和业余运动员应当有所区别，所以行为人不同，采取的判断标准应有所差异。

由此，另外一个判断标准需要确立，即行为人有无尽到足够的注意义务。众所周知，体育的公平精神要求参与其中的人需要树立体育节操，恶意的伤害不符合体育伦理，因而，一般职业运动员都会在保护自身的同时，尽可能保护对手。所以，尽管竞技体育意味着伤害，但并非任由伤害滋生与泛滥，只要每位体育活动参与者尽到足够的注意义务，体育伤害特别是严重伤害就可以减少乃至避免。如西班牙足球运动员劳尔千场比赛零红牌足以说明其尽到了应当注意的义务。足够注意的判断标准也是对体育活动危险行为正当性构成要件的进一步补充和阐明。例如在危险行为之行为人目的适正的判断中，要确定不同场景下行为人不同的注意标准，即在高度激烈对抗的体育活动中，运动员精神亢奋又专注于比赛，而场边摄影师亦专注于拍摄、无暇他顾，无疑，他们对于伤害风险的判断力会受到干扰，因此其对避免制造危险行为的注意标准应相对设低一些，不能以正常情形下致人伤害的一般注意标准来要求。足够的注意义务还提示了注意的程度要与伤害行为与体育规则的吻合度以及体育对抗激烈程度有关联。因为，基于体育运动的特性，无视体育规则、惯例和文化传统则会失之偏颇。[①] 例如即便某足球运动员出于伤害故意，但是只要该行为符合体育规则，并且加以有意识的控制，即使造成了伤害后果，亦应当判定其尽到足够的注意义务。

第二节　身体处置权：阻却体育犯罪的权利因素

竞技体育运动的魅力在于它充满无限的挑战性，而此也意味着竞技体育带有不确定性，并且与伤害风险相伴生。不过，竞技体育的伤害苦果并未阻止人们热衷并追随于它的脚步，相反，随着人类文明的推进，竞技体育作为一种"野蛮的文明"亦得到长足进展。人们在选择发展、参与体育运动的同时，就意味着认同了体育伤害。可以说，如果没有参与者的自甘风险和对体育伤害行为的有效承诺，竞技体育就会因为涉嫌违法与犯罪而举步维艰，更遑论竞技体育的进步与文明。只不过，谁也不想制造体育灾难，唯有将体育风险降至最低，才能打造属于竞技体育的真正文明。在这其中，学者所要做的事情就是为竞技体育中存在的被允许的危险行为和参与者尤其是竞技者对风险的认同找到理论归依，即在风险理论中找到体育活动中被允许危险存在的社会要件，在权利处置自由理论中找到被许诺的体育伤害性的个人要件。

一、权利视角下的身体处置

我国学术界对于身体权的表述与界定更多置于民法学视域下，认

---

① 参见韩勇：《同场竞技运动员间伤害的侵权责任》，《体育学刊》2013 年第 1 期。

为，身体权是自然人维护其身体完全并支配其肢体、器官和其他组织的具体人格权，其内容主要包括保持身体完整权和身体合理支配权。[①] 不过民法学视域下的身体权界定倾向于强调其作为一种人格权，旨在凸显权利主体的维护其身体完整性的赋权意义。在此研究路径里，有人认为，在我国，身体权是司法解释中的权利，并非法定。[②] 对此，笔者不以为然。例如《宪法》第 37 条第 2 款规定"禁止非法搜查公民身体"虽未直接界定身体权概念，却也明确宣示身体权利的内涵。由此，笔者更愿意将身体权的表述置于宪法语境中，因为这一情形下，可在凸显权利主体维护身体不可侵犯的同时，拥有更大程度的身体处置自由。两者相较，宪法意义上的身体权表述能够彰显出其所蕴含的主动性特质。如此，这一范畴还可以在体育学、行政法学、刑法学等研究场域中得以应用，特别为身体处置权向体育权的转向奠定了法理基础。

（一）身体处置乃身体权的一种表达方式

身体处置权乃身体权中的重要分支，是指人们合理支配自己身体的权利。不过，在权利意识尚未觉醒的时代里，无论东方还是西方，人们的身体一直受到约束乃至禁锢。甚至在特定历史时期，奴隶的身体被当作工具使用，女性的身体被当作物件把玩。在古代中国，一般认为，精神才是身体的主宰，受制于"身体发肤受之于父母"道德观念约束，声色犬马、恣意放纵身体会被视为悖逆之举，自残、自杀等行为更为社会伦理所不容。在一些神学、宗教主导的国家，企图自杀或自杀既遂都是犯罪行为。近现代社会以降，身体赋权被重新审视，诚如尼采指出，"一切要以身体为准绳"[③]，及至当代，身体的地位得到认可和尊重，身体权得以确立。

[①] 参见杨立新:《人格权法》，法律出版社 2011 年版，第 391、396 页。

[②] 参见柳春光:《身体权概念的再界定》，《辽宁大学学报（哲学社会科学版）》2014 年第 6 期。

[③] ［德］弗里德里希　尼采:《权力意志》，张念东、凌素心译，中央编译出版社 2000 年版，第 37 页。

本质而言，身体处置权是一种资格和自由。作为身体权的一种表达方式，身体处置权与身体权中的其他组成部分相较，更能体现人们支配自己身体的自由度和主动性。一般意义上，身体处置权包括以下几个层次的内容。一是人们对自身自由程度的掌控。虽然诸多国家法律都作出规定，非法限制他人自由，涉嫌违法乃至构成犯罪，却允许人们出于某种目的限制自己身体，比如可以自我禁足乃至请他人帮助采用器械予以禁锢。二是人们对自己身体器官的处置。一般情形下，法律对于有行为能力者处置自身器官持较大的容忍态度，不会轻易干预。当然，国家不容忍人们为逃避法定义务而自残身体的行为，当自伤或者自残行为涉及危害国家、社会、他人利益时，一般会加以干预，例如我国刑法就规定有战时自伤的罪名。三是人们对自己生命的处置。几乎任何国家都将非法剥夺他人生命的行为规定为犯罪，但鲜有国家将自杀行为规定为犯罪。法律不干涉人们对自己生命的选择，在一定程度昭示着对生命独立性和尊严性的敬畏与认可。

对身体处置上的赋权之于人类社会的整体性、延续性而言，极具意义。比如对于器官移植等具体的社会事业大有裨益。落位在竞技体育中，法律给予人们身体处置的赋权对于人类体育事业的发展亦起到重大促进作用。有了法律上的赋权，才有了人们在正视体育风险的同时敢于挑战风险，也正是有了法律的容许，人们才能够创设一系列充满风险、却富有挑战的体育活动，从而繁荣了体育事业，增添了体育魅力。具体到某一项赛事，正因为法律对身体处置的赋权，在诸如F1等体育赛事中，运动员可以选择自愿将身体压缩在狭促的空间里，在拳击、低空跳伞、高台跳水、攀岩等极限运动项目中，运动员可以将健康乃至生命交付赛场。

（二）竞技体育中的身体处置权

上述可知，竞技体育活动参与者拥有保持身体完整、不受损害的权利，同时亦拥有合理处置自己身体的权利。后者乃竞技体育中的身体处置权，是指竞技体育参与者拥有合理支配、使用自己身体的资格与自由。它体现出对生命独立性和人类个体尊严的尊重，也是竞技体育参与者行使自我决定权的保障，对于体育运动的开展、延续与繁荣亦尤为重要。需要强调的是，与古罗马时代角斗士们身体的被迫征用不同，现代竞技体育中的身体处置权是建立在参与者充分的自主性基础上的。当然，即便在当代，也有研究者指出，人身体所具有的能量是国家所能控制的一种最原始的资源，国家迫使个体本身也参与到国家、民族威望的构建中。参与其中的个体既是这个体系的受害者同时也成为建构者本身。[①] 不过，权利视角下的参与者尤其是竞技者自愿将身体交付赛场应当是基于其内在愿望，而非基于胁迫、诱惑等外在压力，而判断其决定内容的重要指标在于其自主性实现的完整程度。对此，国家亦有义务予以默许或者认可。[②]

沿循此路径，本书认为，需要从以下几个方面对竞技体育中身体处置权进一步界定。

其一，竞技体育中身体处置权发挥法律效用的时空范围界定。身体处置权的最大法律效用是对竞技体育中伤害行为违法性的阻却。体育伤害行为的发生并非仅仅限于比赛过程，还应当包括为竞技体育比赛有序开展所必需的训练、备战过程；其发生场域也不仅仅限于比赛场地这一特定空间，还包括赛场外，发生时间亦不仅仅限制在比赛中，还包括赛前和赛后。如此，身体处置权行使的时空维度应当为体育伤害行为发生的时空维度所涵盖。

其二，竞技体育中身体处置权的主体界定。竞技体育中身体处置权之权利主体乃竞技体育活动的参与者。随着竞技体育活动时空维度的打

---

①　参见孙睿诒、陶双宾：《身体的征用——一项关于体育与现代性的研究》，《社会学研究》2012年第6期。

②　参见韩大元、王文华：《论人体器官移植中的自我决定权与国家义务》，《法学评论》2011年第3期。

开，参与者呈现多元化姿态，并皆可以成为竞技体育中身体处置权的权利主体。具体包括以下人员，运动员、教练员、裁判员、按摩师、医护人员、技术人员、志愿者、安保人员、观众等。只要这些人员基于自愿踏入竞技体育活动领域，就意味着将身体呈现出来，并自担风险。直接参与竞技的运动员固然面临更多的伤害可能，但事实上，在一些场域相对开放的竞技比赛中，观众所承受的伤害风险也不少。飞起来的棒球、网球，甚至运动员身体都可能会给观众带来伤害。例如，在近期举行的一场 NBA 比赛中，就有一名场边观战的女球迷被为救球而"飞起"的骑士队球员勒布朗庞大的身躯撞伤，导致其被抬上担架，并且用绷带固定颈部，直接送往医院救治。[①]

其三，竞技体育中身体处置权的内容界定。在竞技体育中，身体处置权是身心合二为一的结晶，即表现为权利主体对身体的自由支配，并同时体现出意志上自由与身心愉悦。身体处置权的内容主要表现为身体的交付，即竞技体育参与者在行动上置身于体育风险之中，并且愿意为健康或者生命的隐忧承担风险。尽管没有人愿意舍弃健康和生命，更没有人愿意见证这类灾难发生，但为满足人们对竞技体育的热爱并推动体育事业的发展，法律应当认可并规定健康和生命成为身体处置权利的内容。

其四，竞技体育中身体处置权的行使起因界定。在另一层面，界定身体处置权的起因事实上也是界定权利主体把身体交付给谁的问题。换言之，就是核定竞技体育参与者对可能遭受的风险向谁进行有效承诺。一般情形下，当体育伤害行为发生之后才会对受害者的自担风险行为进行司法诊断。因而，在一定程度上，身体处置权的行使是由体育伤害行为引发的，言即，竞技体育中身体处置权的法律功效就在于阻却体育伤害行为的违法性。所以，核定身体处置权的起因需要认定体育伤害行为

[①] 参见佚名："意外！詹皇救球心切砸伤美女球迷　后者被担架抬出"，http://cai.163.com/article/15/1218/11/BB475R0H00051CA1.html#p=BB48NFM54TM10005。

的来源。不过，由于竞技体育中伤害无处不在，又来源多样，因而不能概而论之，也就是说，身体处置权行使的起因并非与体育伤害的来源完全一致。例如，运动员的失误可以成为自身伤害的危险源，却不能成为身体处置权行使的动因。再如，运动员在球员通道被支持对方的观众打伤，在这一体育伤害事件中，就没有行使身体处置权的空间，相反，在一般对抗性比赛中，竞技者被对手撞伤，甚至在如"铁笼格斗"等特殊赛事中，被对手故意伤害，也存在身体处置权的行使空间，而行使对象就是制造体育伤害的竞争对手。此外，参与到竞技体育活动中的第三方制造的伤害亦能够成为身体处置权行使的起因。如赛事举办方、教练员、裁判员、技术人员、按摩师、队医等其他参与人员，还包括在诸如"斗牛"比赛中的牛等物件。

（三）身体权到体育权的转向

学界关于体育权的纷争较多，在许多问题上尚未形成共识。甚至对有无这一提法之必要也存在争议，有人认为，"体育权"没有真实存在的法律土壤，不过是权利泛化语境下的虚构概念。[①]不少学者则认为，体育权作为一项公民基本权利，确有提出并明确之必要。而且，在不同的法律语境中，体育权具有不同的含义。关于体育权的定义和内涵界定兹不赘述，笔者想表明的观点是，体育权并非一个虚构的伪命题，它的确立将对公民参与竞技体育活动发挥着重要的法律指引作用。正如学者指出，从本质上，体育权利是一种资格和自由，在性质上，它是由法律明确规定或者认可的，从内容上，它涵括人们接受体育教育权、参与体育运动权和从事体育事业权。[②]沿循本书的研究路径，笔者更愿意突出体育权对身体的赋权意义，即认为体育权确立的核心价值在于保障人们自由地参与竞技体育运动。因为，体育运动毕竟是身体的运动，体育竞

---

① 参见杨腾：《体育权：权利泛化语境下的虚构概念》，《武汉体育学院学报》2014 年第 6 期。

② 参见吴真文、王岐富等：《城镇化进程中体育权利的保障路径——以失地农民为例》，《武汉体育学院学报》2015 年第 8 期。

技更是身体之间的竞争。正如有人所言，身体暴力是竞技体育的表征，也是竞技体育的本质。[①]

竞技体育中身体处置权更多指向身体上的权利诉求，在此意义上，谋求通过法律乃至宪法赋予人们身体形象和对自我身体掌控的权利，并由此完成身体处置权向体育权的转向。在体育权和身体权二者的位阶关系上，笔者不赞同"体育权是生命健康权的下位概念"[②]之说，而是认为，在注重身体解放的现代社会，体育权应当涵括至少是齐平身体权，在此前提下，体育权才能发挥对身体处置权的指引功能，而体育运动参与者在行使身体处置权时，才能够寻求权利依据和法律庇护。

二、身体处置权对体育伤害行为违法性的阻却

竞技体育中身体处置权的法律意义在于能够阻断体育伤害行为的违法性，而其能够在体育伤害行为是否构成违法、犯罪的判断上发挥法律价值的前提自然是其自身合乎规范。上文已经就身体处置权之发生范围是否适当、主体是否适格、内容是否适度、起因是否适宜等方面进行了圈界。沿循上文研究脉络，蕴藏于身体处置权中的一条法律主线逐渐清晰起来，即人们为追求竞技体育带来的身心愉悦，自担风险投身到竞技体育运动中来，对可能遭受的伤害进行有效承诺，并且以此成为体育伤害结果的免责是由。由此需要进一步透视身体处置权行使中，权利主体承诺是否有效，体育活动参与者是否自担风险，体育伤害行为是否合乎规则，将身体交付给体育活动是否助益于体育事业的发展。以上分别涉及身体处置权的立论根基、心理基础、规则边界和社会动力等几个核心要素。

（一）权利主体承诺的有效性

有人认为，竞技体育行为，属于被害人承诺行为的一种。如拳手走

---

① 参见侯迎锋、郭振：《西方竞技体育身体暴力的演变》，《体育学刊》2010 年第 11 期。

② 参见冯发金：《体育权蝴蝶谱系研究》，《成都体育学院学报》2014 年第 8 期。

上拳台就意味着默示的承诺，在比赛中受到的伤害用事前的同意来解释。[①] 还有人认为，在体育竞技活动中，运动员参加比赛这一行为本身，已经意味着运动员默示放弃了其某些权利，若在比赛中这些权利受到其他运动员的侵害，因法律已不保护这些权利，因此他人不构成犯罪。[②] 这些观点意在指明承诺是特定体育伤害行为免责的法定事由。不过，在此需要进一步追问，体育活动参与者作出承诺就可以成为体育伤害行为免除责任的是由？在我看来，承诺并非阻断行为违法性的当然是由。即便在民事等任意性规范当中，有些承诺也是无效的，比如无行为能力人作出的承诺，有行为能力的人在非自愿情形下作出的承诺等。更何况在刑事等强制性规范中，即便有真实的承诺，也不必然成为免责是由。比如帮助自杀的行为在多数国家仍然要遭受公诉机关的追诉。

因而关键是要看权利主体作出的承诺是否有效，而判断承诺有效性的标准主要为承诺主体是否适格，承诺时意愿是否真实，承诺行使方式是否适当。

笔者认为，判断承诺主体是否适格、承诺时意愿是否真实，具体可以参考其年龄、精神意志状态等因素。例如，在一些"地下拳击赛"中，参赛的儿童选手显然因为年幼无法认知利害关系而不能成为有效承诺主体。因此，年幼或者精神疾患者，即便作出看似自愿的承诺，亦因这一承诺不符合法律上的真实性而无效。而在另外一个层面，即便针对心智健全的成年人作出的承诺，也要考察并厘定其参与竞技活动并作出承诺时意愿的真实性。例如，其受药物控制而处在意志模糊状态下所作出的承诺会因为违背真实意愿而丧失有效性。

此外，身体处置权主体承诺是否有效还需要视承诺的不同行使方式来判定。竞技体育中，人们行使身体处置权利的表达方式为承诺。承诺

---

① ［意］杜里奥·帕多瓦尼：《意大利刑法学原理》，陈忠林译，法律出版社1998年版，第159页。

② ［法］卡斯东·斯特法尼·《法国刑法总论精义》，罗结珍译，中国政法大学出版社1998年版，第374页。

又可分为显性承诺和隐性承诺两种。显性承诺乃竞技体育活动参与者以明确的方式向赛事承办方和竞技对手作出的伤害后果自负的表示。纵览体育历史，诸如"打擂台"之前签订的"生死文书"即为显性承诺。随着竞技体育逐步成为"文明的野蛮"，此类"生死状"也逐步退出历史舞台。现代社会中，竞技者购买意外伤害保险的行为成为另外一种显性承诺方式。其他诸多竞技体育的参与者，并非都通过明示的方式行使身体处置权利，但是当其踏入竞技体育活动场域的那一刻，就意味着自甘风险，可以推定其对身体伤害风险作出了有效承诺。此类推定承诺即为隐性承诺。美国对于体育暴力伤害案件的司法判例显示，隐性承诺作为阻却刑事责任的一项原则。[1] 现代社会，竞技体育中身体处置权更多趋向于以隐性承诺方式行使。

（二）权利主体对体育风险认知明确、自愿参与并甘愿承担风险

尽管竞技体育魅力十足，但它同样风险丛生，令人望而却步。体育训练与竞赛之路上充满艰辛，非常人难以承受。现实中不乏身体天赋异禀却半途而废的例子。即便意志笃定，终获成功者，也不见得都是心甘情愿为体育"献身"。至少，在其年少时，多为家长乃至教练"胁迫"训练，即使成年后，也可能会在特定情形下，身体为国家征用。正如有学者指出，"人身体所具有的能量是国家所能控制的一种最原始的资源"，并以女子参加举重训练、比赛为例说明"国家正是致使女子举重运动员的身体为集体利益所征集使用的根本力量，而这种力量正是通过家庭和她们自己去发生作用。在资源稀缺且分配不均的状况下，民族国家的力量迫使家庭的权威力量与其合谋，并最终通过这种家庭的力量迫使女性的身体参与到冠军生产线中"。[2] 显然，许多时候，竞技运动者的身体并不归自己所有。以此而言，遑论身体处置权。所以，能够准

---

① 参见曲伶俐、宋献晖：《英美国家体育暴力伤害行为刑事责任初探》，《政法论丛》2007年第2期。
② 参见孙睿诒、陶双宾：《身体的征用——一项关于体育与现代性的研究》，《社会学研究》2012年第6期。

确认知竞技体育活动具有风险性并自担体育风险是创设身体处置权的心理前提。而随着人们对现代体育精髓的逐步领会以及伴随体育民主化、法治化的进程，人们有理由相信，自愿性将成为参与竞技体育唯一的心理驱动力。当然，不能教条地以意愿表达是否属于体育参与者亲自所为作为判断其是否自愿的标准，因为，无论私法还是公法领域，都认可监护人对被监护人意愿的代为表达行为。例如，即便体育训练者初始阶段少不更事，亦有其监护人庇佑，虽然家长意志有时带有一定的强制与偏离，但并没有完全舍弃这其中的意志因素。

（三）禁止额外的伤害

竞技体育运动的参与者，有权利选择放弃身体权利，允许对之施加合规则的伤害，但并不意味着愿意接受额外的伤害。而且，额外或者过度的伤害行为亦不能因被害人承诺而消除其违法性。

身体处置权对体育伤害行为违法性的阻断效力有一定的外延限制，这一外延恰恰也是其体育规则和法律规范的边界。不符合体育规则及法律规范的伤害会被评价为额外的伤害。那么，如何对额外的伤害加以具体判断？

首先需要借助刑法规范的内容对体育伤害类型和其中存在的意志因素进行分析。在刑法学视域下，体育伤害一般由意外事件和人为因素导致，而体育伤害行为实施者一般存在过失和故意两种主观意志。结合这些，有人将体育伤害分为无意识伤害、轻率型伤害、放任型伤害、报复性伤害和锦标目的性伤害等。[①] 笔者比较认可这一分类，并认为其中无意识伤害可归为意外事件。针对此类伤害事件，因为行为人无法合理预见伤害事件的发生，故不存在违法性问题。后面几种则带有主观意志因素，需要分别检视。轻率型故伤害主观上归咎于过失，能够反映出体育伤害制造者疏忽或过于自信的主观心态。放任型伤害实施者主观罪过与

---

① 参见王俊：《竞技体育行为刑事正当性问题探究》，《贵川大学学报（社会科学版）》2010年第5期。

刑法理论中的间接故意相吻合，而报复性伤害则基于直接故意心态而为之。至于锦标目的性伤害虽能反映出行为人主观上的故意心态，却因为其故意而为的伤害符合体育规则而阻却其危害性。例如在"铁笼格斗"、拳击等比赛中，选手莫不以伤害对方身体而致其丧失机体能力为目的，但只要这些故意伤害行为在合乎体育规则范围内，就不会被评价为违法行为。正如有学者认为体育伤害行为合法的条件之一是"造成结果的行为没有违背有关当局制定的正式比赛规则"。[①]

由此，需要重点分析的是带有过失或故意因素的伤害行为。按照被允许的危险理论，在竞技体育等危险性行业中，行为人只要尽到合理注意义务，即不需要为其造成的危害行为承担过失责任。问题在于，行为人需要尽到合理注意义务才会使该行为符合体育规则从而消除其违法性，否则，该行为必然会带来额外的伤害结果。此外，即便符合体育规则的过失伤害行为也可能发生转化，即在过失意志因素之外附加故意意志因素，由此引起过失伤害向故意伤害的性质转变。其所带来的伤害结果自然也是一种额外的伤害。例如，在比赛中，行为人过失造成对手或者其他参与者重伤，却不及时救助或者告知医务人员而任其死亡，即存在主观罪过的转化。

在允许故意伤害的赛事中，如果超越了体育规则限定的伤害范畴，也会制造额外的伤害，例如拳王泰森情急之下的咬耳朵行径。而且，这些故意伤害要以对方丧失或者放弃抵抗为限度，否则，同样会产生额外的伤害行为。例如拳击赛中，对手已然倒地不起，行为人还跟上去猛烈击打其头部。当然，基于体育运动特征考虑，一些故意伤害行为虽然不符合体育规则，但只要其在可接受范围内，符合体育行业普遍认可的相当性法则，亦无需为此承担刑罚责任。例如，拳击手为了取得比赛中的优势，出拳过低，只要对方伤害结果在可接受范围内，此类伤害仍然会

---

① ［意］杜里奥·帕多瓦尼：《意大利刑法学原理》，陈忠林译，法律出版社 1998 年版，第 159 页。

被认定为属于体育活动之一部分。只是这种不合体育规则的故意伤害行为过于严重，甚至出现致他人重伤、死亡的结果，就会出现过度伤害的情形。

（四）对体育事业发展有益

诚然，如果禁止所有的危险，社会将停滞不前。这句话放在竞技体育中也一样适用。在风险理论之下，国家通过法律手段让竞技体育中的伤害行为成为被允许的"正当行为"，旨在为体育事业进步的宏旨"埋单"。从被害人承诺理论出发，"参与即意味着同意"也可以成为阻断体育伤害行为违法性的事由。不过，法律对体育伤害行为予以认可并不仅仅基于个体的同意。事实上，任何一国刑法都会禁止一些看似个人自愿实则有违社会整体容忍性的行为。判断社会容忍性的基本法则亦称为社会相当性法则。在学者看来，"历史所形成的国民共同秩序内，将具有机能作用的行为排除于不法概念之外，这种行为就成为社会相当行为。行为若符合历史形成的社会伦理秩序，就具有社会相当性"。[①] 所以，为了体育事业的发展，人们自担风险，愿意为之交付身体，放弃一定的身体权利，那么，体育伤害行为所蕴含的符合体育伦理秩序的社会相当性法则就会成为国家启用法律手段予以认可的社会根基。这也是竞技体育中身体处置权行使的社会动力。

当然，人们在追求体育事业整体利益的同时，不能忽视竞技者个人的利益。例如，现代社会的商业气息极容易致使某些体育产业沾染金属色彩。在追求体育产业商业价值最大化时，难免会伴随着"官方造星"运动，也会由此衍生纵容甚至是唆使"明星哨"等系列行为。尽管在这其中，存在一些竞技者为迎合或者经人授意而认可"体育明星"伤害行为的现象，但究其本质，其显然有违体育公平竞赛的精神，更有损其他竞技者的利益，当不可取。

---

① 参见陈忠林：《意大利刑法纲要》，中国人民大学出版社 1999 年版，第 196 页。

三、身体处置权行使的边界

体育训练的艰辛和竞技的功利在一定程度上遮蔽了体育的魅力，但是体育运动牵动的身体快感和竞技胜利所制造的精神愉悦又以更加巨大的魅力吸引着体育竞技者。对于热爱竞技体育的普通参与者，体育运动所构设的"在场"情境如极具魔力的磁石，令其心旌摇曳。不过，正因为竞技体育构设的特定情境场域及其制造的冲击力，使得各种越轨行为容易在此间滋生并蔓延。所以说，在犯罪学视域下，竞技体育发展史同样也是一部体育犯罪史。因此，人们必须要认清竞技体育的风险性，同时又要尽可能地规避及控制风险，作出对体育事业发展最有利的选择。这就要求人们在行使身体处置权时不能逾越人类的身体和心理极限，而且，更不能忽视天平的另外一端，即义务。此外，身体处置权的行使还受到身体权内在要求、时代伦理秩序、法律规定和人类发展目标等多种因素的影响与约束。

其一，身体处置权要受到义务的制衡。法律赋予个人从事体育并享有处置身体的权利，但同时告诫其负有合理使用身体权的义务。正如"预付人权"理论认为，它以"借贷"的方式无条件地预付给每个同等的人权，但每个人必须履行相应的义务去回报所预支的人权，以义务为条件方可保佑人权。一句话，人权是无条件预付的，但只能有条件持续享有。① 言即，身体处置权需要置于群体利益的导向中，才能保证权利不被虚设或者不被曲解。身体处置权与体育义务的均衡性是维持体育活动法律关系并发挥其间法律效力的根本制约因素。

其二，身体处置权的内在要求制约着人们自我决定权的行使边界。从自然属性上看，身体处置权是人们对自己身体所拥有的天然权利，但是在社会语境下，它又具有既定的社会性。因而，身体处置权所蕴

---

① 参见赵汀阳：《每个人的政治》，社会科学文献出版社 2010 年版，第 90 页。

含的天然的独立性、不可替代性和人类社会的整体尊严是身体处置权的内在性要求。倘若舍弃或者不充分强调这一内在性要求对身体处置权的制约，那么个人主义必将泛滥，体育领域的越轨行为将更加不可控制。

其三，受时代伦理观约束。毫无疑问，"人类的普遍关怀是自身生存状态"①，或许"只有自己好才是真的好"。因之，人们的理想境界是试图摆脱一切身体上的桎梏，恣意行使身体权利。不过，经典作家告诫，"权利永远不能超出社会的经济结构以及由经济结构所制约的社会的文化发展"。②在不同的社会和时代，对于身体权利的内容设定及行使方式的文化评判体系和社会伦理标准，有所不同。例如，"裸体在古希腊是一种十分普遍的现象"。③二十世纪初始年代的朝鲜女性亦以露乳为美。相反，在穆斯林等宗教国家，裸露身体被认为是一种犯罪，所以即便人们参加竞技运动，也多以衣物遮蔽身体。甚至在宗教盛行的时代，跳舞被认为是丑行和污秽之源。④但是无论任何社会，都必须设有一套普适于世的标准，身体活动亦要受此约束，否则就会被视为"伤风败俗"之举。因而，竞技场上的"假摔"、撒泼放赖行为，赛场上的"裸奔"行为，看台上的公然性交行为，无论以释放激情还是其他为借口，亦难以掩盖其有违当下社会伦理观念的丑恶性。

其四，要符合法律规定。虽然"法律不是压制自由的措施"⑤，但是权利需要法律的指引，否则可能剑走偏锋。学者认为，体育权利是通过法律规定的公民在有关体育的各种社会生活中所享有的权利，是国家以

---

① 参见谢松林、庞朴：《阴阳五行与中医学》，新华出版社 1992 年版，第 179 页。
② 参见马克思恩格斯全集（第 19 卷），人民出版社 1963 年版，第 22 页。
③ ［德］利奇德：《古希腊风化史》，杜之、常鸣译，辽宁教育出版社 2000 年版，第 93 页。
④ ［美］伯高·帕特里奇：《狂欢史》，刘心勇、杨东霞译，上海人民出版社 1992 年版，第 92—93 页。
⑤ 参见马克思恩格斯全集（第 1 卷），人民出版社 1956 年版，第 71 页。

法律确认和保护的公民实现某种体育行为的可能性。[1] 而体育权利和体育义务的均衡性只能在制度性的体育法律关系中才能发挥法律效力。[2] 竞技体育中的身体处置权乃体育权利一部分，其创设不能偏离法律指引，其行使也要符合法律规定。基本而言，竞技体育中，权利主体行使身体处置权时不能损害他人利益，亦无权处置法律拟制为不能处置的自身利益（如战时自伤），否则将要承担法律责任。显然，法律规定乃身体处置权最后的也是最为有效的约束机制。

其五，受人类生存和发展的目标限制。在自然本源论上，人及其身体属于自然一部分。人们对于身体的使用，不可能跳脱自然的法则。正如有学者指出，竞技要遵循大自然最基本、最恒定不变的法规。[3] 例如现代社会，女性参与体育尤其是竞技运动显示了人类身体意识的整体觉醒，有利于丰富身体权利的内涵。女子体育运动展现了人类身体的柔美程度令男人们自愧弗如，因此也增加了体育的魅力，但是女子运动发展不能以人为终止妊娠或者干脆停止生育为代价。因为，以终止妊娠或者随意中止经期的方式以求女性运动带来的体育之美，无疑违背了人类生存和发展的自然法则。

在人类身体自由论上，有人认为，"体育的本质，究其根本归旨，也正是追求自由，这一自由恰恰是可以弥补人类理性自由缺失的身体自由、感性自由"。[4] 这段描述勾勒了人们对身体自由处置的哲学基础。但是倘若一味追求身体自由和感性自由恰恰容易挤压社会整体自由的空间，从而违背人类的整体发展原则，而且通过身体放纵而获得的感性自由往往不容易控制。何况，从身体角度而言，一味地追求身体上的自由，可能换回的恰恰是成为身体的奴隶。因为，盲目地追求成绩，就会

---

① 参见于善旭：《论公民体育权利》，《中国体育科学学会学报（体育科学）》1993 年第 6 期。

② 参见宋亨国、周爱光：《体育权利的分类》，《体育学刊》2015 年第 3 期。

③ 参见路云亭：《竞技的本质》，《天津体育学院学报》2007 年第 6 期。

④ 参见刘媛媛：《身体·感性·自由——体育本质新诠释》，《体育科学》2007 年第 11 期。

制造一种导致身体异化的力量，使身体沦为一种工具。在此过程中，身体将被"预支"甚至是"透支"。实践告知，很多职业运动员因为超常规的训练而为身体埋下了伤病的隐患，最终导致身体失去自由。正如法国奥委会副主席 Claude-Louis Gallien 所言，"极端奥林匹克主义"指导思想下的"比赛机器"试图以极端的训练方法来获取理想的成绩，其结果往往破坏了人体正常的生理平衡。[①] 因此，为了取得体育成绩，而突破身体极限，采用残酷的训练方法，甚至服用极度损伤身体的药物，或者借助于科技力量，歪曲身体的应有机能，这些做法皆因违背人类生存与发展的自然法则而不可取。

　　同时，身体处置权的行使还要兼顾人类社会的整体发展，特别在关乎人类生存权的重大命题面前，需要衡量身体处置权利的边界问题。就如在"安乐死"问题上，许多国家都采取谨慎的态度，并未集中地将这一行为合法化，其中一个重大的原因就是其涉及身体处置权和人类生存权的冲突问题。所以即便有人为了追求奔跑的速度，同意锯除自己的双腿而安上富有弹性的假肢，也要被斥为荒唐之举，坚决予以摒除。

[①]　奎凡克劳德　路易　加利变：《青年奥运会的作用——健康、预防、社会适应》,《体育科研》2008 年第 5 期。

第四章　体育犯罪样态历史演化

　　人类体育史经历了原始体育、古代体育、近代体育和现代体育几种形态。体育的缘起、发展、勃兴与间歇往往直接映照出人类文明的影像，可以说，体育史是整部人类文明史的镜像。犯罪现象作为人类社会的衍生物，亦在体育诞生时即附着其上。对体育犯罪史之原始体育犯罪样态、古代体育犯罪样态、近代体育犯罪样态和现代体育犯罪样态的梳理将助益于人们对人类文明的历史反思与体育生活乃至整个社会生活秩序的构建。

　　沿循本书的基本立场，研究体育犯罪，尤其是包括史前体育犯罪在内，不可能完全在刑法学意义上展开，而应当兼顾犯罪学视野。刑法学研究的是体育犯罪的法律构成要件，目的在于就此类犯罪如何准确适用刑罚。刑法学主要是在规范层面上研究体育犯罪，而犯罪学则是在事实层面上研究体育犯罪的发生、运行等规律。犯罪学研究主要集中在体育犯罪现象本身。在犯罪学视野中，犯罪概念较之于刑法学意义上的犯罪概念，具有更大的包容性。犯罪学视角下，对体育犯罪行为可以从更为广泛和多重的角度进行解析，既可以从历史学、生物学、心理学和文化学的角度进行，也可以从社会学的角度进行，既可以从个体行为角度展开，也可以从群体现象角度展开。由此，把体育犯罪行为放在历史和社会背景下，研究其与人类历史、社会整体之间的关联，从而能够更为科学全面地认识这一现象，进而制定相应的对策。

第一节 原始体育犯罪样态

可以大胆推测，劳动造就人类的同时亦造就了体育。为了生存，原始人类用双手与大自然相抗争。在奔跑、跳跃、投掷、攀爬、游泳的劳动实践中必然伴随着嬉戏乃至竞技。为了增强自卫能力，原始人类意识到身体素质的重要性，开始自觉地锻炼身体。他们也可能在短暂的闲暇时间进行纯粹的嬉闹、游戏，由此萌发了人类最初的体育形态。随着生产过程的复杂化，劳动动作更加精细，需要事先练习，由此，多功能、多目的的运动形式出现了。原始民族为了确认青年是否具备劳动技能，通过狩猎、竞赛等方式对其进行检测，并为此设立了专供训练用的青年营。原始竞技由此产生。①

当然，这些嬉戏、对抗甚至竞赛不可能有什么细致规则可言，难免会在身体对抗中出现对抗个体间的情绪失控，并由此引发更为激烈的攻击。这种已经超出嬉戏范畴的攻击可以算作最初的体育犯罪形态。引发个体之间冲突意识的另外一个来源是神秘的大自然力量。在原始人眼中，大自然意味着恐惧、残暴与灾难。原始人个体之间的身体对抗很大程度上是为了寻求精神上的慰藉和释放身体上的暴力。原始社会个体之间的身体角逐极容易演绎为强者对弱者的暴虐，犯罪由此引发。

随着氏族部落的建立，人类社会有了初步分化。个体之间的对抗亦演绎为群体之间的对抗。在为食物及领地而展开的群体角逐中，单纯的个体间的嬉闹、竞技逐步演化成一种有意识、有配合的群体间的对垒。当然，部落间基于争夺资源或血亲复仇而发生的暴力冲突势必影响并烙印在这种体育对垒中。因此，德国学者菲特认为，体育起源于战争与军事。② 这就意味着，这时候的原始体育注定充满血腥。

---

① 参见刘德佩：《体育社会学》，人民体育出版社1990年版，第4页。
② 参见吴光远、黄亚玲：《体育人文社会学概论》，北京体育大学出版社2011年版，第39页。

不过，严格来说，原始体育中的越轨行为并非现代意义上的犯罪行为，亦非刑法意义上的犯罪行为。因为犯罪是一种政治产物，没有国家也就没有所谓的犯罪。即便在今天，不同的国家也可能会基于政策等因素，而有选择地将一些体育活动中的越轨行为排除在犯罪范畴之外。以此而言，原始体育中的犯罪只是限定在自然意义上进行探讨的，类似于刑法学理论中的自然犯罪。

第二节 古代体育犯罪样态

人类进入文明社会之后，国家诞生，出现了阶级分化。贵族成为有闲阶级，开始创设并且组织各种竞技活动，身份自由的平民也参与进来，体育运动获得一定程度的发展。

在西方，古希腊、古雅典、古斯巴达、古罗马，在保卫城邦的基调下，人们非常重视身体锻炼，也不忘创造和激发身体运动所带来愉悦和激情。当然，在城邦之争中，并非完全依靠武力征服，有时亦采用相互间的格斗、摔跤等方式以维护各自城邦的尊严。即便在黑暗的欧洲中世纪，农民们依然在闲暇时间举办赛马、摔跤以丰富民间体育生活，贵族们则创造了极具特色的骑士体育。

在东方，古印度发明了"瑜伽术"。以中国为代表的文明国家也发明了各式各样的体育运动。并非如有人认为的那样，基于政治体制与观念的束缚，古代中国不可能出现规则统一、公平竞争、推崇个性、以民为尊为精髓的竞技体育运动。[①] 实际上，在古代中国，很早就有人在踢蹴鞠，南方的竞渡、拔河，北方的赛马、骑射也已经成为常规竞技比赛，而且产生了剑客、力士等职业竞技者。公元 707 到 710 年，唐宫数次举行唐、蕃马球比赛。公元 11 到 12 世纪，宋朝于宫内左右军设内等

---

① 参见李重申等：《丝绸之路体育文化论集》，中华书局 2005 年版，第 275—276 页。

子（专业摔跤手）。武术比赛也有章可循，诸如对参赛者的资格、比武的方式和规则、胜负的判定与赏罚都做了细致的规定。① 欧洲中世纪的骑士比武也是如此。但在骑士精神操纵下的比武，往往制造了"优雅的暴力"并常常发生伤亡事件。骑士比武分集体和双人两种。集体比武死伤较大，据记载，1241 年和 1290 年在德国诺伊斯的骑士比武大会上，先后死亡 100 人和 60 人。② 在此过程中，衍生了僭越竞技范畴的体育犯罪行为。我们在评书《杨家将》中也听闻中国古代比武场上发生"杨七郎力劈潘豹"之血腥事件。小说、评书虽有失真之嫌，但"比武"之事却来源于史料。古罗马拥有圆形阶梯看台的大型竞技场更是几乎每天都在向世人演绎着拳斗、角斗、斗兽直至上万人参与的模拟作战等各种流血的竞技。③

事实上，体育暴力犯罪行为充斥着整部古代体育史。以至有人认为："竞技体育的发展史实际上是一部身体暴力演变史。"④ 不尽如是，竞技体育史中并非仅此体育暴力犯罪之一种，从古代体育诞生起，就衍生出不同的体育犯罪品种。

在古代，某种体育运动刚刚兴起时，因为没有相关规则制约参与者，所以导致体育参与者故意伤人事件频发。在不列颠地区，人们发展了一种接近于现代足球的运动，但是因为没有相关规则来制约参与者，造成这些"球员"常常是连人带球一起踢，比赛很容易演变为激烈的争吵甚至肢体冲突。此外，由于没有对球的重量及大小做出限制，一些重到几乎踢不动的球往往成为粗野者用来战胜对手的"致命武器"。⑤ 甚至据说，英国足球是起源于公元 913 年英国人在战争中战胜丹麦人后以

---

① 参见颜绍泸：《竞技体育史》，人民体育出版社 2006 年版，第 10 页以下。
② 参见吴光远、黄亚玲：《体育人文社会学概论》，北京体育大学出版社 2011 年版，第 45 页。
③ 参见吴光远、黄亚玲：《体育人文社会学概论》，北京体育大学出版社 2011 年版，第 44 页。
④ 参见侯迎锋、郭振：《西方竞技体育身体暴力的演变》，《体育学刊》2010 年第 11 期。
⑤ ［意］马里奥·科尔特：《进球！进球！进球！足球征服世界》，陈晶晶译，山西人民出版社 2012 年版，第 20—21 页。

敌人头颅为乐的游戏。①

随着人类社会的推进，古代体育形式愈加多样，内容更加丰富，规则越来越细致，比赛的规模日益增大，职业竞技开始出现。最为显著的标志是古代奥运会的举办。一系列与运动相关的商业活动也随之展开。但是，一旦当商业气息充斥体育时，古代体育的氛围发生了巨大变化，并衍生出相关体育犯罪行为。奥运会的兴起催生了一批为追求个人成功而获得巨额财富的职业选手，各城邦为了争夺各个项目的胜利，不惜重金高价收买运动员，雇用选手到处参赛。② 这几乎成为体育史上最早的体育赌博和操纵体育比赛行为。

人们不光是在大型的赛事中才参与赌博，在一些单项运动中，也能寻觅到这一犯罪肌体。曾在中美洲玛雅文明时期兴盛一时的"特拉其特里球"运动中，一些人就是靠打赌发迹，赌注除了金银财宝和奴隶之外，甚至还有妻子。③

与原始体育犯罪相比较，因为体育运动本身的长足发展，特别是体育职业化模型出现，东西方都产生了职业体育者。公元 5 世纪，古希腊出现了职业运动员和职业体育指导者。古代体育犯罪的形式与内容皆有所增加，即不再仅仅局限于体育暴力犯罪行为，还产生了体育赌博犯罪行为、体育欺诈犯罪行为、操纵体育比赛犯罪行为等新类型。

第三节　近代体育犯罪样态

近代竞技体育肇始于 17 世纪 40 年代，是资本主义制度产生和确立，以及大工业兴起的产物。

---

① 参见颜绍泸：《体育运动史》，人民体育出版社 1990 年版，第 182 页。
② 参见吴光远、黄亚玲：《体育人文社会学概论》，北京体育大学出版社 2011 年版，第 45 页。
③ ［意］马里奥·科尔特：《进球！进球！进球！足球征服世界》，陈晶晶译，山西人民出版社 2012 年版，第 12 页。

工业化的发展极大提升了人类的生产能力，这给体育运动的发展提供了丰富的物质基础，而文艺复兴思想则引领近代西方体育向着"支配的理性"和"顺从的身体"的方向前行。整体而言，尤其与之前体育形态相较，近代体育逐步趋于理性与健康。当然，与"英国绅士体育"一起兴起的还有充满暴力色彩的"英式足球"。

在当时，足球场内观众暴力和场外球迷暴力已经呈现扩大化趋势。足球比赛期间，不论是比赛场内还是看台上都充满了浓郁的战争气息。观众的呼喊如同战场上的厮杀声，夹杂着发起冲锋时的战鼓和号角声……向对方的球员和球迷做出不文明的、挑衅的手势，而对方阵营往往也会以牙还牙。双方的队员和球迷竞相谩骂、诋毁，并常常酿成失控的暴力事件。①

英国最初的足球暴力是小规模、无组织的，但到19世纪末，随着足球比赛职业化、比赛运行方式和人们思想观念等因素的变化，球场观众暴力形式日趋多样，带来的后果也日益严重。20世纪60年代，青年人普遍产生"道德恐慌"，导致青少年犯罪率上升，足球赛场上的打斗和骚乱也频繁发生，同时，随着众多工人的参与，足球流氓在英国出现了，他们的行为也变得更有组织性和凝聚力了，足球观众暴力事件的数量也急剧增加。②

"尚武"精神也几乎成为近代东西方体育运动的主旋律。日本的"武士道"精神大行其道，欧美各国也流行"大力士"之间的技艺切磋。在中国，民间的习武从未间断。到了近代，风习更甚，义和拳、八卦掌、神拳、大刀会等社团活跃于山东、河北、河南、安徽和江苏北部。③以尚武著称之地河北沧州为例即可略知一二。据乾隆《沧州志》

---

① ［希腊］赛莫斯：《古里奥尼斯原生态的奥林匹克运动》，上海人民出版社2008年版，第71页。

② 参见李津蕾、石岩：《英国反足球观众暴力立法的变迁历程与内容透视》，《中国体育科技》2005年第4期。

③ 参见冯尔康：《中国社会史概论》，高等教育出版社2004年版，第316页。

载："沧邑俗劲武尚气力，轻生死，自古以气节著闻。承平之世，家给人足，趾高气扬，泱泱乎表海之雄风。"民国期间，政府及军队大力提倡强身御侮，强种救国，沧州武林人士入馆任教或深造者多达百人，同时当地还有省建、县建国术馆或民众教育馆等，纷纷倡练武术，"把式房"遍及沧境城乡。1925 年，直隶督办李景林部在沧县举办武术表演，招选武术人才；1931 年，东北军张学良部在沧县举行民间文艺武术大会，募集武功高手等。"挂棍""打擂"等武术交流与比试活动在沧州较为盛行，涌现出佟忠义、王子平等擂台英雄。①

中国与日本武士和西方各国大力士之间的较量也随着国门的打开日益频繁起来。至于民间流传的中国武术家往往在比武期间被对方谋害之说虽没有史料佐证，但可以确证的是，西方近代体育在中国的传播一定是伴随着帝国主义的鸦片、大炮和不平等条约，是同疯狂的侵略行径交织在一起的。在西方殖民者侵入非洲各国的时候，也强行给非洲本土竞技体育贴上"鄙俗与荒唐"的标签。虽然，西方体育的传播对本土的体育运动发展起到一定促进作用，比如受西方体育影响，旧中国从 1910 年始共举办了 7 届全国运动会。但不容否认，近代西方体育在中国包括世界其他国家的传播过程必定充斥着体育暴力等各种犯罪形态。其中较为明显的还有种族歧视和性别歧视犯罪。一些西方国家的体育组织，排斥妇女的立场至今未变。2002 年，美国佐治亚州奥古斯塔国家高尔夫球俱乐部坚持 70 多年前的传统，拒绝女性使用该球场。②体育中的歧视更容易上升为一种宗族、种族之争，从而制造更大的事端。运动员或者支持者个体之间的种族歧视极可能会涉嫌违法犯罪。而竞技比赛双方阵营的集体种族歧视则可能会引发大规模的体育暴力，并由此衍生更多的体育犯罪行为。

近代体育的一个显著特征是运动员和教练的职业化，但职业化训练

---

① 参见沧州武术志编纂委员会：《沧州武术志》，河北人民出版社 1991 年版，第 13—15 页。
② 参见颜绍泸主编：《竞技体育史》，人民体育出版社 2006 年版，第 57 页。

并不科学。由此在体育训练中衍生出各种体育犯罪行为。训练者刻板教条，很少注意受训者的心理及个性问题，更有训练者对受训者实施超出训练要求的虐待行为，从而导致受训者的伤亡。甚至发生过集团或者国家层面的整体虐待。例如，普法战争后，法国军界的复仇主义者，力主开展体操和军事训练，训练对象甚至包括9—10岁的儿童，苛酷的训练摧残着受训者的身心健康，伤亡事件时有发生。

近代体育衍生的另外一个令人印象深刻的犯罪行为是兴奋剂的使用。伴随着体育运动的职业化和商业化，兴奋剂之使用犹如附骨之疽给运动员和体育运动本身带来深重灾难。巨大物质利益的诱惑和名誉之争使运动员不惜一切代价服用违禁药物；对胜利的强烈渴望，也使运动员不择手段，铤而走险；一些国家对运动成绩的重视，对本国服用兴奋剂的运动员采取纵容包庇态度。这一切都为兴奋剂的使用培植了适宜其生长的沃土。这些方法手段的使用虽然提高了成绩，但运动员却为此付出了惨重的代价：有的变态，有的残废，有的为此断送了性命。专门为研究新型兴奋剂的科技开发也一再侵犯隐私权等权利，成为一种严重的体育越轨行为。[①]

第四节　现代体育犯罪样态

随着现代体育职业化、产业化和国际化水平越来越高，其巨大链条之间的罅隙已经成为滋生各种有损体育机体病灶的温床。在体育行业做大做强和体育明星风光无限的背后，体育丑闻和体育犯罪也成为挥之不去的巨大阴影。体育伤害、体育诈骗、体育贿赂、体育色情、黑哨、非法赌球等与体育相关的越轨行为和犯罪行为越来越突出。[②]可以说，体育犯罪也跟随人类前行脚步进入现代社会后终于"做大做强"，也从而

---

① 参见颜绍泸主编：《竞技体育史》，人民体育出版社2006年版，第59页。
② 参见张训、费家明：《论体育犯罪及体育刑法的构设》，《上海体育学院学报》2013年第1期。

才引起人们的警觉，将其作为学术命题加以研究。在我国，学者们就体育犯罪相关问题展开的研究，也经历了十几年的时间。[①]

对现代体育运动危害严重的体育犯罪类型莫过于体育暴力犯罪、体育色情犯罪、体育贪渎犯罪、体育欺诈犯罪和体育赌博犯罪。就此，笔者在体育犯罪基本范畴章节中已经做了简略的描述，此处将继续对其进行较为细致的分析。

一、现代体育中的暴力犯罪

体育暴力犯罪是一种最为古老的体育犯罪品种，正如上文所述，自从人类有了体育活动，就有了体育暴力犯罪。不过随着现代体育运动规模的扩大化和国际化因素增加，体育暴力犯罪也跟随其载体向广度和纵深蔓延。

现代体育暴力犯罪主要呈现以下特征：（1）犯罪种类多样化。以表现形式而言，可以分为身体暴力和语言暴力；以侵犯对象而言，表现为危害公共安全、侵犯公民人身权利、侵犯公民财产权利和妨害社会管理秩序；具体类型主要有恐怖活动、故意伤害、寻衅滋事、聚众斗殴、侮辱、诽谤等。（2）犯罪主体和行为对象多元化。这也符合现代社会学的理念："暴力是人的动物本能，在特定的情境中，如在自发的、不可预料的、无组织的和不稳定的情况下，人们会对共同影响或刺激产生反应而发生相应行为。这就是社会学所说的集合行为。"[②] 以实践案例来看，在一些因竞技体育而引发的暴力冲突中，参与者包括运动员、教练员、裁判员和双方支持者。犯罪行为对象也是多元的，既有对方支持者、对方运动员和维持秩序的警察、安保人员，也有裁判、普通观众甚

[①] 参见黄立、龙玉梅：《竞技体育犯罪研究的回顾与展望》，《体育学刊》2010年第12期；康均心：《我国体育犯罪研究综述》，《武汉体育学院学报》2010年第4期。

[②] 参见杨万友、王庆军：《从传播学视角看足球流氓暴力行为的成因》，《体育文化导刊》2007年第2期。

至无辜路人。（3）可超越时空限制。一般而言体育暴力犯罪都在特定的场域发生，但是随着现代介质的增加，犯罪场域也在向纵横两个维度拓展。例如，2013年5月，中超联赛齐鲁德比赛，青岛球迷就将暴力犯罪复制在返程的路上，在济青高速淄博收费站群殴回家的鲁能球迷致7人受伤，其中1人重伤。2013年4月，波士顿马拉松恐怖袭击事件则波及多个国家和地区的运动员。犯罪时间也无需限定在即时性上，能够随网络等介质得以不断延展。例如，2014年索契冬奥会，英国速滑选手克里斯蒂在女子500速滑决赛中，因碰撞影响到韩国选手，赛后在脸书（face book）上发表致歉声明，却遭到韩国网友无休止的谩骂、恐吓甚至死亡威胁。（4）共同犯罪日趋增多，交叉结伙作案突出，但一般组织松散，激情犯罪居多。大多数情况下，体育共同犯罪行为是基于赛场情境所酝酿的偏好情绪而纠集起来的临时团伙，因而总体上属于激情犯罪。不过从实践案例来看，有组织、有预谋的共同犯罪组织已经出现。如在意大利，约有10000人的国际米兰极端球迷组建"圣男孩""极端分子""不可缺少者""维京人"等团伙，对外统一行动。近年来，它们频繁惹事，除了从看台上扔下过摩托车，还投掷物品中断冠军杯"米兰德比"，对某些球员进行种族主义攻击，并且经常聚众斗殴。（5）体育暴力因沾染政治或者民族因素而带有针对性，因而往往折射出深层次的冲突根源。现代社会，世界各国距离在缩短，但是不同民族之间的对立情结并未完全消除，体现在体育暴力事件中，往往激发出以民族或者种族为名的暴力冲突。例如，2016年法国欧洲杯上发生的俄罗斯和英格兰球迷之间的骚乱，这场看似足球流氓之间的纷争，其实折射出不同民族对立情绪在体育场上的弥散。甚至，据英国《观察家报》称，英国政府高官担心俄罗斯足球流氓的暴力活动得到克里姆林宫的支持，并正在着手调查有关暴力活动与普京政权的关系。①

---

① 参见夏丕："2016法国欧洲杯最新消息：俄球迷暴乱竟是普京指使？"，http://www.yocajr.com/experts/expertsnewsdetail/38069.

二、现代体育中的色情犯罪

体育色情犯罪主要是指与色情交易和制作、复制、贩卖、传播淫秽物品牟利有关的体育犯罪。其中前者主要借助体育盛会的广泛参与度而组织、容留、介绍卖淫。事实证明，一些体育盛会往往也成为色情服务者及其组织者的盛宴。后者主要利用体育明星的"票房人气"，根据其绯闻或者桃色事件，以牟利为目的制作、复制、传播、贩卖以其为原型的淫秽物品。[①]

此外，在犯罪学意义上，妨害风化的一些行为也可以归入色情犯罪。体育领域有伤风化犯罪主要有：在体育运动场所强制猥亵、侮辱异性的行为，针对异性运动员的性暴力，在体育公共场所的露阴或者其他性暗示行为，在体育运动赛场裸奔，在体育公共场所悬挂或展示带有性含义的标语，对他人进行带有性暗示的言语挑逗或者吹口哨，在体育运动场所公然发生性关系等不雅行为等。

色情是体育运动的腐蚀剂。体育色情犯罪严重侵蚀体育运动的健康肌体，其反传统性和反伦理性也是对人类文明的终极挑战。不止于此，体育暴力、体育赌博、体育诈骗、使用兴奋剂以及其他领域诸如毒品犯罪总是和体育色情犯罪有着千丝万缕的关联。

三、现代体育中的贪渎犯罪

科学技术力量促使现代体育向多样化和规范化方向发展。现代竞技体育的产业化和国际化运动则催生大量的体育团体和相关组织。当体育足以影响到国家经济、政治利益的程度时，它不再是个人或者单个团队的行为，而是牵涉到一个协会、一个组织甚至一个国家。当体育流水线得以构建成型时，意味着体育运动机制能够更加顺畅，但同时也意味

---

① 参见张训、费家明：《论体育犯罪及体育刑法的构设》，《上海体育学院学报》2013 年第 1 期。

着，体育链条中的每一道罅隙都能够为贪腐制造足够的生存空间。

体育贪渎犯罪在举国体制之下更容易滋生和蔓延，而且与体育色情、体育诈骗、操纵体育比赛和体育赌博等犯罪行为相互勾连，成为啃啮人类体育食粮的硕鼠。

体育贪渎犯罪是指主管、负责或者能够影响某一体育行业、项目的人员利用其职务之便或者能够左右某一行业、项目发展趋势的影响力，贪污、挪用、侵占公私财物，索取他人财物，收受贿赂，徇私舞弊，不履行法定义务，侵犯职权的廉洁性、不可收买性的行为。[①]

鉴于体育贪渎犯罪主体构成的复杂性，有必要结合《刑法》规定进行简单说明。体育贪渎犯罪主要包括体育贪污，体育挪用，体育侵占，体育贿赂和体育渎职等几种行为。其中体育贪污、挪用国有体育财产、体育受贿和体育渎职属于身份犯，其行为主体是特殊主体，即具有国家工作人员身份，多指国家各级体育行政机关的工作人员或者受国家体育行政机关、与体育相关的国有公司、企业、事业单位、人民团体委托管理、经营国有体育财产的人员。体育挪用和体育侵占犯罪的主体则是民间体育组织或者主办体育赛事的非国有公司、企业及其他单位的工作人员。体育贿赂犯罪是刑法理论上的对向犯。其中体育受贿罪也是典型的身份犯，构成主体要求具有特殊身份；体育行贿罪则没有特殊要求，一般主体即可构成犯罪。

四、现代体育中的欺诈犯罪

体育欺诈犯罪包括体育中的诈骗行为和操纵体育比赛行为。体育欺诈行为亦称虚假比赛行为，是一种侵害竞技运动真实性并欺骗观众体育情感的越轨行为，具体可以表现为运动员或者运动团队为获得竞争优势，采用虚报年龄、隐瞒性别等方式赢取比赛胜利的行为，或者为获得

---

① 参见张训、费家明：《论体育犯罪及体育刑法的构设》，《上海体育学院学报》2013 年第 1 期。

不正当利益采用"放水"方式故意输掉比赛的行为。

操纵体育比赛犯罪行为已经成为竞技体育运动的一大毒瘤。操纵体育比赛犯罪作为一种复杂的社会现象,其成分庞杂、形式多样、犯罪主体多元,既包括运动员的"假球"行为、裁判员的"黑哨"行为、教练员的"休克战术"行为,也包括体育官员"示意"行为和商人"注水"行为等。不过身份并不影响犯罪的最终成立,任何能够影响或者左右体育赛事的人,只要实施了违背体育真实性和比赛公正性的行为,而且不管是采取商业贿赂、行政命令、上级指令还是竞技者之间的"默契"等手段,都可以成立操纵体育比赛罪。从近年来世界各国案发的犯罪事件来看,其犯罪主体主要包括体育官员,体育协会、俱乐部等体育组织中的管理者,运动员,裁判员,商人等。例如,2011年8月,韩国短道速滑教练李俊浩因在执教期间操纵比赛胜负,被判处有期徒刑6个月;2012年2月,被称为韩国马拉多纳的著名球星崔成国因涉嫌操纵比赛赌球获利的罪名被判处入狱10个月;2013年4月,商人艾瑞克·丁思洋(音)和三名试图操纵比赛的黎巴嫩足球裁判员在新加坡被捕。我国《刑法》中虽然没有专门设置操纵体育比赛罪,但实践中亦出现不少因涉嫌操纵体育比赛被处以刑罚的司法事件,如"中国足球窝案"。

操纵体育比赛犯罪的复杂性还体现在其往往与体育赌博、体育欺诈和体育暴力等犯罪行为相伴生,这就使得在犯罪类型化和司法处置中,常常出现如下情形,即操纵体育比赛犯罪与其他犯罪类型相竞合,体育犯罪刑事违法性与行政违法之间的交叉与竞合。就此,笔者已经在文中其他部分进行专述。

五、现代体育中的其他犯罪行为

体育赌博也是现代体育犯罪中的重要类型。如学者所言,体育赌博犯罪是国际性犯罪,它是以体育比赛的结果论输赢,从而决定财物得失的特殊赌博行为,其社会危害性明显重于一般赌博,而且发展呈现出跨境全球化、集团渗透化、高科技智能化、灵活多样化和广泛巨额化等特点。[①] 近些年来，体育赌博犯罪形式有所突破，产生了体育博彩业中的犯罪行为和网络体育赌博犯罪行为。随着网络应用的普及，体育赌博犯罪开辟了新阵地。网络创设者、管理者，庄家、代理人甚至运动员都参与到网络体育赌博犯罪中来。

和近代体育运动中使用的兴奋剂有所不同，为了规避检测，现代新型兴奋剂的科技含量更高，犯罪的隐蔽性增强，但显然，危害性更大。在现代科学技术的主导下，基因技术也在体育运动中使用，并且存在不当甚至违法使用的情形，而此不仅带来伦理道德问题，还有可能对人类的各种自然特性产生难以预料的改造。[②] 在犯罪场域中，基因技术和兴奋剂的嫁接制造出"基因兴奋剂"以便完成对运动员身体健康和竞技体育公平性的致命一击。"基因兴奋剂"的关键在于能使外源性的基因与受体染色体基因组稳定组合，并能够生成大量的"伪装"到无法识别用来建造肌肉的化学物质。[③]

此外，现代体育中的种族歧视从未间断，而且愈演愈烈。阿根廷球员德萨巴托面对对方球员时的一句"黑鬼"让其付出了在监狱待了近 40 个小时，交 3878 美元保释金的代价。球迷的集体种族歧视则引发大规模的体育暴力。2012 年欧联杯比赛中，热刺客战拉齐奥，拉齐奥球迷在比赛时高唱："犹太人，热刺；犹太人，热刺。"这一带有种族歧视的话语引发了赛后的流血冲突，其中 1 名热刺球迷颈部被捅，伤势严重。

总之，梳理体育犯罪史，会发现，随着人类体育事业的长足进展，尤其是体育职业化、产业化、国际化之后，体育犯罪呈现出的演化轨迹

---

① Michael Winkelmuller, Hans Wolfram Kessler. The Liga Portuguesa Case In The European Court Of Justice—Why The United Kingdom Should Promote A Liberalization Of The EC Gambling Market [J]. Entertainment Law Review, 2010, 21（2）: 51—53.

② 参加姚颐平.《体育运动概论》, 高等教育出版社 2011 年版, 第 61 页。

③ 参加张晓龙、沈建华:《基因时代体育科技观的哲学思考》,《上海体育学院学报》2007 年第 2 期。

主要表现为，从个体犯罪扩展至集体犯罪，由体育犯罪区域化走向体育犯罪国际化，从体育犯罪的实体场域走向网络虚拟场域，从体育产业链的单个环节延伸至整个体育链条，由竞技体育波及社会体育，由一般犯罪演绎为暴力恐怖主义犯罪等等。

无疑，体育给人类带来了财富和健康，尤其是竞技体育，它不仅能带给人们活力、美感和激情，有时还能在体育对抗中唤醒其强烈的竞争意识和民族自尊。对于体育迷而言，一场大型体育盛会就是一场精神盛筵。它已经成为社会发展的重要助推器，一城甚至一国之繁盛尚需端赖于体育。巴塞罗那、洛杉矶、雅典，因体育而勃兴的城市比比皆是。

所以，我们不愿意用法律的理性压制体育的激情，但是面对有损体育机体的严重越轨行为，我们不得不启动至少是夯实最后一道防线，以便更好地守护体育这一方纯净的圣土。①

---

① 参见张训：《体育犯罪的刑法应对》，《法制日报》2013 年 5 月 29 日，第 10 版。

第五章　体育犯罪典型样态实证分析

现代社会，丰厚的物质条件促成人类生活多姿多彩，但也促使犯罪品种呈现异化和多元化趋势。体育的社会化、产业化及国际化极大提升了体育的影响力，但同时也加剧了体育犯罪品种在其间的滋生速度。如果说，当今社会，犯罪无处不在、无孔不入的话，那么，这句话在体育领域同样适用。鉴于此，本研究只撷取其中较为典型的体育职务犯罪、体育有伤风化犯罪、体育暴力恐怖犯罪、体育领域歧视犯罪作为分析范例。

第一节　体育职务犯罪

一如曼德拉所言，"体育，拥有改变世界的力量"。但体育带给人们荣誉、财富和健康的同时，在体育运动社会化、产业化、国际化的背后，贪渎等体育职务犯罪成为挥之不去的阴影并呈蔓延之势。早在震惊世人的"中国足球窝案"案发前，就有人指出"体育腐败早已成为我国体育圈的流行病，它的病毒广泛存在于中国体育界的每个角落里。"因而在发生学意义上，体育职务犯罪概念已有提出之必要。在犯罪学意义上分析几种典型体育职务犯罪的成因、特征、属性有利于为其寻求合理的法律应对路径。而从刑法学意义上探视体育职务犯罪，尤其在刑法教义学上，将体育职务犯罪的相关刑法规定视为其他刑法分支学科加以注解，这将会助益于立法者对体育职务犯罪行为与越轨行为、合法行为的准确界分，并在寻求对体育职务犯罪的法律应对时注意刑法体系和其他法律体系之间的有机衔接。

一、体育职务犯罪界定

随着中央巡视组进驻国家体育总局，体育领域职务犯罪再次成为人们屏息关注的焦点问题。新时期国家反腐情势加大了体育领域职务犯罪基础理论研究和实证分析的迫切性。其实，体育犯罪问题研究作为体育学和犯罪学的一个新兴交叉研究领域，经历了十几年的探索和发展，越来越受学者关注。人们对其重要分支即体育职务犯罪问题亦有所涉及。笔者拟对相关研究成果进行简单评析，并寻找体育职务犯罪研究的适当视域，在此基础上，力图准确界定体育职务犯罪的概念与内涵。

（一）体育职务犯罪研究述评

就现有资源，笔者只收集到以体育贿赂犯罪命题的研究文献，没有直接以体育职务犯罪命题的。其中，有人从中外比较研究视角探寻中国对竞技体育贿赂问题的法律规制的特点、不足（谢望原等，2004）；有人从社会学和犯罪学的视角探究竞技体育贿赂问题的成因，并把假球、黑哨现象与商业贿赂连结起来（邹鸿，2007）；有人从社会控制学的角度聚焦如何预防和控制竞技运动中的贿赂问题（石泉，2004）；有人以公权力为视角界定竞技体育腐败的概念和内涵（2013，王良玉）。即便有研究者直接涉及体育职务犯罪命题的也只是研究其中的某一类型，如有人从心理学角度研究"黑哨"职务犯罪问题（王志红，2011）。

文献显示，学界就体育贿赂犯罪命题已经初步形成了从行为定性到犯罪构成再到犯罪预防的理论体系，而且研究视野较为宽广，学者们分别从社会学、控制学、犯罪学、心理学等不同角度对体育贿赂犯罪进行扫描。不过，总体而言，关于体育职务犯罪的研究面仍显逼仄，多围绕体育贿赂犯罪展开，而忽略了对其他体育职务犯罪的关注，而且只选择竞技体育领域而忽视了社会体育领域。聚焦个别体育职务犯罪类型的研究模式固然细致，但必然缺失整体性和系统性，而且已有研究成果对体育职务犯罪的概念、主体界定、类型划分、规范属性、核心内容、价值基础、发展路向等核心命题的阐释相对薄弱，更鲜有研究者立足于刑法学层面探视体育职务犯罪，也没有人对如何构设体育职务犯罪的刑法模式提出建设性意见。

（二）体育职务犯罪界定视域的选择

正如上文所言，学界关于体育职务犯罪的研究并未深度展开，甚至连以"体育职务犯罪"称谓的研究都不多见，因此，这一命题研究首先面临称谓界定的选择问题。比较而言，对于整个体育领域贪渎行为的研究来说，"竞技体育贿赂犯罪"和"体育腐败犯罪"都无法涵括"体育职务犯罪"所能表达的命题意义。在学理上，体育职务犯罪比体育腐败犯罪的表达更为通行，不仅抓住了体育领域职务犯罪行为的核心，也有利于全面认识这一现象的本质和规律。

其次，要对体育职务犯罪行为的发生场域和范围进行界定。笔者认为，在体育社会化、产业化的背景下，研究视野不能过于逼仄，要从纵横两个切面打量体育职务犯罪行为。在横向上，要注意到其发生场域不限于竞技体育，还有社会体育等领域；在纵向上则要关注体育管理活动、体育竞赛活动、体育产业化、体育场馆建设和国际交流活动等整个体育链条。另外，职务犯罪的种类繁多。以中国现行刑法规定的职务犯罪为例，相关罪名约占整个罪名的四分之一。所以研究体育领域中的职务犯罪行为不能仅仅关注其中的个别类型，而需要关注其整体性。

再者，研究范式需要明确，这也是关于体育职务犯罪属性的定位问题。多数研究者倾向在公权力视角下研究体育职务犯罪问题，这种范式更接近于在刑法学上解读。但有学者从社会学、心理学角度研究体育贿赂犯罪的方法则表明其犯罪学的倾向。而在我看来，对于体育职务犯罪行为而言，刑法意义上的规制对象往往是指触犯刑事法规、应受刑罚处罚的行为。如果仅仅将体育职务犯罪行为限定在刑法学意义上，则无疑极大地限缩了其外延，而且，刑法学研究的是体育职务犯罪的法律构成要件，目的在于就此类犯罪如何准确适用刑罚。换言之，刑法学主要是在规范层面上研究体育职务犯罪，而犯罪学则是在事实层面上研究体育职务犯罪的发生、运行等规律。所以，犯罪学研究主要集中在体育职务犯罪现象本身。在犯罪学视野中，对体育职务犯罪行为可以从更为广泛和多重的角度进行解析，既可以从生物学、心理学和文化学的角度进行，也可以从社会学的角度进行；既可以从个体行为角度也可以从群体现象角度展开。由此，把体育职务犯罪行为放在社会背景下，研究其与社会之间的关系，从而能够更为科学全面地认识这一现象，进而制定相应的防控对策。

基于此，本书将依循犯罪学的研究路径对这一违法犯罪现象进行学理分析。

（三）体育职务犯罪的概念界定

界定体育职务犯罪概念，需要从体育职务犯罪的主体、行为和结果等三个方面着手。

1. 体育职务犯罪主体范围界定

如果单纯依据刑法规定，职务犯罪的主体是"国家工作人员"或"国家机关工作人员"。按照刑法教义学理论，职务犯罪的主体应是"依法从事公务的人员"，主要包括国家机关、国有公司、企业、事业单位、人民团体中的人员或者上述单位委派到其他单位的人员。而如果是渎职罪的犯罪构成主体则更要限缩为国家各级立法机关、各级行政机关、各级司法机关、各级军事机关中从事公务的人员。① 这样的话，就会有一些体育领域中侵犯本职工作廉洁性或者违反其职位义务性的行为无法涵括在体育职务犯罪之中。根据《现代汉语词典》的解释，职务是指"职

---

① 参见张明楷：《刑法学》（第四版），法律出版社 2011 年版，第 1045、1087 页。

位规定应该担任的工作"①。从犯罪学视角理解，体育职务犯罪主体不仅仅限定为从事公务的人员，还包括在本职工作中弄虚作假、玩忽职守，侵犯职位正当性和违反工作义务性的行为。两相比较，在犯罪学视域下的界定会更加接近人们对"职务"的通常理解。

以此，体育职务犯罪的构成主体以在体育领域从事公务的人员为主，还包括能够对体育领域中某一行业或者某项运动具有操控力，能够产生影响的人员，比如某项竞技比赛中的裁判员、教练、运动员、经纪人等。例如裁判员的"黑哨受贿"作为受贿罪的一种类型不仅为学界认可，也为最高人民检察院明确表态支持。② 在职业竞技比赛的推广过程中，经纪人也成为违法犯罪的高危人群，从而引起人们的关注。美国国会就于 2003 年专门通过《联邦体育经纪人责任和信托法》，旨在对体育经纪人的违规行为进行规范。③

2. 体育职务犯罪的行为界定

在刑法学视域中，职务犯罪行为主要有贪污贿赂行为和渎职侵权行为两大类。因而，职务犯罪亦称贪渎犯罪。结合犯罪学视域，体育职务犯罪行为则需要进一步界定。根据主体的身份、职权、工作性质的不同，构成体育职务犯罪的行为有所不同。体育职务犯罪的行为大致有三种形式，一是直接利用职务便利的行为，二是利用职务影响力的行为，三是褒渎或者藐视职务的行为。其中利用职权便利和褒渎职务的行为人一般是处于特殊职位直接握有职权的人，如南勇、谢亚龙等人即利用职权收受贿赂、左右俱乐部升降级、球员出国深造等，而亦在签订与外国教练的合同时失职被骗致使国家财产遭受损失。利用职务影响力的人则可进一步划分为与直接拥有职权者关系密切的人或虽无一定职权但是基

① 参见中国社会科学院语言研究所词典编辑室：《现代汉语词典》，商务印书馆 2012 年版，第 1672 页。
② 参见康均心：《我国体育犯罪研究综述》，《武汉体育学院学报》2010 年第 4 期。
③ 参见薛静丽、田吉明：《竞技体育犯罪：法律与伦理的双重审视》，《成都体育学院学报》2010 年第 12 期。

于其职位的特殊性能够对某项体育事件产生一定影响力的人。前者如体育官员或者其他涉及体育场馆建设、赛事组织行政官员的近亲属及其他如情人等关系亲密之人，后者如祁宏、申思等具有影响乃至左右某场比赛走势的主力运动员等。

3. 体育职务犯罪的结果界定

体育职务犯罪结果是指上述几种体育职务犯罪行为给国家、集体、他人造成的严重损失。其中，利用职务便利的行为既可能侵犯职务的廉洁性，也可能侵犯职务的不可收买性。利用职务影响力的行为则侵犯了职务的正当性或者职位的义务性。亵渎或者藐视职务的行为则或因为攫取利益，或因为玩忽职守损害了人们对体育运动健康、公正、公平的信赖感。就结果的具体形态而言，可以包括物质损失和非物质损失，人员伤亡损失和经济损失、政治上的损失和精神文化的损失等。

据此，体育职务犯罪是指掌管或者能够影响某一体育行业、产业、项目的人员利用其职务便利、职务影响力或者亵渎职务，从而侵犯职权的廉洁性或不可收买性，损害人们对体育之健康、客观、公正形象的信赖感，使国家、集体或个人利益遭受严重损害，依法应当受到惩罚的行为。

二、体育职务犯罪的类型划分

（一）体育职务犯罪的主体划分

按照单位性质及其身份属性，体育职务犯罪构成主体可分为行政编制人员和事业编制人员。这种划分主要针对各级体育管理机关、各级体育协会、各级体育科研院所、国有体育产业集团而言，因为在这些单位中从事公务的人员既有属于行政编制，也有属于事业编制，具有行政编制的人员一般为各级主要领导。

根据违法犯罪行为的操控力可以将其分为全局影响力主体和局部影响力主体。具有全局影响力的主体一般为主要领导人员或某项体育行业、项目的主要责任人，而具有局部影响力的人员主要包括某一具体体育事件的责任人或者能够在其中发挥一定影响的人。前者如某体育协会的领导或主要负责人，后者如某一体育赛事中的裁判员、教练员、俱乐部经理、经纪人、运动员等。

根据工作性质，体育职务犯罪的构成主体有公务人员和非公务人员之分。公务人员主要指在体育行政部门、国有事业单位、产业集团、社会团体中握有职权、从事公务的人员。非公务人员主要包括涉及体育领域的其他性质公司中的从业人员，如体育产业商人、体育俱乐部经理、经纪人、教练员、运动员、裁判员等。鉴于我国体育产业有民营和国有双重属性，其从业人员可能属公务人员，也可能属非公务人员。

依据某些体育职务犯罪对向性特征，体育职务犯罪主体既可以是从事公务或者具有影响力的人员，也可以是这些犯罪者的对向犯，比如体育领域中的行贿者。作为行贿者既可以是浸淫体育行业多年的"体育人"，引人关注的"F1总裁伯尼行贿案"即是适例，也可以是来自体育行业之外的行贿者，比如为获得某项体育产业的投标者，为进入某运动队或者获得某体育院校入学资格的行贿者等。

根据主体的单复，体育职务犯罪的构成主体既可以是单个人，也可以是多人。基于其品性的开放性，其主体范围还可以延伸至单位。体育职务犯罪会因此有自然人犯罪、单位犯罪、共同犯罪之分。

为了更为清晰地表明这种划分的现实意义，笔者将结合典型案例以自然人体育职务犯罪为中心采用列表的方式加以说明（表1）。

表1　体育职务犯罪不同主体划分一览表

犯罪事件	主体职务	主体身份	犯罪类型
2012年，谢某某因受贿被判处有期徒刑10年6个月，并处没收个人财产人民币20万元。	体育官员	公务人员	受贿＋渎职
2012年，足球运动员申某、祁某等人因操纵比赛分别被判处6年有期徒刑不等。	运动员	非公务人员	赌球＋操纵比赛
2011年，足球裁判陆某以非国家工作人员受贿罪被判处有期徒刑5年6个月。	裁判员	非公务人员	受贿＋操纵比赛

犯罪事件	主体职务	主体身份	犯罪类型
2013 年，梁某某因涉及世界大学生运动会经费等贪腐问题被移送司法机关处理。2014 年，蒋某某亦于此牵连正接受组织调查。	行政官员	公务人员	贪污、挪用 + 受贿
2014 年，F1 总裁伯尼行贿案，虽然其最终以检方撤诉而得以躲避牢狱之灾，却被判处 1 亿美元的高额罚金。	体育产业经营者	非公务人员	行贿
2003 年，罗纳尔多的经纪人马丁斯和皮塔因涉嫌洗钱和非法转移外汇而获刑。	体育经纪人	非公务人员	洗钱 + 渎职
2016 年 12 月 26 日，××省××市中级人民法院公开宣判肖某受贿案，对被告人肖某以受贿罪判处有期徒刑十年零六个月，并处罚金人民币五十万元；对肖天受贿所得财物予以追缴，上缴国库。	体育行政官员	公务人员	受贿
2017 年，中央纪委监察部网站通报称，孙某某因涉嫌严重违纪，接受组织调查。（孙某某曾任某体育学院院长，全国体育院校竞赛协作会主席等职务。）	体育院校行政负责人	公务人员	违纪（未看到后续结果）
2006 年，鞍山田径学校集体、有组织地为运动员提供兴奋剂事件。未见后续处罚的确证消息，但此行为已经违反《未成年人保护法》和《反兴奋剂条例》。	体育人才培养机构责任人	（非）公务人员	欺诈 + 使用兴奋剂
2013 年，安徽某中学发生体育设施倒塌致学生死亡事件，校长杨某被法院以教育设施重大安全事故罪判处有期徒刑 1 年。	体育设施责任人	（非）公务人员	渎职
2012 年，王某等人因涉嫌利用商业贿赂操纵足球比赛结果分别获刑 7 年不等。	体育俱乐部高管	（非）公务人员	商业贿赂 + 操纵比赛

从上表可以看出，体育职务犯罪主体类型繁多，只有个别犯罪属于刑法上的身份犯，其他类型犯罪不受主体身份限制，公务员和非公务员都可构成。如体育人才培养机构责任人、体育俱乐部高管之犯罪主体既可因其所在单位自身属性（公立或民办）而由公务人员或非公务人员构成。犯罪主体之间还具有一定交融性，即在具体的犯罪事件中，某类体育职务犯罪主体构成某些特定的犯罪类型，在某种情形下，这些特定的犯罪主体完全可以构成其他职务犯罪。比如，体育经纪人，既可能在签订体育合同中涉及诈骗，还可能通过行贿操纵体育赛事等。

（二）体育职务犯罪的发生场域划分

根据不同的标准，体育职务犯罪发生场域有不同的划分。

按照社会学和管理学的区分标准，主要分为社会体育、竞技体育、学校体育和军队体育几种不同的社会领域的体育活动。此种分类亦为《中华人民共和国体育法》以基本法律的形式所明确。

依据主体工作性质、发生场所属性，体育职务犯罪发生场域主要包括体育管理机关、体育协会、体育科研院所等事业单位，体育产业集团等企业单位，某类、某项体育运动，涉及操纵体育赛事的网络空间和国际通道等。

按照地理区域，体育职务犯罪的发生场域可以划分为城市、乡镇和农村。在社会体育（群众体育）开展迅猛的城镇，涉及体育健身器材、群众体育比赛（如城市之间）等领域的职务犯罪越来越多。而在农村，近来频发的农村职务犯罪中就有不少涉及娱乐设施建设及体育文化普及等专项资金的犯罪类型。如 2011 年江西安义县李世建挪用娱乐设施专项经费案、2014 年河南内乡县季瑞侠受贿、贪污案等。

依据其在体育产业中的分工、作用，体育职务犯罪分布在体育产业链条中的各个环节，如体育用品生产、体育比赛、体育广告、体育推广乃至体育行为艺术等领域。

因为体育职务犯罪是世界性的行为，依照国别，可以分为国内和国际两种。两种体育职务犯罪都能找到大量典型案例。前者已经在列表中有所体现，后者如最近刚刚发生的国际足联副主席、执委会成员、中北美及加勒比海地区足联主席杰弗瑞·韦伯等人受贿案。据美国中文网综合报道，美国司法部官方 2015 年 5 月 27 日正式发表通告，宣布对 14 名相关人士起诉 47 项指控，包括行贿、洗钱、共谋诈欺等罪名，其中9 人是国际足联官员，他们涉及腐败案。这 9 名国际足联官员是：国际足联副主席、执委会成员、中北美及加勒比海地区足联主席杰弗瑞-韦伯，哥斯达黎加足协主席爱德华多-李，前中美洲足协和尼加拉瓜足协主席、国际足联发展部官员罗查，前开曼群岛足协秘书长，前北中美洲及加勒比地区足联主席、前国际足联副主席杰克-沃纳，国际足联副主席和执委会成员菲格雷多，前巴西足协主席马林，委内瑞拉足协主席埃斯基维尔，前国际足联执委会成员莱奥斯等。美国司法部长林奇透露，国际足联仅仅在 2016 年的美洲杯一案上，就受贿多达 1.1 亿美元。

（三）体育职务犯罪的属性划分

犯罪学研究的是体育职务犯罪涉及其本质与规律的事实样态，因而在犯罪学意义上，体育职务犯罪具有更大的包容性和开放性。正如有人认为在犯罪学意义上，体育犯罪其实是一种体育非法行为，它在范围上包含违法、犯罪、违规以及反道德等各种复杂的行为。[①] 当然，笔者并不完全认同这种概念表述，因为这种表述不仅混杂了犯罪的多重属性，而且语义重复。其实犯罪行为本来就属于违规、违法和违反道德的现象。特别强调犯罪是属于违反道德的行为已经脱离了犯罪学意义而属于社会学视野。笔者认为，在限缩犯罪学视域下，体育职务犯罪涵盖以下几个层面，即违纪行为、违法行为和犯罪行为（表 2）。

表 2　体育职务犯罪属性划分一览表

事　件	行为属性	处罚结果	有权主体	处罚依据
2014 年，佛山篮球俱乐部负责人刘某某在比赛现场指责、谩骂裁判员、记录人员，被中国篮协给予通报批评、停赛及罚款。	违纪行为	纪律罚	体育社团	体育纪律
2013 年，广东省体育局奥体中心违规举办联欢晚会、发放奖金。广东省体育局决定给予奥体中心主任李某行政记过处分。	违法行为	行政罚	行政机关	行政法规或法律
2012 年，南某被判处有期徒刑 10 年 6 个月，并处没收个人财产人民币 20 万元。	犯罪行为	刑罚	法院	刑法

---

① 参见黄晓卫：《体育非法行为及其司法控制刍议》，《四川体育科学》1999 年第 2 期。

（四）体育职务犯罪行为方式划分

根据行为表现形式，体育职务犯罪可分为利用职务的犯罪和亵渎（或藐视）职务的犯罪。

体育领域中利用职务的犯罪行为，是指行为人利用职权便利或职权的影响力进行严重损害体育机体、危害社会的行为。这类犯罪其主观都是故意，而且动机多为贪利或者谋求某种入围资格。结合现行刑法的规定，其常见的有以下几种类型：

一是贪利型。主要包括侵占、挪用类和贿赂类两种。其中前者根据主体性质不同可细化为贪污罪、职务侵占罪、挪用公款罪、挪用资金罪。后者根据行为主体和行为表现形式不同可细化为受贿罪，公司、企业人员受贿罪，行贿罪，单位受贿罪，单位行贿罪和利用影响力受贿罪。

二是操控型。主要有操纵体育产业、体育科研等立项资格，操纵赛事举办资格，操纵参赛者资格，操纵具体体育赛事等。当然，从最广义角度而言，体育领域中的一切职务犯罪都是操纵型犯罪，反过来，操纵型体育职务犯罪行为也常常伴有牟利性因素，例如参与赌球、收受贿赂、幕后交易等行为。就操纵体育比赛中涉及的职务犯罪而言，其中既有"假球"黑哨"等狭义的操纵体育比赛的核心行为，也有"参与赌球、收受贿赂、幕后交易"等广义上的操纵体育比赛的非核心行为。

操纵体育比赛成为近年来常发的犯罪形态，而且从最初的个人操纵向多人甚至集体操纵演绎。世界各国亦对此增强了刑法规制力度。如2013年韩国姜东熙因涉嫌操纵比赛赌球而获刑。2013年新加坡三名黎巴嫩足球裁判因操纵比赛而获罪等。我国则从2002年龚建平案开启操纵体育赛事司法介入模式。

利用职权和职权便利的体育职务犯罪占据主导地位。这类犯罪主要有贪利型和操控型两种。例如在"中国足球窝案"中，身居中国足协要职的南勇、谢亚龙等人即利用职务之便大肆收受贿赂，属于典型的贪利型职务犯罪。而同案的邵文忠等高管则扮演行贿者的角色，进而利用贿买的权力影响比赛走势或者俱乐部的升降级等。同案受审的申思、祁宏等运动员则利用在比赛中的影响力操控比赛以谋取非法利益。当然，贪利型和操控型职务犯罪往往密不可分，南勇等人在贪利的同时直接或者间接地操控赛事，申思等人则通过操控比赛从中谋利。

此外，正如上文所言，体育职务犯罪的发生场域不仅从竞技场走向场外，而且正在向一切与体育有关的领域蔓延。比如，在深圳世界大学生运动会场馆建设和赛事组织中就因侵占经费、工程腐败而牵涉出梁道行、蒋尊玉等虽非体育界人士却涉及体育产业的行政主管人员的贪利型职务犯罪问题。在国际上，典型的案件当属 1998 年美国盐湖城冬奥会贿选案。

体育领域中亵渎（藐视）职务的犯罪行为，是指行为人滥用职权、超越职权、严重不负责任，不履行、不正确履行职务、职责给国家、人民的利益和体育事业造成严重危害的犯罪行为。其主观心态既有故意也有过失，常见的有以下几种具体形态：

一是失职型。包括体育训练失职罪和体育主管人员签订、履行合同失职被骗罪。体育训练失职指主管人员、教练人员训练时刻板教条，很少注意受训者的心理及个性问题，强迫运动员进行非人的训练或者运用非常规训练手段致使运动员严重受伤乃至死亡的行为。体育主管人员签订、履行合同失职被骗是指体育管理部门、体育产业部门（公司、企业）、体育科研院所等单位直接负责的主管人员在签订、履行合同过程中，因严重不负责任而被诈骗，致使国家利益和他人利益遭受重大损失的行为。例如中国足协与外籍教练卡马乔签订的合同就可能存在类似的问题。

二是体育事故责任罪。主要有大型体育场馆安全事故，包括体育场馆设施安全事故和大型体育活动安全责任事故两种类型。其中，前者的责任主体主要有体育设施的设计者、安装者、管理者等。比如 2014 年发生的美国国家男篮队员乔治断腿事件很大程度上归咎于篮球场馆设计上的缺陷。后者责任主体主要有赛会组织者、安保人员等。波士顿马拉松爆炸案等诸多体育灾难事件中都存在安保失职问题。

三是弄虚作假型。主要有徇私舞弊和虚假比赛两种类型。徇私舞弊是指行为人利用职务上的权利和便利，对明知成绩没有达标的人采用隐瞒、虚构等手段使其达标，或者对本不符合某一标准的人采取隐瞒、虚报、篡改运动员的年龄甚至性别的方法使其符合标准的行为。虚假比赛是指管理者、教练员明示或者暗示运动员消极比赛，或者采用休克战术等方式虚假比赛的行为。

四是泄密型。是指行为人利用职权或者职务便利将掌控的体育战略、政策，比赛技战术或者相关体育产业的商业秘密故意或者过失泄露给敌对方或第三方的行为。当然还可能会在通过滥用体育秘密在赌博竞猜业非法牟利的过程中泄露信息，由此会构成体育赌博和体育泄密的竞合犯罪。

三、体育职务犯罪特征分析

需要说明的是，如果将研究视野局限于刑法学意义上，并且分析样本撷取局限于进入司法程序的案例，那么很多与职务有关的体育越轨行为就无法涵括进来。比如，就国际足联腐败案而言，有人不仅质疑美国司法部是否僭越管辖权范围，还有人就国际足协官员的腐败犯罪定性提出疑问，认为国际足联乃社会组织，上述事件中一些行为人并不符合职务犯罪之主体特征。当然，人们可以用刑法意义上的某些职务犯罪比如行贿罪、受贿罪并非要求犯罪主体一定是国家工作人员来排除诘问，也可以用刑法上的属地或保护管辖等原则来解释美国司法部此次行动的合法性。不过，本书的研究重心不在于讨论刑法意义上的体育职务犯罪之犯罪构成，而是谋求在犯罪学视域下，将其放在社会背景下，探视其与社会之间的关系，以便更为全面地认识这一现象。在此基调下，笔者收集案例并不仅局限于经过司法裁决认定的案例，同时注意收集犯罪学视域下的体育职务犯罪案例。

通过对案例的收集和整理，笔者发现，或许受制于多重因素的影响，我国司法机关发布的职务犯罪案例数量不多，关于体育职务犯罪的案例就更为有限。笔者在权威案例库和司法机关官方网站只收集到相关案例 15 件 22 人次，不过，也通过有关司法部门收集到经司法认定并未公布的体育职务犯罪案件 20 件 31 人次。此外，笔者还通过网络、期刊等其他平台收集到一定数量的涉及职务的体育违法犯罪事件。笔者通过对这些案件进行实证分析，以期大致描述体育职务犯罪的现实样态，并总结当下体育职务犯罪的总体特征。

（一）犯罪主体多元化、实权化

在犯罪学视域下，体育职务犯罪的主体不再仅仅限于刑法学意义上的体育领域的国家机关、国有公司、企业、事业单位、人民团体中的国家工作人员或者上述单位委派到其他单位的国家工作人员，还应当包括在体育运动团队、体育产业实体、体育社会组织中从事公务的人员。此外，能够构成刑法上的对向犯如行贿受贿的其他人员也可以成为体育职务犯罪主体。以此，体育职务犯罪的构成主体以在体育领域从事公务的人员为主，还包括能够对体育领域中某一行业或者某项运动具有操控力，能够产生影响的人员，如某项竞技比赛中的裁判员、教练、运动员、经纪人等。

综上，构成体育职务犯罪的主体日益呈现多元化趋势，这是与体育产业化、多样化和商业化的趋势密切相关的。在笔者搜集到的全部案例中，体育职务犯罪的涉案主体范围极为广泛，涉及体育官员、裁判员、运动员、俱乐部高管、体育彩票发行机构责任人、体育社会组织责任人、体育产业经营者、体育经纪人、体育人才培养机构责任人、体育设施责任人、涉及体育领域的行政机关人员等，而罪名则涉及贪污、受贿、行贿、挪用、侵占、渎职、洗钱、诈骗、使用兴奋剂、商业贿赂、操纵比赛等体育犯罪领域。如上述国际足联腐败案涉案人员就属于在自治性体育组织中从事公务的人员，面临的是贪污、洗钱和受贿等罪名指控。

如果仅以经过我国司法机关裁决认定的 15 起案件为分析对象，其犯罪主体亦呈现多元化趋势，其 22 人中，涉及体育裁判 2 人，体育行政官员 5 人，运动员 4 人，体育事业单位责任人 8 人，涉及体育产业的行政机关责任人 3 人，罪名则分别涉及贪污罪、受贿罪、非国家工作人员受贿罪，挪用公款罪、玩忽职守罪、滥用职权罪等。需要说明的是，在被称为"中国足球腐败窝案"的案件中，祁宏等运动员所构成的非国家工作人员受贿罪虽然不属于刑法意义上的职务犯罪，但是其本质也是利用职务或者工作上的便利，因而即便在刑法教义学上，也可以将该案列入职务犯罪之列。

体育职务犯罪的实权化体现在体育领域中的公职人员利用职务形成的便利交易、寻租手中的权力或者利用权力实施贪渎行为，也可以是虽非公职人员但属于在某项特定体育事项中具有核心或者重要地位从而能够影响乃至决定该体育事项走势、结果并且积极出售或者玷污了这种影响力。以国际足联的权力为例，它不仅可以决定一国大型赛事的举办权，甚至可以影响其成员国内的司法判决及政府政策。例如，2014 年尼日利亚就迫于国际足联施以禁赛的压力而撤销了一项对于尼日利亚足协选举结果无效的法院判决。鉴于足球运动的世界影响力和各国政要的广泛关注，作为国际足联的掌门人即国际足联主席则更被人们称为"权倾天下"。

在中国足球窝案中，其中既有手握实权的享受厅级待遇的中国足协专职副主席，也有能够影响一场体育赛事结果的足球裁判和主力球员。在笔者收集的 6 起体育彩票腐败案中，体育职务犯罪者当中分别有体彩中心主任 2 人，副主任 1 人，体彩中心管理站站长 2 人，管理员 1 人。其中，省级体彩中心主任为处级干部，手中自然握有一定权力，而体彩中心下属管理站站长和管理员虽然职别不高，但是属于活跃在特定岗位的一线工作人员，在体育彩票发行、监管、结算、回收中奖彩票及兑奖等方面拥有绝对权力。

（二）涉案场域广泛，环节众多

现代竞技体育的产业化催生大量的体育团体和相关组织，使得体育向商业化模式靠拢，不断加入利益环节。体育的国际化不断延展体育产业的空间。体育专业化在不断提升运动体育成绩的同时，也使得体育进入精细化和碎片化时代。当然，体育流水线的建成意味着体育运动机制能够更加顺畅，但同时也意味着，体育链条中的每一道罅隙都能够为贪腐制造足够的生存空间。① 正如百叶窗给人们带来清新空气的同时，也成为容易沾染灰尘的地方。

通过案例调研可知，体育职务犯罪几乎分布在体育链条中的每个罅隙，诸如体育行政管理、体育设施建设、体育赛事承办、体育奖项评审、体育安保、体育比赛、体育彩票发行、体育用品生产、体育人才培养、社会体育普及、体育广告、职业体育推广乃至体育行为艺术等领域。在横向场域中，体育职务犯罪从国内延伸至国际通道。以国际足联腐败案为例，不少涉事国际足联官员同时身兼本国国内体育组织官员，因而其犯罪足迹踏遍国内外，而其收受贿赂的地点也遍布世界各地。正如美国司法部的指控，其中有些人虽然贪渎行为实施地不在美国，但其洗钱行为是通过美国银行机构进行的。针对我国体育职务犯罪案例，根据地理区域，其发生场域分布在城市、乡镇和农村。在社会体育（群众体育）开展迅猛的城镇，涉及体育健身器材、群众体育比赛等领域的职务犯罪越来越多。而在农村，近来频发的农村职务犯罪中就有不少涉及娱乐设施建设及体育文化普及等专项资金的犯罪类型。② 不过近年来的案例，主要集中在体育彩票发行与管理，如笔者通过官方渠道收集的

---

① 参见张训：《体育犯罪样态演化研究》，《犯罪研究》2014 年第 5 期。

② 参见张训：《体育职务犯罪基础理论研究》，《体育学刊》2015 年第 3 期。

15 起司法案例中，有 6 起涉及体育彩票职务犯罪，所占比例高达 40%。在具体运动项目中，足球领域成为体育职务犯罪多发区域，分别涉及足协官员、足球裁判、足球运动员和足球俱乐部管理人员。

（三）作案手法多样、隐秘，窝案、串案多，取证、立案难

体育产业化、国际化和专业化使得体育链条不断延展，也增加了体育职务犯罪的滋生环节，体育领域职务犯罪手段亦可谓花样翻新、层出不穷。结合具体案例，大致可以总结为三种类型。一是贪利型，主要包括侵占、挪用类和贿赂类两种。二是操控型，主要有操纵体育产业、体育科研立项、体育奖项评选，操纵赛事举办资格，操纵参赛者资格，操纵具体体育赛事等。三是渎职型，主要包括体育领域中的管理人员滥用职权、超越职权、严重不负责任，不履行、不正确履行职务、职责等。[①] 贪利型和操控型两种体育职务犯罪并非截然分开，二者之间是相互叠加、相互融合的，职务犯者贪利过后一般会利用手中实权进行操控，而反过来，犯罪行为人也会在操控过程中兑现利益并伺机谋求新利益。例如在国际足联腐败案中，涉案人员主要利用决定重大赛事经营权和操纵具体赛事结果等犯罪手法，同时借此收受贿赂和回扣。在中国足球窝案中，南勇、谢亚龙等人即利用职权收受贿赂操纵俱乐部升降级、球员出国深造，为他人谋取球员转会，参加教练员培训班，聘任各级国家队教练、领队等方面的利益。渎职型的体育职务犯罪主体比较特定，即一般是对特定体育项目负有管理和监督职责的人员，结合案例来看，主要涉及体育赛事举办和场馆建设的地方行政机关人员监管失察导致出现工程腐败，体育彩票发行管理人员履行监管职责致使他人利用监管漏洞骗取大奖，签订体育合同失职致使国家、集体财产遭受损失等。

和很多贪腐犯罪一样，体育职务犯罪也具有隐秘性特征，案例证实，监守自盗型的贪污、侵占、挪用的行为往往能够持续多年，而不被

---

① 参见张训：《体育职务犯罪基础理论研究》，《体育学刊》2015 年第 3 期。

发现。行贿受贿更是在密室中进行，短时间内很难被发现。据南勇受贿案判词显示，1998 年至 2009 年，被告人南勇利用担任国家体育总局足球运动管理中心副主任、主任等职务上的便利，非法收受他人财物，共计折合人民币 1489962 元。时间跨度达 10 余年之久。杨一民、谢亚龙受贿案也存在类似的情形。

此外，体育领域职务犯罪牵涉单位、人员多，容易形成窝案、串案。近期的如国际足联腐败窝案，稍前一些的如中国足球窝案。窝案串案的形式主要有三种：一是纵向型，即在某项运动中，体育行政官员、体育俱乐部管理人员、裁判员、教练员、运动员多位一体、相互串联、协同作案，形成犯罪流水线。如中国足球窝案中显现的一些犯罪样态。二是横向型，也可谓跨界组合犯罪，即体育领域人士与非体育人相互勾结侵占体育利益，或者非体育行政官员利用自己负责或者管理的"地盘"举办体育赛事、建设体育设施从中抽头渔利，如深圳大运会滋生的梁道行案。这种跨界还体现在区域之间的跨界。跨越区域的体育赛事和体育活动越来越多，体育职务犯罪也衍生出本地与外地，甚至国内与国外犯罪者之间的配合。三是集体型，即负责某一体育事项的审核、准入、管理等工作的人员群体作案，有时甚至是"一把手"带头，集体腐败。如某体育学校领导带头，指挥一干人马有组织地通过做假账等方式侵吞、挪用、私分集体财产。

作案手法多样、手段隐秘、串案窝案都会使证据毁灭、串供变得相对容易，因而体育职务犯罪会给司法工作的开展制造足够的麻烦。贿赂犯罪历来是侦查人员难啃的硬骨头，所以我国刑事诉讼法针对重大贿赂案件作出特别规定。如对于一般案件，律师会见当事人只需持律师执业证、委托书和律师事务所证明等"三证"即可，但是会见重大贿赂案件当事人需要经侦查机关许可（《刑事诉讼法》第 37 条）。另外还有针对重大贿赂案件可以适用技术侦查（《刑事诉讼法》第 148 条），对贿赂案件当事人适用指定居所监视居住（《刑事诉讼法》第 73 条）等特别规定。立法对贿赂犯罪案件的特别规定充分说明了此类案件侦查工作的困难程度。以国际足联腐败案为例，若不是前中北美足联秘书长布莱泽在被盯上后转作 FBI 污点证人，帮助录音固定证据，案件很难取得突破性进展。

（四）波及文化、经济、政治等多重领域，危害性大、影响深远

体育运动作为一项社会运动，不可能脱离特定的社会背景。它与文化、经济和政治存在千丝万缕的关系。体育领域的腐败行为必然触及这些领域，并对其造成一定的冲击与影响。此处主要就其与文化、经济以及政治之间的关联简略述之。

对于体育文化精神培养、塑造与传承而言，相较于其他体育领域犯罪，以贪腐为主要形态的体育职务犯罪对其伤害更大，造成的后果也更为恶劣，影响更为深远。以中国足球领域的腐败窝案为例，持续多年的贪腐行为如蛀虫一般不断吸食中国足球文化机体的养分，一朝爆发，其不仅给中国足球事业几乎带来致命打击，也令人们在中国女足辉煌时期和中国男足冲进世界杯决赛圈所积攒起来的一些信心消失殆尽，最终严重影响了中国足球传统精神的传承和现代足球文化的塑造。国际足联的腐败不仅让足球界蒙羞，也令世界足球文化就此蒙上一丝阴影。

体育与经济之间的纠葛并非仅仅体现在体育职务犯罪者权力寻租上，那或许只涉及金钱与权力之间的游戏，就体育商业化本身而言，当某些体育事项成为一种产业时，说明其已经沾染或者具备了经济实体的所有特质。经济力量的锻压致使体育产业的链条节节增长，在开放时代里，不仅竞技体育，就连社会体育也会以各种形式走出国门，成为吸金石。一些体育项目本身就是烧钱的运动，如 F1 运动，一辆赛车动辄几百万，更不用说研发及维修等巨额开销了。但人们仍然对此乐此不疲，显然，有些人不仅仅是为了享受这项运动带来的激情，而在于谋求此间的利益分成。引人注目的"F1 总裁伯尼行贿案"虽然随着其缴纳 1 亿美元巨额罚款而暂告一段落，但是其间到底隐藏多少利益链条，却不得

而知了。不可否认，体育商业化对于体育职业化乃至某些体育项目水平的提高起着一定的促进作用，但是商业化本身就意味着体育随时可能成为经济的牺牲品。

体育与政治之间更是纠葛不断。在某些特定场合，体育常常成为政治的一枚棋子。例如，冷战时期，一方阵营对另一阵营主办的奥运会的抵制就带有明显的政治色彩。有时体育事件就是政治事件的一部分，甚至成为扭动政治乾坤的关键环节，其中著名的如我国的"乒乓外交"事件。当代社会，体育项目乃至体育明星之间的较量往往演绎为各国国力之间的较量。可以说，当下的体育在一定程度上被赋予了政治意蕴。世界各国不断加大对体育事业的投入力度，争相申办奥林匹克运动会等国际大型赛事，因为一次大型国际赛事的举办，即便无法为其带来丰润的经济回馈，也能够提升东道主国家的国际影响力。为此，各国不惜动用经济、文化乃至政治谋略。

以国际足联腐败案引发的系列事件为考察对象，会发现，其间处处显露政治的蛛丝马迹，甚至有人说以美国主导的国际足联丑闻大曝光就是一场政治风暴。国际足联腐败案案发后，人们对这一事件纷纷置喙，发声表态的不仅仅是体育界人士，一些政治人物也相继登场。如俄罗斯总统普京就第一时间发表声明，让政治远离体育，在告白俄罗斯获取2018年男足世界杯举办资格乃清白之举的同时，还不忘谴责美国司法部门的粗暴以及此举涉嫌违反国际机构运作原则。至于在俄罗斯竞办男足世界杯之事上，是否如有媒体爆料的那样：时任俄罗斯总理的普京游说布拉特，并用"高规格待遇"接待 FIFA 执委；普京还赠送毕加索的名画给普拉蒂尼，希望后者支持俄罗斯。① 就此，清者自清，姑且不论，但人们可以清晰看到其作为政治人物出没其间的繁忙身影。近日，非洲国家毛里塔尼亚的一场足球比赛上发生了奇葩的一幕，该国的一场足球

---

① 参见佚名："FIFA，全球最大黑社会"，来源网易体育，网址：http://sports.china.com.cn/live/2015-05/29/content_32915113.htm.

比赛被总统默罕默德-乌尔德-阿卜杜勒-阿齐兹意外叫停，理由是总统先生认为比赛太无聊，而且他还要赶时间！[①] 这则事例的确令人咋舌，简直可以算是政治干预体育的经典案例了。

四、体育职务犯罪原因分析

现代社会，体育以前所未有的速度向广度和纵深发展，体育产业化、商业化、国际化进程拓展了体育职务犯罪的生成空间，而政治、文化、经济等因素掺杂进来使得体育职务犯罪生成及诱发因素更趋多样化。本书结合案例总结出体育职务犯罪形成的几点原因。

（一）体育领域精神、道德、文化层面

体育运动的勃兴在一定程度上得益于人们的英雄主义情结，对竞技明星的崇拜推动了体育文化的塑造与传承。即便在今天，体育要受人关注仍需借助于体育英雄的号召力，但体育商业化、职业化、市场化进程显然逐步打破了人们的英雄主义情结，体育英雄也已经不再是单纯的信仰依靠，而成为赚钱的工具。他们已脱离了最初的轨迹。[②] 另一方面，科技带来的个体创业自由致使人类整体主义根基开始动摇，权利个人主义伦理思潮初现端倪，它意味着个人具有独立性，个人优先于社会，个人有权按照自己的意愿生活、工作和行动，有权谋求自己的利益，有权追求自己的幸福。[③]

在物质至上的特定时期，道德滑坡必然会带来精神萎靡，当唯利是图的理念渗入体育领域，握有实权的人们则在努力加固手中权力的同时谋求过剩和不当的利益。以中国足球窝案为例，其中的不少涉案人员曾经踌躇满志，亦曾为中国足球事业作出贡献，但最终失去体育人应当秉

[①]　参见佚名："非洲国家总统叫停比赛　理由竟是太无聊"，http://sports.qq.com/a/20151201/049368.htm.

[②]　参见梁爽：《美国体育中的英雄主义》，《科技视界》2014 年第 6 期。

[③]　参见陈强：《权利个人主义与道德个人主义辨析》，《道德与文明》2014 年第 5 期。

持的体育精神，抵挡不住诱惑，故而走上犯罪不归路。正如人们针对杨一民案评价的那样，在职业足球这个巨大的名利场中，任何意志稍微不坚定的人都难以把持自己。①而所谓的名和利，就是膨胀的个人权力欲望和以权力谋求可供享受的物质，中国足球窝案中的犯罪者莫不如是。在具体案例中，权力观的扭曲也主要表现为以权谋私、权钱交易，特别是体育行政管理部门或体育组织中职别较高或者直接行使某项权力的犯罪者长达数年乐享其"成"。亦有案例显示，一部分职务犯罪者抱有权力不用、过期作废的观念，所以几乎一生勤勉，却在50多岁快要退休的年龄疯狂敛财以致晚节不保。

依据案例来看，在体育职务犯罪呈现上升的态势中，事实上也处在国家法制建设的上升期，但是这些人并没有刻意吸收法治理念，甚至没有养成一般公民应具有的法制意识，或者对相关法律认识模糊，对具体法律规定知之甚少，在实施犯罪时更是缺失基本的法律素养，甚至敢于顶风作案。

（二）职权过于集中、监管体系松散

有人指出，FIFA不隶属于任何一个国家或地区的主权机构，也不接受任何主权机构监管。在内部运作上也很不透明，每次决定赛事主办权归属的只是执委会的24人，而这24人长期不轮换，投票的过程也是秘密的，出了问题也是自己查自己，这就给黑箱操作留下了很多空间。②这也充分表明，国际足联职权集中在某几个人身上，许多重大事项就是他们说了算，在某些事项上，甚至足联主席一个人说了算。中国足球窝案则显示，在人员调配、项目准入、合同签订、资格认定等方面，也出现权力独占或者重权、实权联姻的情形。

至为重要的是，在膨胀的权力面前，监督体系松散、无序甚至形同

① 参见赵丽：《圈内人士话说"杨一民们"堕落原因：潜规则下再好的人也会沉沦》，《法制日报》2012年2月17日。
② 参见赵灵敏：《谁来监管国际足联？》，《华夏时报》2014年6月28日。

虚设。中国足球窝案涉案人员之一的张建强在法庭上谈及受贿过程时说道："没有监管，个人面对诱惑时很难把控，这就是一个现实。没有道德、没有规范、没有制度、没有制约、没有监督……"。这段话几乎涵括了体育领域职务犯罪频发的各种原因，其中最引人关注的是体制上的漏洞以及监管上的乏力。

国际足联腐败案和笔者收集的国内职务犯罪案例几乎一致显示，涉案人员犯罪时间普遍持续较长。杨一民、南勇案例显示，二人犯罪时间跨度竟达 15 年。国际足联腐败案中的涉案人员，也大都有长达数年的渎职行为，而且国际足联贪腐案也不是什么新闻，甚至追溯到其诞生之际，就丑闻缠身，而这次曝光的腐败案或许只是冰山一角。这些人能够如此长时间的亵渎职务廉洁性，竟然不被察觉或者不被追究，究其原因，是无人监管或者监督乏力。

就我国现有的体育行业的监控和处罚机制而言，其尽管形式多样并呈现出一定的层次性，但也存在监管及处罚主体权限划分不明、多头管控、范围重复、内容竞合、事后监督居多、惩处避重就轻等诸多问题。例如，虽然出于应对体育职业化的需要，一些体育组织内部设有纪律委员会，但其所作出的纪律处罚多是针对运动员或者俱乐部的。体育行政机关或者其他行政机关也能针对体育领域中的违法行为作出体育行政处罚，但是这种处罚对于体育行政管理人员而言却显得空洞乏力，即便身背行政处分也不妨碍一部人带"病"提拔。

在上述三种类型的监管及处罚机制中，体育行业内部监管往往是最被依赖的，而体育商业化催生的体育运营与监管于一身的经验做法显然使得内部监管往往流于浅表。更何况有些体育组织在性质上属于自给自足的民间组织，这也为其躲避场外监督找到了庇护所。

（三）缺少常规的司法介入机制

体育领域职权性的越轨行为，因为缺少必要的事前和事中监督而得以顺畅实施，更因为缺少严厉的司法惩处而变本加厉，愈演愈烈。对此，当纪律罚和行政罚收效甚微时，就有必要动用刑罚之利器。虽然应当秉持刑罚不可轻易动用的理念，但是这一理念又何尝不一方面说明刑罚乃最严厉手段、动辄伤人，而另一方面则表明刑罚的震慑力巨大，对于一些涉及体育领域职权行使的严重越轨行为或许只有动用刑罚才能收到效果，正所谓猛药去疴。不过这终究属于事后监督，而人所共知的是，针对许多具有民间性质的体育组织的事后监督程序的启动往往是不得已而为之，而且还面临立案难、侦查难的窘境，因而才会存在大量体育职务犯罪黑数，真正进入司法程序并最终经司法裁决的案件更是少之又少，我国已决的体育职务犯罪案例为数不多就是明证。之所以出现这种局面，是人们过分依赖和相信体育组织的自纠自查能力以及内部的体育纪律罚和外部的体育行政罚的功效，而缺少常规有效的司法介入机制，从而使得体育职务犯罪行为司法启动从一开始就陷于被动。

此处仍主要以国际足联腐败案为考察对象加以说明。国际足联存在贪腐行为很早就已成为公开的秘密，直到今天才得以集中追究并曝光，其间美国司法部门的介入功不可没。但问题是，司法部门想介入国际足联这种民间自治组织非常困难，除了上文所言的侦查难、取证难、立案难的困境之外，很大程度上取决于国际足联作为民间组织几乎游离于司法体制之外，所以就连号称司法力量世界一流的美国司法部门也不敢轻举妄动。当然，国际足联内部设有专门的纪律惩戒机构之外，其也规定对严重越轨行为的司法介入模式，例如国际足联章程规定："各洲际足联、会员协会和联赛组织应承认体育仲裁法庭为独立的司法权力机构，并确保其会员、下属球员和官员遵守体育仲裁法庭做出的决议。"但是，正如其特别规定"任何事务不得求助于普通法庭"。这样的话，就算针对国际足联所属组织或者人员越轨行为的介入机制中含有司法模式，但是也相对单一。而且，国际足联章程中所依赖的体育仲裁法庭一般只就体育纠纷作出裁断，具体处理的案件也多涉及使用违禁品有关，在审理过程中，仲裁法庭更注重当事人的发言权，调解几乎成为常规手段，仲裁裁决亦不具有终局性。和普通法庭相较,体育仲裁法庭受理范围有限、效力低下、力度轻缓。由此,国际足联"精心"构设的这种单一化的司法介入机制,毋宁说倒成了其贪腐的遮羞布。

五、体育职务犯罪的防控

犯罪从来都不是个人的事情,在其背后有着复杂的社会原因,"犯罪的发生是因社会整合的缺失而引起的,是压力的爆发"[①]。在这个意义上,对于体育职务犯罪而言,体育活动场域的广阔和体育链条的延展给其制造了足够的空间。而且,更多的诸如政治、文化、经济、自然、国民心理以及个体自身等因素掺杂进来促成了体育职务犯罪越发呈现多姿多彩的样态。如此,对体育职务犯罪深层原因剖析和应对策略制定就变得异常艰难。基于促成体育职务犯罪现象原因的复杂性,加之其主体构成、发生场域、属性特征和行为类型的多样性,需要构建分级应对、逐层递进、多方参与的一体化防控体系。笔者认为,至少要在以下几个方面加以阐释。

(一)防控主体界定

伴随着刑罚轻缓化和非刑罚化运动的兴起,即便在刑法学视域,犯罪之防控也不再仅仅是司法机关的事情,社区和民间团体的加入丰富了犯罪防控主体的层次性。在犯罪学视域,犯罪防控主体更加丰富,甚至有人认为从人诞生的那一刻起,潜在犯罪预防就开始了,而其主体就是父母。

由此,基于对于体育职务犯罪的预防分为社会预防和司法预防两个层面,体育职务犯罪的防控主体并非严格意义上的国家机器,而是在一定程度上包括能够参与到其社会预防的民间团体、行业组织机构、体育仲裁机构等。

[①] [英] 安德·休斯《解读犯罪预防——社会控制、风险与后现代》,刘晓梅等译,中国人民公安大学出版社2009年版,第1页。

比如在德国，每一项运动都有自己的行业执法机关。德国足协的执法机关包括"调查委员会"与"体育（足球）法庭"，前者像检察机关一样负责对违规行为进行调查，后者如同法院那样负责判决。它们根据足协的法规，负责对所有违反足球竞赛规则的行为进行处理。①

在美国几乎每个体育协会都制定了行业纪律处罚法并设有相应的处罚机构，拥有对从业人员职务违规行为进行专门调查的立案权。例如，美国职业男子篮球协会就曾针对裁判涉赌问题专门成立独立审查团，审查裁判制度。

而在我国，行业内部对体育领域中违规行为的处理多属于纪律处分，一般不具有司法乃至准司法性质。例如中国足协和篮协都颁行有内部的带有民间规约性质的违规处置办法，分别是《中国足球协会纪律处罚办法》和《中国男子篮球职业联赛纪律处罚规定》。

体育国际化促成各种跨越国界的针对体育违规行为的处理规定和执行机构的出现。国际奥委会就将体育贿赂行为写入《奥林匹克宪章》。国际足联纪律和道德委员会亦曾针对亚足联主席哈曼贿选一案展开调查，最终剥夺了其一切职务，并且终身禁止哈曼从事与足球有关的任何活动。当然，后来参与其中的还有带有准司法性质的仲裁机构。正是国际体育仲裁法庭根据哈曼本人的上诉推翻了国际足联对其作出的终身禁令。除了一些专门的体育组织之外，其他国际组织也在制定相关规定时针对日益严重的体育腐败问题做出了反应。比如2009年11月经济合作与发展组织理事会颁布的《内部控制，道德和合规指南良好做法指导意见》中就明确提到对体育腐败行为的防治。

当违规行为升格为违法行为，对行为人作出的就不仅仅是道德规诫，而变成罚款、吊销资格等行政处罚，这时候带有准司法性质的行政机关开始介入，依据的则是行政法规，诸如我国国家体育总局颁行的

---

① 参见石泉：《竞技体育刑法制约论》，吉林大学博士学位论文，2004年，第165页。

《举办体育活动安全保卫工作规定》等。当一般违法行为升格为严重越轨行为，作为体育职务犯罪防控的最后一道阀域——刑法才会登场。

由此，针对体育职务犯罪的防控主体层次清晰地呈现出来。对于一般违规行为采用纪律处分的方式，对于一般违法行为运用行政处罚的方式，而对于严重越轨的犯罪行为才动用刑罚的手段，在这个逐层递进的过程中，参与主体由一般的行业纪律委员会，经带有准司法性质的仲裁机构和行政机关，到最后的司法机关。

（二）防控理念厘定

有人认为，体育起源于战争与军事。[①]但笔者更愿意相信，体育起源于人类劳动，是人类在奔跑、跳跃、投掷、攀爬、游泳的劳动实践中学会了嬉戏与竞技。体育战争起源说凸显了体育的政治色调，而体育劳动起源说则显示了体育的纯粹性。让体育回到原点首先是一种理念和信仰的宣扬，不管体育项目是优雅的还是激烈的，它都应该成为人们纯粹的精神愉悦。不可否认，在某些特定时代，体育或许可以为政治作出必要的贡献乃至牺牲，也可以成为经济发展的助推器，但是它不应当消弭或者舍弃体育原本的特质。为此，体育不能深陷政治泥淖，更要远离经济漩涡，修炼一种风清气正的无华品质。笔者认为，让体育回归纯粹主要从以下几个方面着手：

1. 让体育跳出政治泥淖

一个不争的事实是，即便在和平年代，体育领地亦经常可以看到政治的身影。一如顾拜旦所言："所有的问题都已经跟政治有着密切的联系。"[②]小到赛场上的种族、国别歧视，大到一国运用政治手腕试图玩转体育。在许多体育犯罪中也能寻找到政治的蛛丝马迹，比如在一些重大国际赛事中频繁出现的政治标语、冷战时期两个阵营拒绝参加对方举办的奥运会等等。正如学者所言，"竞技运动经常被一些所谓的国家主义

---

① 参见吴光远、黄亚玲：《体育人文社会学概论》，北京体育大学出版社 2011 年版，第 39 页。

② 参见顾拜旦：《奥林匹克宣言》，北京人民出版社 2008 年版，第 4 页。

所利用，使其沦为政治的工具"①。一旦当体育沾染政治色调乃至成为政治的傀儡，那么，体育文化、体育精神以及体育魅力必然大打折扣。国际足联一直以来广招非议，不仅仅因其内部存在腐败行为，还因为这种腐败行为往往与政治有着千丝万缕的勾连。为此，排斥政治因素几乎成为善良体育人的共同情结。

至于如何划清体育与政治的界限或者将体育从政治的窠臼中剥离出来，笔者认为，除了要喊出政治的归政治、体育的归体育的时代话语之外，具体而言，不仅要设法割除各种重要运动项目协会与政治官员之间的纠葛，还要在体育赛事、体育协会、体育社团、体育部门等各个环节切割政治势力。近期，中国体育总局接受中纪委巡视组巡查后所布置的系列整改方案已然透露出这种迹象。例如，其制定的《以运动项目管理中心和单项体育协会改革为突破口，深化体育管理体制改革的方案》旨在解决行政、事业、社团、企业四位一体，权力高度集中的问题，并确定一些体育协会管办分离、以体育社团机制运行的改革试点。与此同时，体育总局还开始着手解决体育行政干部在体育社团兼职的问题。与之呼应，2015 年 3 月公布的《中国足球改革发展总体方案》明确了中国足球协会作为具有公益性、专业性、权威性的全国足球运动领域的社团法人与国家体育总局脱钩，在人财物等方面拥有自主权，并规定中国足球协会不设行政级别。相信，随着体育协会对行政体制制约的破除，将会开启中国体育行会走向自我创建的新航程，也一定能为此带来推动中国体育发展的新迹象。

2. 让体育远离经济漩涡

经济社会中，体育不可能完全褪去经济的烙印。事实上，经济也的确为体育的繁荣做出贡献。甚至，如上文所言，某些竞技运动就是"烧钱"运动，没有大量的资金投入就不可能产生 F1 赛车这项运动。对于

---

① 参见刘湘溶、刘雪丰：《当前竞技体育伦理问题及其实质》，《伦理学研究》2006 年第 3 期。

运动员而言，没有丰厚的奖金刺激和巨额的训练经费支撑，或许无法打造诸如乔丹、梅西和李娜这些体育明星。但是，金钱显然无法造就一切。以经济对某项竞技体育成绩的促进和最终效果来看，经济的投入和成绩并非一定成正比。中国男子足球较早地走上职业化道路，一些国内大牌球员的收入亦堪比富豪，但其竞技水平和国际竞争力不过尔尔。反观中国女子足球，据说有的国家队队员不过拿着几千元的月薪，但其照样能闯进 2015 年世界杯 8 强，并且在 8 进 4 的比赛中能和美国队掰掰手腕，为国人传递了正能量。在商品经济年代，人们极容易受商业异化的冲击和拜金主义的蛊惑，稍有不慎，体育领域就会沾染金属色，体育明星也会沾上铜臭味。一旦与金钱挂钩，体育必然变味。甚至，若以经济利益为重心，不仅有损体育正义，还可能搬起石头砸自己的脚。例如，在 NBA 主客场 7 场 4 胜制的季后赛中，某队在 3∶1 领先的大好形势下，如果考虑回到主场赢得球票收入而客场先"放水"输一场球，不料最终 3∶4 输了整个系列赛，岂不成为笑柄！

3. 培养健康的体育文化观

体育并非简单的运动或者竞技，它从古至今，积淀了深厚的文化根基。即便是带有暴力性质的体育运动也显露出人类追求一种狞厉之美的文化历程。例如，以武术为主要形式的中国传统体育深受儒家文化侵染。中国武术向来主张"尚德不尚力"，众多的拳谱家法开章明义皆是阐明武德，强调"武以观德"。[①] 而且，武术还在特定时代彰显出其爱国主义情操和民族责任大义。现代奥林匹克精神又何尝不强调公平竞争、和平友谊的体育文化主旨。体育的魅力不仅仅靠体育运动员健硕的肌肉，也不能依赖于少数体育明星所营造的英雄主义情结，更不能靠功利催生的体育成绩博得人心。倘若如此，体育文化将不可避免地呈现功利化、娱乐化乃至低俗化趋势。不容否认的是，事实上，古代中国的投

---

① 　参见张新、夏思永：《管窥中国传统体育伦理思想》，《北京体育大学学报》2004 年第 1 期。

壶、古罗马的角斗所残留的世俗之风在今天许多体育运动项目中仍然残存，而体育商业化所衍生的假、毒之风也侵蚀着体育健康机体。为此，需要摒弃功利主义思想，杜绝体育文化的媚俗心态，努力营造一种健康向上的体育文化氛围，积聚体育正气，特别培养中国体育文化自信，让中国体育拥有健康的机体、正义的力量、阳光的形象、奋斗的身姿、民族的情怀，如此才能正本清源，让体育回到本真意义上。

（三）综合防控策略

1. 切断体育黑金链条：重点环节布控

体育的泛政治化和功利化是促成体育职务犯罪行为滋生的根源，监管的失范则加剧了这一现象，而其直接诱因则往往是背后的黑色利益链条。

实证案例显示，几乎所有的犯罪行为人都受到金钱的蛊惑，而大多数体育职务犯罪行为背后都有幕后黑金的流动与操控。在国际足联腐败案中可以发现，随着近些年国际足联逐步变成一个营利性的组织，其巨额的电视转播收入和商业赞助无疑不断扩撑国际足联官员的贪腐胃口。虽然，赞助费往往以正当的渠道流入国际足联账户，但是在监管失范的情形下，完全可以演化为贪污、贿赂基金。故此，国际足联腐败案甫经曝光，包括阿迪达斯在内的多家赞助商即发表声明，表示在考虑撤回赞助。对于体育职务犯罪的预防而言，这不失为一个好办法。想想当年国际足联账户上只有 20 美元，如何滋生巨贪。为此，切断体育领域的黑金链条，可以有效防止体育职务犯罪频发。

在我国，针对大型体育赛事举办中的职务犯罪行为频发的现象，有关部门也采取压缩经费等方法力图减少资金的操控和变质。2012 年中共中央办公厅、国务院办公厅出台的《关于进一步规范大型综合性体育运动会申办和筹办工作意见的通知》明确要求严格控制和压缩各类综合性体育运动会规模，严格控制和压缩各类综合性体育运动会的经费支出。

不过，经济时代，体育领域商业化的痕迹终究存在，赞助商声明归声明，但为了自身利益，很难舍弃诸如国际足联这样的肥肉，而且有人撤出，就立即有人补缺。因而，关键问题在于，如何健全其资金运作的监管体系。对于国际足联这种所谓的民间自治组织，依靠自身财物部门自觉监督资金的使用，就会如其自己约定的司法监控体系一样，往往流于形式。因此，需要在国际足联的资金链条上，布置外来的监控力量。此方面的经验做法不多，针对国际足联组织庞大、开销繁杂的局面，对其资金监控不可能面面俱到，笔者建议，在赞助经费使用上，不妨尝试采用重点环节布控的方法来应对。例如，赞助商可以向国际足联派驻自己的财物、法律等方面的监督人员，也可以联合其他赞助单位组成常规或者临时性的监督小组，以便随时尤其是在涉及国际重大赛事竞办期间对其赞助经费的流向进行监控。一旦发现国际足联违规使用经费，赞助商即可按照合同预先设定的返还和赔偿条款进行追究，必要时，可借助媒体和司法机关的力量。

2. 心理干预及预警机制

鉴于体育职务犯罪构成主体多元、违法属性层次鲜明、发生场域广泛等特点，要为之构建整体布局、层层递进、多方参与的动态防控体系。具体包括事前的心理干预和预警监督机制以及事后的惩戒机制。

在刑法学上，体育职务犯罪行为人具有主观故意或过失心理；在犯罪学上，行为人一般具有不良的犯罪动因并且存有规避惩罚的侥幸心理。可以说，犯罪主体的意识因素成为促成犯罪行为的直接动因。基于此，有"近代刑法学之父"称呼的德国刑法学家费尔巴哈提出"心理强制说"，认为每个人都是理性人，因而对每一个潜在犯罪者心理施加影响从而能够产生强制作用。人们虽然对心理强制理论褒贬不一，但心理干预机制在犯罪预防上所发挥的作用有目共睹。

针对体育职务犯罪的心理干预旨在改变潜在犯罪者利益至上的扭曲心理，培养其公平正义的大局观。和对一般人的警示教育有所区别的是，对潜在犯罪主体的心理干预要更为直接和深入，主要包括对其法制观、犯罪观、刑罚观和伦理观的整肃。需要说明的是，在对潜在犯罪者的心理干预上，传统伦理的深层治疗作用和价值不容忽视。受儒家思想影响，伦理纲常本身就是一种价值理念和心理干预机制，而且任何法律体制都存在缺陷，针对体育领域中潜在的职务犯罪，只有"礼法并用"才会收到良好效果。

常规的警示机制是心理干预收到良好效果所要依赖的一种具体手段。这一机制应当涵括随机和定期等不同种类。定期的警示可采用参观反腐倡廉展览和定期探视监狱中的体育职务犯罪者等方式进行。随机的方式灵活多样。比如近期中央巡视组进驻体育总局就是对潜在体育职务犯罪者的一种深刻警示。

建立预警机制的目的在于早发现早处理，以期尽可能地将体育职务犯罪消灭在萌芽状态中，或者最好是清除其生存土壤。而现代预警机制的建立则需要借助于网络信息的优势，设立体育职务犯罪预测的信息处理及反应系统。这种预警系统包括信息的输入系统，信息内部转换系统和预测信号的发出系统等，以便其最大程度接受来自社会各方的讯息，并通过其中设置的一系列标准，即测险度，及时汇总、筛选真实和有用的信息。测险度是预防措施发出的主要依据，当其达到一定范围，相应预防措施即发出。

当然，预防体育职务犯罪不仅仅是警务工作，而是整个社会工作。社会中一切力量都应在犯罪预防系统中发挥一定作用。正如学者指出，在工业社会中，社会控制的本质问题就是多机构参与，而多机构参与是指主要由社会机构进行的有计划的、相互协调配合地处理犯罪和社会不良问题的模式。[1]

3. 构筑法律体系

对于体育职务犯罪而言，预防、控制与处置相互交织，三位一体。

---

[1] Young, I. left Realism and the Priorities of Crime Control[A], in D.Cowell and K.Stenson(eds), The Politics of Crime Control[M].London：Sage.1991：155.

比如，司法处置的依据为法律规范，但立法同时也是一种预防手段，而上述所言的几种预防模式和控制策略在一定程度上就是处置。然而，基于司法是终局裁决的法治理念，寻求法律框架内的处置才是法治社会的基本方略。

不过，本着法律不可轻易动用的原则，法律手段往往成为最后的选择。可以首先寻求一种法律处置替代措施，比如建立体育从业人员污点制度，轻微违规将计入档案体系，累积到一定程度即可取消其从业资质。

当然，法律也不是摆设，体育职务犯罪者既然选择实施违法与犯罪行为，就要为此承担法律责任，并面临法律的制裁。在处理依据和方式上，各国针对体育职务犯罪的法律应对，一般遵循先立法后司法的模式，在具体处罚上则采取纪律处分、行政处罚和刑事处罚层层递进的方式。

因此关于体育职务犯罪处理依据的"法律"也表现为不同的效力层级。以我国为例，既有中国足协、中国篮协自行出台的纪律处罚办法，也有国家体育总局颁布的《举办体育活动安全保卫工作规定》等行政法规，还有国家立法机关颁行的《中华人民共和国刑法》《中华人民共和国体育法》和《中华人民共和国治安管理处罚法》等法律。

不过，与其他国家相较，我国尚缺少专门性法律。在域外，针对日益严重的体育职务犯罪，一些国家制定了预防、规范体育从业人员违规行为和处置体育职务犯罪行为的法律。

在预防和规范方面的法律，如南非的《非洲人国民大会当选成员行为守则》、加拿大的《已经和将要离任公职人员守则》、联合国的《公职人员国际行为守则》。

关于体育职务犯罪处置的法律形式多样，有专门性的，如美国的《联邦体育经纪人责任和信托法》和《联邦体育贿赂法》，英国的《足球犯罪法案》，意大利的《体育欺诈法》。英国的《体育场地安全法案》和

《体育活动安全法》则可以用来应对体育领域中的失职行为。有综合性的，如南非的《预防和打击腐败行为法案》，联合国的《反腐败的实际措施》，英国的《贿赂法令》等从总体上规定职务犯罪的内容和特点。还有附属性的，即在相关体育法律中就体育职务犯罪作出规定，如日本的《体育振兴法》、韩国的《体育领域保护及增进人权指南》、塞浦路斯的《体育组织法》、瑞士的《联邦体委组织和任务法》等。

针对国际化的体育职务犯罪，在立法上，除了要在联合国反腐败法案中增设专门针对国际体育组织犯罪的条款，各会员国须在本国刑事立法中增设针对国际体育自治组织中职务犯罪的刑法规制条款，以作为国际体育特别刑事法庭审理的法律渊源。国际体育组织自身亦应制定反腐败公约作为职务犯罪防控的立法依据。就此，可以从欧洲联盟和其他国际组织那里得到经验启示。例如欧盟制定的《欧洲理事会公约》对腐败犯罪作出较为细致的规定：禁止各种贪污腐败行为，并将主动和被动贿赂国内官员均定为犯罪；对腐败行为的规定不仅涵盖了外国公职人员，而且还涵盖了贿赂的被动方、成员国的公职人员和议员，以及非成员公约缔约国的公职人员和议员。国际商会也制定了《打击国际商业交易中的勒索和贿赂的行为守则》，其中涉及了敲诈勒索、贿赂、回扣、审计、财务记录和政治捐款等方面的犯罪。①

建议我国可以此为鉴，在体育职务的刑罚处置上，制定专门性规定，有三种形式可供参考，或是综合性的《预防职务犯罪法》，或是刑法中专设职务犯罪罪域，或是体育法中附属设置职务犯罪刑法。

4. 建立司法介入机制

正如上文所言，体育职务犯罪黑数偏多，经过司法裁决的更少，究其原因，主要在于许多体育组织缺失常规的司法介入机制。依靠各体育组织自己设计的司法净化体系，尽管可以做到形式达标，但难以规避监

---

① 参见许道敏、胡健泼：《国际组织预防职务犯罪的措施》，《人民检察》2001 年 10 月 29 日。

守自盗现象。以国际足联腐败案为例，正如上文所言，国际足联除了内部设有专门的纪律惩戒机构之外，也规定对严重越轨行为的司法介入模式。不过，由于缺少强硬的外来司法监督力量，国际足联自然选择避重就轻，正如其特别规定"任何事务不得求助于普通法庭"。如此，不仅使得对其所属组织或者人员司法规制渠道单一，而且力度绵软。虽然国际足联章程所钟情的体育仲裁法院算作超主权的国际性准司法权力机构，但和审判机构毕竟存在诸多差异，仅就对体育职务犯罪行为的惩治和震慑力度而言，法院判决更具强制性。

此外，即便国际足联章程自愿将自己交由国际法院等司法机构管辖，国际法院对其实施司法强制也缺少法律依据。因为，依照国际惯例，诸如国际法院等超主权性国际机构的效力源自各成员国的授权，而各国承认国际司法机关裁决效力则往往依据本国国内法的规则，但问题在于，许多国家并没有针对诸如国际足联等所谓的非营利性的自组织的国内法依据。例如，瑞士《反腐败法》就不具备对非营利性组织的约束力。

当然，国际足联官员的贪渎行为并非完全处于无约束状态，因为按照刑法属地管辖和保护管辖的国际惯例，各主权国家完全可以动用本国刑事力量对其实施刑法规制。正如，美国司法部门对国际足联的介入。但问题是，即便强大如美国，其司法力量究竟有限，亦无法对每一国际性体育组织贪腐行为都能顾及。正像有人指出："过去二十年美国人从不介入到积极参与国际体育反禁药、国际奥委会反腐败和国际自行车反禁药等行为带来的积极效果对比，足球恰恰是美国人话语权最弱的板块。"[1] 而且，对于此次国际足联腐败案件司法介入而言，美国多少有些形单影只，司法手段亦显单薄。还在于，这种头痛医头脚痛医脚的突袭式介入虽然能起到特殊的惩戒作用并具有一定的警示意义，但其最终效

---

[1] 参见颜强："美国亮红牌，FIFA 有硫无立"，来源网易，网址：http://news.163.com/15/0529/13/AQPNCPNU0001124J.html.

果究竟如何、效力能持续多久都有待考量。

由此，笔者认为，对于减少乃至肃清国际体育组织中的体育职务犯罪而言，构建常规有效的司法介入机制才是长久之计。具体如下：在刑事审判机构设置上，鉴于国际体育仲裁法庭主要针对体育领域中的民事纠纷和轻微的违纪行为，因此需要成立能够进行刑事判决的国际体育特别刑事法庭，以应对日渐增多的国际体育组织中的职务犯罪行为。国际体育刑事特别法庭可下设在国际法院或者单独设立。

在司法活动中，各国可以联合组成司法人员为主的特别巡视小组对重要的国际体育组织或者重要的国际赛事进行特别巡查。此外，各国司法机关应建立针对包括国际体育组织在内的国际职务犯罪预防和惩治常规机制。如中国可利用国际反贪局联合会这一平台，在《联合国反腐败公约》有关引渡和司法协助的框架下进一步加寻求与国际组织和其他国家司法机关的合作，并开展人员和技术层面上的交流工作。而作为国际体育组织自身，亦需要通过其权力机构即其代表大会设立一个监测机构，以监督反腐败法案在该组织总部和各成员国实施。

在针对国际体育职务犯罪行为的具体司法工作中，需要借助于多方力量，必要时，可运用卧底侦查、线人侦查等各种侦查手段以破解侦查困境。例如此次国际足联腐败案的关联行动中，来自媒体的力量值得关注。英国《星期日泰晤士报》就公布了一段秘密录音证据，由此可以证明在 2010 年世界杯申办投票时，国际足联很多执委完全是根据收受贿赂的多少来投票。这盘录音带是《星期日泰晤士报》在 2010 年由卧底记者偷录，当时这名记者隐瞒身份进入了国际足联执委会现场。这盘录音带已经提供给美国司法部门，他们也许可以从中找到更多的国际足联腐败证据。[①]

需要说明的是，作为诸如联合国教科文组织政府间体育运动委员会

---

① 参见佚名："曝 2010 世界杯内幕！摩纳哥 2 票胜出遭官员受贿反戈"，来源网易体育，网址：http://sports.163.com/15/0607/12/ARGO6L9100051C9U.html.

这种政府间国际体育组织，因其具有国际法主体资格，作为组织本身其可以通过承担国际法律责任来分担司法义务，而工作人员的职务犯罪行为亦可以按照其所在国际组织已经签署或者加入的国际公约及其国内法进行惩治，因而针对其构建的司法介入机制更具法理基础。

在我国，对于竞技体育争议的司法介入，如学者所言，应秉持"技术事项例外原则""用尽内部救济原则""仲裁协议效力优先原则"[①]，但面对日益严重的体育犯罪问题，则应当加大司法介入力度。具体到体育职务犯罪司法介入机制的构建上，可以在以下几个方面展开：

在立法上，基于我国应对体育犯罪的刑法模式是以附属刑法模式出现，而这种刑法模式一般只具有理论宣示意义，因为其没有相应的处罚条款，最终需要寻求刑法典的帮助，因而往往被束之高阁。基于此，笔者建议，设置专门性的体育刑事法律或者在《中华人民共和国刑法》（以下简称《刑法》）中增设专门的体育职务犯罪刑法条款，以成为对其刑事司法介入的特别依据。并且可以考虑针对体育领域中新型的职务犯罪行为增设新罪名。对一些特殊类型的体育职务犯罪行为进行重新界定，改变以往由于法律规定过于模糊而致使诸如黑哨、假球、非功利体育竞技贿赂、从最新违禁药物获得不当利益等行为无法进入刑事司法视野的局面。需要说明的是，在目前宽严相济的刑事政策之下，适当地扩大刑事法网并相应地降低刑罚惩处力度是符合刑事法治总体要求的。由此，可以针对特定体育职务犯罪例如黑哨、假球等犯罪行为增设较为轻缓的资格刑刑种。这样一来，轻缓刑罚的适用，既可以剥夺犯罪者继续从业资格，也不会有损刑罚的惩戒和震慑力度。

同时，通过设立或者修正其他性质的法律文件对体育领域犯罪行为的上游行为进行严格规范，以便在外围对体育职务越轨行为进行清理。比如，为了规范参与竞赛活动工作人员的行为，我国于 2000 年颁布了

---

① 参见张敬博：《多元视野下的体育犯罪——体育竞技冲突的刑事解决机制国际学术研讨会述要》，《人民检察》2010 年第 9 期。

《全国综合性运动会工作人员纪律规定》，其中对工作人员不准行为尽管已罗列不少，但依然有诸多疏漏。同时，即便"不准行为"足够周延，但也因为其所设处罚条款不甚明确而致使其难以起到严格规范作用。而且，其制定之后的十几年里，中国社会发生了巨大变迁，体育领域也是风起云涌，其中的许多规定有待修正。因此，包括《中华人民共和国体育法》（以下简称《体育法》）在内的体育规范文件都要寻求与刑法规范有机衔接，才能为构建体育职务犯罪司法介入机制提供一整套的规范体系。

但针对不同的体育组织，立法上应当区别对待。否则，国家公权力极可能会触及甚至侵犯体育权利。针对体育行政单位、国有体育企事业单位，目前而言，其涉及职务性的越轨行为可按照《刑法》《体育法》和《治安管理处罚法》等相关法律处置。当然，前提是进一步梳理相关规范，至少做到体育法规与刑法规范之间的有机衔接。而针对体育社团的立法，应当以其公益性和营利性属性不同而区别对待。随着我国体育管理体制改革全面深化，一些专门性的体育协会将纷纷成为公益性的体育社团。可以考虑借鉴国外经验，制定专门性法律。例如日本的《特定非营利活动促进法》。通过法律形式赋予公益性体育社团一定的自治权利，其内部章程则成为内部惩戒的规范，当然也成为法院等第三方机构裁判的依据。而作为营利性的体育俱乐部可以尝试用法律形式将其定位为完全的市场主体，让市场的规则对其进行检验，并接受来自经济法规的约束，这样迫使其建立严格的内部约束机制，以免为市场所淘汰。但问题在于，我国体育社团内部章程不可能规定类似刑罚的处罚，而且也存在上文所言的避重就轻规避行政和刑事责任的可能性。那么，出于体育安全的需要，对于体育社团的司法介入首先需要从立法上厘定。对于体育俱乐部等盈利性的体育社团，应当加强监管力度，避免司法不作为现象出现。至于非正式的体育组织如体育健身团体，目前而言还不便制定专门的法律对其进行规范，其如果涉及违法、犯罪行为亦可依据行政、刑事法律交由相关机关进行处理。

此外，针对不同的职务性越轨行为主体，也需要分类对待，甚至为了规范特殊群体的行为而制定专门性的法律。比如为了应对日益崛起的体育经纪人群体，可以借鉴国外经验作法，制定专门法律或者作出特别要求。例如美国国会2003年通过了《联邦体育经纪人责任和信托法》以规制体育经纪人的行为，而日本则规定职业运动员的体育经纪人必须具有律师身份。

针对体育职务犯罪的司法处置，目前国际上主要存在两种模式。一种是借助于国家司法机关力量，一种是国家允许在体育行业设置执法机关。后者如上文所言，在德国，每一项运动都有自己的行业执法机关，与行规相关的违规行为都由行业执法机关根据行规以及德国《体育法》进行调查和判决。足协的执法机关包括"调查委员会"与"体育（足球）法庭"，前者像检察机关一样负责对违规行为进行调查，后者如同法院那样负责判决。① 当然，即便采用后一种模式的国家也不可能让体育行业执法机关与国家司法机关完全脱节，必要时还需要动用国家司法力量。

不过，基于法律传统、制度等不同，对我国而言，此种做法或许只是一种经验上的启迪。可以考虑，在司法机构设置上，在体育领域重要部门、重点单位、重大社团、重要时期设立司法人员为主体的巡视机构，以改变遇到问题纪检先介入再转入司法程序的单一局面。这种司法巡视机构既可以是临时性的，也可以常驻。在另一方面，也可以在司法机关内部设置专门针对体育组织犯罪的特别机构，例如检察机关可考虑在反贪局内设置体育职务犯罪事务组。由此，完成对体育行政部门、体育事业单位、体育社团的司法介入机制构建工作，组建纪律、行政和刑事一体化的监督体系。在司法行动中，应当改变单纯的先纪检调查后司法介入的被动司法模式，完成司法机关和纪检人员联合行动或者司法机关主动出击的模式，以破解针对体育职务犯罪司法不作为和立案难、侦查难的窘境。

---

① 参见薛静丽、田吉明：《竞技体育犯罪·法律与伦理的双重审视》，《成都体育学院学报》2010年第12期。

第二节 体育有伤风化犯罪

现代社会，竞技体育不仅带给人们活力、美感和激情，有时还能在体育对抗中唤醒其强烈的竞争意识和民族自尊。然而，体育诈骗、体育贿赂、体育色情、体育赌博、体育暴力等与体育相关的越轨行为和犯罪行为从未停止过对体育健康机体的侵蚀。其中，作为体育越轨行为之一的有伤风化行为随着体育的专业化、产业化和国际化亦愈演愈烈，成为体育活动中挥之不去的一抹阴影。

对于体育领域中的有伤风化犯罪的研究，当前中外学者多集中于赛场暴力犯罪上。特别是对球场暴力犯罪，人们展开多维探讨。有人运用现象描述和抽象分析的方法概括球场伤害行为、语言暴力行为乃至极端的杀害行为，并进而界定球场暴力的概念。[①] 有人进一步界定球场暴力应包括偏离行为（Deviation）、越轨行为（Deviance）和犯罪行为（Crime）等几个层次。[②] 有人结合从众心理、发泄心理、地域心理等心理因素和贫富差距、被剥夺社会地位的主体构成等社会因素以及赛场看台结构不合理、安保设施不当等其他因素探析球场暴力产生的原因。[③] 也有人从战争意识作祟理论、安全阀理论、欲望控制理论等诸多角度追溯球场暴力犯罪的理论根源。[④] 基于球场暴力犯罪的严重社会危害性，人们提出诸多控制策略，大致有综合的社会治理说、情境预防说和法律控制说等等。

对于体育领域中的其他有伤风化行为，例如寻衅滋事行为，涉及性

---

① 参见石岩等：《球场观众暴力的发展趋势、研究进展与遏制策略》，《体育科学》2007 年第 1 期。

② 参见张金成、王家宏、舒钧：《我国球场暴力研究综述》，《天津体育学院学报》2005 年第 3 期。

③ 参见石岩、王莹：《欧洲足球流氓问题研究》，《北京体育大学学报》2007 年第 6 期；石岩、王莹、任宇：《我国球迷文化演进与看台文化建设》，《上海体育学院学报》2007 年第 5 期。

④ 参见翟继勇：《球场暴力预防与管理——以美职篮和中职篮为例》，中国文史出版社 2013 年版，第 116 页。

内容的强制猥亵行为、针对异性的性暴力行为、在赛场内的公然性交行为等等，没有人进行专门的研究。只是偶尔有人将其作为球场暴力的一种表现顺带提起。

作为一个世界性话题，体育有伤风化行为不应停留在一般性概念上，而应上升为一种学术命题。虽然学界正致力于将球场暴力、足球流氓等上升为一种学术命题，这对于体育有伤风化行为的学术提升有所裨益，不过，研究者的目光聚焦在球场暴力、足球流氓问题上，缺乏对体育领域有伤风化这一命题研究的整体视野。而且，没有将球场暴力、足球流氓等体育领域有伤风化行为的研究置于刑法学与犯罪学双重语境。刑法学意义上研究的缺失将导致对这一类犯罪的概念化和类型化处理缺少必要的理论路径，而犯罪学意义上研究的缺失将导致对这一类越轨行为的特点、成因、危害及防控缺少系统的理论梳理。基于此，本书将依循刑法学与犯罪学双重研究路径对这一特殊的违法犯罪现象进行学理分析。

一、体育有伤风化犯罪的界分

（一）体育有伤风化犯罪的界定

1997 年刑法废除了流氓罪，并将其分解为聚众斗殴、寻衅滋事罪等不同罪名。可见，虽然流氓罪名没有了，但是现行刑法仍然对严重流氓行为进行了规制。与其猥亵、聚众淫乱等涉及性的犯罪一起构成刑法中的有伤风化犯罪罪域。

在刑法学视域下，体育有伤风化犯罪主要包括发生在体育领域中的前期刑法典中流氓罪分解出来的寻衅滋事罪和聚众斗殴罪，还包括分散在现行刑法各章节的强制猥亵妇女、侮辱妇女罪，聚众淫乱罪，组织、强迫、引诱、容留、介绍卖淫罪，组织淫秽表演罪和传播淫秽物品罪等。

而在犯罪学视野里，体育有伤风化犯罪不仅仅包括应受刑法规制和刑罚已然处罚的犯罪行为，还应包括其他具有社会危害性的违法行为。

需要说明的是，犯罪学意义上的犯罪概念是一个功能性概念，以此说明犯罪学研究犯罪的基本范畴及客观标准。其具体包括：绝大部分的法定犯罪行为（刑法意义上的犯罪），准犯罪行为，待犯罪化的犯罪行为。

基于学科任务的不同，刑法学意义上的犯罪概念是犯罪的法律概念，对犯罪的定义要以刑法规范为依据，目的在于准确定罪量刑，而犯罪学不仅要研究法定犯罪还要研究准犯罪行为和待犯罪化行为等违法行为，因为这些都是法定犯罪的前奏，有很多就是法定犯罪的直接导火索。再者，对于犯罪预防和控制而言，法定犯罪发生前的准犯罪行为等违法行为正是犯罪学要研究和控制的重点。所以，出于学科任务的需要，应对犯罪学视域下的犯罪概念进行广义理解，即其不仅包括刑法意义上的法定犯罪行为，还应当包括潜在犯罪行为在内的其他违法行为。[①]因而可以说，应受刑罚处罚的犯罪是最狭义的犯罪概念。因符合刑法犯罪构成要件受刑法规制的犯罪行为则是法定意义上的犯罪概念。犯罪学视角下的犯罪概念内涵则具有较大的包容性，属于广义上的犯罪。

与体育相关联的有伤风化行为大致分为三个层次：带有流氓习气的一般行为、涉嫌违法的体育有伤风化行为和涉嫌符合刑法犯罪构成要件的体育有伤风化行为。犯罪学理论中的体育有伤风化犯罪至少包括后面两个层次。当然，为犯罪学提供研究犯罪概念逻辑点的始终是刑法规范，言即，没有刑法提供的犯罪概念作为逻辑起点，作为参照系，那就无法阐述和分清人的各种行为的性质，终至无法确定犯罪学的研究对象。由此，体育活动中的有伤风化行为应具备法益侵犯性和可责性的特点，唯有具备这种客观违法和主观有责的行为才能成为体育有伤风化犯罪行为。

以此，体育有伤风化犯罪是指在体育活动中采用卑劣、下流手段，无理取闹、为非作歹、有伤风化，严重扰乱公共秩序，带有社会危害性的行为。此处的体育活动不仅仅指竞技体育运动，还应当包括一定的社

---

① 参见王牧：《新犯罪学》（第二版），高等教育出版社 2010 年版，第 67—71 页。

会体育活动。竞技体育举办场所是体育有伤风化犯罪的主要发生场域，但一些社会体育活动也会因为带有一定比赛性质或者社会关注度较高而给体育有伤风化犯罪的滋生提供了空间，如"城市之间""广场舞""明星足球赛"等活动。

（二）体育有伤风化犯罪的类型

体育有伤风化行为多样，涉及违法犯罪的往往表现为一种暴力行为。此种暴力既可以是一种语言上的暴力，如谩骂、侮辱、讽刺、挖苦等；也可以表现为身体上的暴力，如聚众斗殴、寻衅滋事、强制侮辱猥亵妇女等。据此，可以粗略地将带有暴力性质的体育有伤风化行为划分为两大类，即语言暴力行为和身体上的暴力行为。

1. 有伤风化的语言暴力行为

现代人类表达观点、交流思想盖有两种方式，一是话语，分为口头和书面；另一是肢体语言。行为人所使用的有伤风化语言亦分为话语和肢体语言。

关于流氓话语，石岩教授认为，是指运用污秽的字词或与性器官、性行为和受话者长辈有关的字词来辱骂、谩骂他人，以达到宣泄情绪和伤害他人身心的行为。[1] 作为一种特定的情境，体育运动迸发的激情更容易转化为亢奋甚至愤懑，因此，有伤风化的话语往往带有强烈的攻击性。

口头上的话语分为低俗口头禅、讽刺、辱骂、诅咒、歧视等不同类型。

低俗口头禅往往带有浓烈的个体特征，一般与个体的年龄与修养有关。比如，一些观众看见运动员表现拙劣时大骂其为"傻×"，人们有时甚至能通过球场扩音器清晰听到球员扣篮不进时大吼一声"我靠"。讽刺、辱骂、咒骂成为体育运动中的"灰色风景"。其中既有针对某一运动员的如"猴子""娘们"等，也有针对整个运动队甚至对方

---

[1] 参见石岩、范冬梅：《中国式球场观众流氓话语分析及应对策略》，《体育科学》2010 年第 8 期。

球迷的，如互联网上传播的辱骂某球队和其球迷的音频。运动场上，"Fuck""Bitch""妈的"等各国"国骂"和"二×""呆×""黑驴"等各地"特色骂"不绝于耳。运动员也极尽所能，互喷垃圾话，羞辱对方，意图在精神和肉体上摧垮对方。

低俗口头禅、讽刺、辱骂、咒骂因带有攻击性和指向性而容易招致冲突，引发较为严重的后果。与之相较，体育中的歧视更容易上升为一种宗族、种族之争，从而制造更大的事端。个体之间的种族歧视极可能会涉嫌违法犯罪，比如阿根廷球员德萨巴托面对对方球员时的一句"黑鬼"让其付出了在监狱待了近40个小时，交3878美元保释金，还将面临诽谤罪控诉的代价。球迷的集体种族歧视则可能会引发大规模的体育暴力。2012年欧联杯比赛中，热刺客战拉齐奥，拉齐奥球迷在比赛时高唱："犹太人，热刺；犹太人，热刺。"这一带有种族歧视的流氓话语引发了赛后的流血事件，其中1名热刺球迷颈部被捅，伤势严重。

有伤风化话语还可以通过标语和图示等书面形式表现出来。比起口头话语，书面话语具有一定的稳定性和显示度，在人声鼎沸的赛场内外，书面语言运用起来更为有效，而带有挑衅性和暴虐性的体育标语更容易彰显体育流氓情结。挑衅（provocation），意为蓄意挑起争端；暴虐（brutal），意为残暴酷虐，比挑衅在情绪表达方面更为强烈，更具侵害性①，因而制造的恶劣影响有时更为严重。2013年中超联赛青岛客站鲁能就因为"干死中能，干死青岛"这些挑衅与暴虐兼备的标语而引发了两队球迷的流血事件。2012年欧洲杯小组赛则因为俄罗斯球迷打出政治标语"攻陷华沙"而引起了俄波两国球迷之间的暴力冲突。

体育有伤风化行为所借用的某些肢体语言含有特殊的淫秽和侮辱之意。其中有些如"竖中指"或"直指裆部"带有强烈的性色彩，"摇

---

① 参见孙继龙、石岩：《赛场看台体育标语研究》，《中国体育科技》2010年第6期。

手指"则代表了轻蔑与侮辱（当然对特定场合或特定的人而言，可能带有另外一种含义，如原 NBA 球员穆托姆博的摇手指动作）；有些则带有一定的地域色彩，比如"打伞"手势在意大利是"国骂"的肢体语言。

与话语相较，肢体语言产生的视觉冲击力更强。哪怕一个简单摇手指动作，都可能引发一场球场暴力。例如，在 2012—2013 赛季 CBA 联赛中，吉喆冲着麦迪摇手指，就吃到了后者的肘击。而在意大利一场联赛中，那不勒斯的球员主罚点球成功后，对观众做了一个"打伞"动作，使得愤怒的球迷赛后冲进球场。当值裁判被直升机救走，那不勒斯球员则躲在更衣室，直到身穿防弹衣坐上警车才得以安全离开。

2. 带有身体暴力性质的有伤风化行为

暴力有伤风化行为往往是语言行为刺激或者作用下的产物，如聚众斗殴；有的与流氓语言行为相伴生，如寻衅滋事。但也不尽然，有些暴力行并非流氓语言的产物，如强制猥亵妇女。暴力是人的动物本能，一般情形下，这种本能会为社会规范拘囿，但在特定的情境中，如在自发的、不可预料的、无组织的和不稳定的情况下，人们会对共同影响或刺激产生反应而发生相应行为。这就是社会学所说的集合行为。[①] 体育赛场恰是制造这种特定情境的场所，人的动物性似乎在此寻找到释放空间。体育中带有身体暴力性质的有伤风化行为实际上就是在体育活动这一特定情境下滋生的集合行为。结合上文对体育有伤风化行为的层次划分和其行为自身的表现形式，其主要分为以下几种：

其一，寻衅滋事罪。刑法意义上的寻衅滋事罪属于情节犯，主要规制随意殴打他人，追逐、拦截、辱骂他人，任意损毁、占用公私财物，在公共场所起哄闹事，且造成严重后果的行为。犯罪学意义上的寻衅滋事犯罪则包括一切具有社会危害性的上述行为。

---

① 参见杨万友、于庆军·《从传播学视角看足球流氓暴力行为的成因》，《体育文化导刊》2007 年第 2 期。

表 3　部分体育活动中的寻衅滋事事件一览表

时间	事　　件	后　　果
2008 年 1 月	澳网开赛第二日，一群醉酒的希腊球迷在马格瑞特球场闹事	当地警察对他们使用了辣椒喷雾剂，并最终逮捕了肇事者
2009 年 8 月	欧洲联赛资格赛期间，数百名塞尔维亚贝尔格莱德红星队球迷聚集在当地的广场上，向路人投掷啤酒杯，砸毁建筑物的玻璃	捷克防暴警察出动，拘留 150 名球迷
2010 年 10 月	北京国安夺得中超联赛冠军，球迷马某将一辆天津牌照的奔驰轿车砸坏	其被以寻衅滋事罪判处拘役 6 个月
2011 年 10 月	韩国全北现代队一名球迷挂出"庆祝日本大地震"的标语	被俱乐部处以禁止入场十年的严厉处罚，大阪樱花队向亚足联提出抗议，要求严惩寻衅滋事的当事者
2012 年 7 月	北京国安球迷在上海攻击申花球迷，导致两位主场球迷严重受伤	肇事的 5 个国安球迷以涉嫌寻衅滋事罪被公安机关刑事拘留 30 天
2013 年 4 月	拜仁 4:0 大胜纽伦堡的比赛后，安联球场外发生了大规模的球迷骚乱，一些拜仁球迷向纽伦堡球迷投掷石块	肇事者遭到警方的逮捕
2019 年 4 月	2019 年中超联赛天津天海队对河北华夏幸福队比赛结束后，部分退场观众因不满身着天津泰达助威服球迷，以致发生口角并进殴打，经公安机关进一步核查，证实以侯某某为主的部分球迷对两名退场球迷实施推搡殴打行为	主要犯罪嫌疑人侯某某因涉嫌涉嫌寻衅滋事罪被公安机关刑事拘留，其他嫌疑人正在追查过程中
2021 年 3 月	2020 年 7 月 25 日晚上 10 点半左右，有 5 个在"××国际足球研习基地"训练的前国脚王某某到 ×× 酒吧喝酒，随意殴打他人	王某某被 × 法院以寻衅滋事罪判处有期徒刑 1 年 4 个月

其二，聚众斗殴罪。刑法上的聚众斗殴罪是指为了报复他人、争霸一方或者其他不正当目的，纠集众人成帮结伙地互相进行殴斗，破坏公共秩序，严重危害社会的行为。在犯罪学意义上，聚众斗殴与寻衅滋事的一个重要区别是其群体性、组织性和预谋性，因而社会危害性更大。例如，约有 10000 人的国际米兰极端球迷组建"圣男孩""极端分子""不可缺少者""维京人"等团伙，对外统一行动。近年来，它们频

繁惹事，除了从看台上扔下过摩托车，还投掷物品中断冠军杯"米兰德比"，对某些球员进行种族主义攻击，并且经常聚结打架斗殴。

表4　部分体育活动中的聚众斗殴事件一览表

时间	事　件	后　果
2008年11月	英格兰与德国的友谊赛中，前往德国观战的英格兰球迷在德国聚众斗殴并引发了骚乱	有7名球迷被警察逮捕
2009年8月	2009年亚洲青年女足锦标赛在武汉进行，中国队在小组第二轮险胜澳大利亚队。比赛结束后，双方球员在握手时发生中澳女足群殴事件	未知
2010年8月	杭州发生了绿城与申花球迷之间的"斗殴门"事件	未知
2011年4月	在埃及开罗体育场进行的突尼斯非洲队和埃及扎马利克队的国际友谊赛中，因为判罚不公致使球员之间发生冲突，有人趁机闹事，大约1000名球迷冲下看台攻击球员，现场极其混乱	这起事件造成9人受伤
2012年10月	欧冠赛曼城客战阿贾克斯，前去助威的曼城球迷在阿姆斯特丹红灯区与对方球迷大打出手	其中25名因聚众斗殴被捕
2013年5月	中超联赛齐鲁德比赛后，青岛球迷在济青高速淄博收费站群殴几个看完比赛回家的鲁能球迷	致7人受伤，其中1人重伤
2015年12月	在CBA第16轮的比赛中，福建男篮和八一男篮发生大规模的打架事件	事后，中国篮协给予福建男篮外援泰勒通报批评，停赛5场，核减其所在俱乐部联赛经费10万元的处罚；给予八一男篮队员邹雨宸通报批评，停赛5场，核减其所在俱乐部联赛经费10万元的处罚。此外，八一队有1名队员停赛3场，7名队员停赛1场。福建队则有4名队员停赛1场
2016年5月	在2016年中国足协杯第三轮比赛中，江苏苏宁易购队客场以1比0战胜武汉宏兴柏润队。双方球员在比赛后发生激烈冲突，大打出手	事件中不仅警方介入，中国足协也在事后对武汉宏兴做出取消宏兴俱乐部注册资格、罚款宏兴人民币20万元的处罚决定

其三，涉"性"的暴力行为。奸淫、强制猥亵妇女或者侮辱妇女等涉及"性"的犯罪行为也往往被视为单纯的妨害风化罪。不少国家和地区刑法设专章或者专节对其进行明确规定，如法国、日本及我国台湾地区等。具体类型如台湾"刑法"规定有图利使人为性交或猥亵罪，引诱容留他人性交猥亵，公然猥亵罪等。我国刑法则采取分散设置的方式予以规定。

犯罪学意义上的有伤风化犯罪则比刑法意义上的犯罪类型广泛一些，一切有违伦理秩序的行为皆应涵括在内，如公共场合的不雅行为。因为种属于暴力犯罪，此处关注的涉性妨害风化罪一般都具有暴力性。

当然，在犯罪学视域中，对暴力要作广义解读，即不仅仅包括硬暴力，如奸淫、强制侮辱和猥亵女性，也包括某些软暴力，如在公共场合露阴或者做出有碍观瞻的激情行为，致使他人陷入难以摆脱的身心上的压抑。而且需要说明的是，体育暴力犯罪不仅发生在体育活动场域，也应当包括针对运动员或者运动员亲为的暴力行为。

因而，体育领域涉性的有伤风化犯罪主要有：在体育运动场所强制猥亵、侮辱异性行为，针对异性运动员的性暴力，在体育公共场所的露阴或者其他性暗示行为，在体育运动赛场裸奔，在体育公共场所悬挂或展示带有性含义的标语，对他人进行带有性暗示的言语挑逗或者吹口哨，在体育运动场所公然发生性关系等不雅行为等。

表5　部分体育活动中涉性事件一览表

时　间	事　　件
2005年10月	英冠联赛第15轮结束了最后一场比赛，一赤裸上身的女球迷冲入球场，"袭击"（强行搂抱、亲吻）了主队球员希尔斯
2006年6月	德国世界杯期间，有不少妓女被迫卖淫。警方称，"从外国来的女性命运掌握在别人手里，事先连工作地点、干什么和报酬多少都不知道。"而且，很多被迫卖淫的女性敢怒不敢言，如果拒绝老板的要求，她们很快会遭到报复，"勒索、囚禁、殴打，甚至轮奸"
2007年10月	英格兰球员酒吧开色情派对，有人公然做爱。报道称，英格兰队客场输给俄罗斯队几天后，在球场上死气沉沉的英格兰一干球员就生龙活虎地出现在一家钢管舞酒吧，更有活力充沛者跃进舞池和脱衣舞娘大跳钢管舞……队长特里竟然在舞厅里当众小便

时 间	事 件
2009 年 6 月	中超联赛第 13 轮，青岛中能与河南建业赛后发生"扒衣门"事件（即在两地球迷冲突中有一位年轻青岛女球迷被扒光了上衣。）
2011 年 10 月	在德甲联赛拜仁客场挑战霍芬海姆的比赛中，有一对年轻的夫妻在看台上公然发生性关系，被制止并逐出球场
2012 年 6 月	欧洲杯赛场，一名爱尔兰男球迷津津有味地享用了一名克罗地亚美女球迷的胸部，而另一名克罗地亚女球迷正敞开更加饱满的胸部等待他来享用
2013 年 8 月	辽宁省沈阳，2013 年九球世锦赛赛场，一对情侣在看台上激情难抑，公然出格
2015 年 6 月	美国达拉斯举行的一场足球比赛中场休息时，观众席一名女子爬上男友膝上公然发生性行为。
2018 年 8 月	4 名日本男篮球员，永吉佑也、桥本拓哉、佐藤卓磨、今村佳太将，在亚运会期间参与嫖娼遭到禁赛 1 年的处罚
2020 年 6 月	以色列女子全能七项纪录保持者斯维特拉娜被警方逮捕，被指控经营一个性交易团伙。起诉书中表明，斯维特拉娜雇佣以色列以及国外女性提供性服务

（三）体育有伤风化犯罪的特征及演绎

1. 体育有伤风化犯罪种类多样化

就其犯罪形式而言，如上文所述，体育有伤风化犯罪主要有语言犯罪和涉及身体暴力犯罪两种，就刑法确立的罪域而言，其主要分为三类：第一类是侵犯公民人身权利的犯罪。这类犯罪主要存在于暴力行为事件中，例如在聚众斗殴过程中可能衍生出故意伤害、故意杀人等犯罪，再如上文列举的强制猥亵妇女或者侮辱妇女事件。第二类是侵犯财产犯罪。行为人往往采取毁坏甚至抢夺公私财物的行动以泄愤，而此都可能构成侵犯财产罪，另外打砸场馆设备还会造成体育产业经营中断，因此可能构成破坏生产经营罪。第三类是妨害社会管理秩序的犯罪。上文说罗列的寻衅滋事罪和聚众斗殴等暴力流氓犯罪在刑法体系中就属于妨害社会管理秩序罪域。

2. 犯罪主体和行为对象多元化

体育有伤风化犯罪行为具有一定的传染性，一般观众也可能随时受情境影响参与进来。从实践案例来看，运动员也扮演着体育有伤风化犯罪者的角色。如 NBA 历史上臭名昭著的"奥本山宫"群殴事件，参与者既有双方球员，也有观众。犯罪行为对象也是多元的，既有对方支持者、对方运动员和维持秩序的警察、安保人员，也有普通观众甚至无辜路人，当然也少不了身处风口浪尖的裁判。体育赛事中，裁判被殴打、威胁的事件比比皆是，甚至有人为此殒命。如 2013 年 6 月巴西一场业余比赛中，裁判在球场刺杀一位拒绝红牌罚下并侮辱他的球员，该球员亲友冲入球场将该裁判乱石击杀并将其尸体肢解。

3. 体育有伤风化犯罪具有一定的地域性

作为体育活动尤其是竞技体育比赛的衍生物，体育有伤风化犯罪多发生在赛事场馆及其周边地区，因而这一类型的犯罪行为一般受场域限制。当然，如上述案例所表明，球迷之间的聚众斗殴亦可延伸至返程途中。有一种趋势是，这一犯罪触角正伸向一切与体育产业链条有关的地方，如体育广告、体育推广和体育行为艺术行业。

4. 共同犯罪较多，交叉结伙作案突出，但一般组织松散，激情犯罪居多

大多数情况下，有伤风化的共同犯罪行为是基于赛场情境所酝酿的偏好情绪而纠集起来的临时团伙，因而总体上属于激情犯罪。不过从实践案例来看，有组织、有预谋的共同犯罪组织已经出现。如上文所举国际米兰极端球迷组建"圣男孩""极端分子""不可缺少者""维京人"等团伙。

5. 虽然大多数体育有伤风化犯罪社会危害性不大，但社会影响力较强

在开放时代，举办或参加各种体育赛事是世界各国交流的重要方式之一，大型体育赛事能够加速国家形象的提升。但一不留神，本地的体

育流氓却成为国家形象的"污点"。臭名昭著的英国足球流氓行径已经严重损害了英国的绅士形象。美国费城一向以"兄弟友爱之城"而著名，可却成了体育迷的受害者，城市中的体育迷们粗野、蛮横、犯罪，有些体育迷成了远近闻名的"体育流氓"，他们的犯罪行径使得费城落下"兄弟恶棍之城"的"美誉"①，使人望而却步。

6. 体育有伤风化犯罪的演化

体育有伤风化犯罪逐步衍生其他犯罪类型，或者与其他营利性或者贪腐型犯罪相勾连。随着体育产业化，营利性和贪腐型体育犯罪不断滋生，几乎侵占了体育产业链的每个环节。刑法意义上的有伤风化犯罪不断增加，同时与体育贪渎等犯罪勾结起来。

二、体育有伤风化犯罪的根源及其发生机理

犯罪从来都不是个人的事情，它是极其复杂的社会现象，既有犯罪者个体的原因，更有社会原因，就根本而言，它是社会的衍生物。正如迪尔凯姆所言，犯罪不但存在于某些社会，而且存在于一切社会中，没有一个社会可以例外。②

（一）体育有伤风化犯罪产生的社会根源

1. 文化因素

考察中国传统文化的足迹，会发现，人们在对美的追求历程中曾经刻意凸显狞厉之美。比如，"牛头马面"和各式各样的饕餮纹样的精神指向在于突出一种神秘巨大的原始力量，即畏怖、恐惧、残酷和凶狠。西方文化中的暴力美学最早也可以在古希腊盛极一时的残暴体育表演与欣赏那里找到佐证，在血腥的"格斗士"比赛中，观者幻想并扮演着其中的角色，并以此寻找精神上的慰藉和释放身体上的暴力。延至今日，这种传统文化影响力仍随处可见，关于身体和力量之美的雕像就是直观

---

① 〔美〕克雷格·威尔逊普恩:《美国人风度尽失》，张贵余译，《中外期刊文萃》2001 年第 14 期。
② 〔法〕迪尔凯姆:《社会学方法的规则》，胡伟译，华夏出版社 1997 年版，第 53 页。

显示，而人们对身体之美和暴力之美的心灵依赖和精神释放在许多竞技体育运动场域展示得更为畅快。所以，职业拳击、职业摔跤等现代运动拥趸众多是有其文化根源的。

2. 经济因素

经济力量的锻压致使体育产业的链条节节增长，在开放时代里，不仅竞技体育，就连社会体育也会以某种形式走出国门，如"城市之间"。互为促进的体育产业化和体育国际化给予了体育犯罪更为广阔的活动空间。随着现代体育产业化的快速发展，体育有伤风化犯罪呈现出复杂、多变和细化的特征，其主体、侵害对象以及类型皆出现一定程度的变异。体育的国际化使得犯罪者更容易找到制造波及世界的犯罪场域，以此寻找更大的精神刺激。

此外，作为一种自私的理性人，犯罪者之所以选择犯罪还在于其作出成本与利益的经济谋算。学者认为，当某人从事违法行为的预期效用超过将时间及另外的资源用于从事其他活动所带来的效用时，此人便会从事违法，由此，一些人成为"罪犯"不在于他们的基本动机与别人有什么不同，而在于他们的利益同成本之间存在的差异。①

3. 政治因素

体育的兴衰史往往就是一国国力盛衰的晴雨表。即便在和平年代，一场普通的足球友谊赛在不经意间都可能上升为一场民族战争。为国争光的体育明星也常被视为民族英雄。所以，世界各国纷纷加大对体育事业的投入力度，争相申办奥林匹克运动会等国际大型赛事并积极组织代表团参赛，力争取得好成绩，以显国威。可以说，当下的体育在一定程度上被赋予了政治意蕴。体育一旦染上政治色彩，关涉这一领域的严重越轨行为就顺理成章地成为犯罪行为。因为，在刑法学意义上，犯罪本就是一个政治概念，"国家把某些行为定为犯罪的行为原本就具有政治

---

① ［美］加里·S.贝克尔：《人类行为的经济学分析》，王业宇，陈琪译，上海人民出版社，上海三联书店 1995 年版，第 63 页。

色彩"。①

上文所举俄罗斯球迷打出政治标语"攻陷华沙"就明显牵涉政治因素。有学者总结足球流氓形成的政治原因，认为，足球流氓们使尽全身解数力图实现他们国家主义的征服精神，那就是在对方球迷场地上通过斗殴树立他们的精神。参与流氓暴力斗殴的球迷把他们的斗殴看作是战争，设想他们正在重演不列颠军事史上最为"光荣"的时光。足球流氓认为，"就如同身在军队那样，就如同德国在同英国开战一般"，而且大多数英格兰球迷把出国观看足球比赛视自己为一种"丘吉尔复生"，"我们将告诉那些德国佬为何他们会失败"。②

4. 自然因素

影响或者促成犯罪的自然因素既包括自然环境、个体生物特征，也包括社会生态（或称人文生态）。虽然我们早已摒弃自然决定论的诸多观点，我们也不刻意以有色眼光评价某一地域的人，但是自然因素在某类犯罪中的促成作用不容忽视，不然，为何"大多囚犯都是西西里岛人"（早期实证主义犯罪学派的调查结论）呢？

荷兰遗传学家布鲁纳则在为个体生物特征在犯罪中所起的作用加功，他的报告显示，一个具有特殊历史的荷兰家族男性成员都具有一种奇怪的攻击性，通常是暴力行为，如裸露、纵火和强奸。他们对很小的挫折和压力的反应都很疯狂，如叫喊、咒骂，甚至殴打激怒他们的人。经过多年的研究，布鲁纳声称在这些深受折磨的男性身上发现一小段基因缺陷，它产生了一种酶，会阻断大脑中用于传递信息的化学物质。因此，那些具有这种基因缺陷的人便积累了过量的有巨大能量的神经递质，从而导致了攻击性的爆发。③

---

① ［日］大塚仁：《犯罪论的基本问题》，中国政法大学出版社1993年版，第5页。
② 参见丁海勇：《足球流氓暴力行为产生的原因》，《上海体育学院学报》2003年第2期。
③ ［美］威廉·赖特：《基因的力量——人是天生的还是造就的》，郭本禹译，江苏人民出版社2001年版，第152页。

5. 法律因素

绝大多数情况下，体育有伤风化犯罪频发还是由于缺失必要法律规范和健全的约束机制。以我国为例，关于体育方面的法律体制建设刚刚起步，尚没有调整容易滋生有伤风化犯罪特定场域的专门体育法规，也缺少体育法、行政法与刑法之间的有机衔接，致而没有构建起应对体育越轨行为的完整法律体系，尤其是对刑法意义上的体育犯罪的规制不甚科学，在刑法典中没有专门的体育刑法罪域设置。这就导致实践中，对某些体育犯罪行为要么处罚过轻，最终以纪律罚取代行政罚或刑罚，要么出现行政处罚与刑罚之间的竞合，陷入选择困境，或者因为该类行为法律没有作出规定而不知所措。

（二）体育有伤风化犯罪的发生机理

除了上述因素参与促成体育有伤风化犯罪以外，犯罪者成长经历和个人素养等原因不容忽视，从上文所列事例来看，这些人往往受拜金主义和法律虚无主义影响，其人生观和价值观极度扭曲，将体育活动场域要么视为情绪恣意流淌的地方，要么视为出人头地招摇过市的舞台，而携带流氓习气或者犯罪病菌的人很容易异化竞技体育的现场情境，反过来，被异化了的氛围则容易滋生更多类型的体育有伤风化犯罪。

具体而言，在体育有伤风化犯罪行为的产生过程中，往往包含着复杂的心理和其他方面的内容，这些内容被视为是体育有伤风化犯罪的心理机制。在犯罪动机的形成、犯罪决策的完成乃至在犯罪行为的实施阶段，心理因素始终起着引领和制约作用。那么，主导体育有伤风化犯罪发生的心理因素是如何形成的呢。

压力型社会里，压力并非都能转化为动力，必然有一部分难以消解，滋生出抑郁、厌恶等情绪。在竞争社会中，必然有一部分人处在弱势地位，当其意识到自身的处境不利和被边缘化，可能出现心理失衡，进而凝结成愤懑、轻蔑、甚至仇恨等不良情绪。而携带此种情绪的个体往往会成为社会中潜伏着的不稳定因素。情绪停留在浅表，容易外化。

负情绪堆积到一定程度，就出现"简单粗暴攻击"的返祖现象。

而体育运动场域尤其是竞技体育赛场氛围恰恰激发了人们心中的暴戾之气，但囿于时空的限制，又难以纾解这种情绪，按照聚合作用论的观点，个体所处的种种社会的自然的条件、个体已有的心理条件以及个体对当前特定的社会事物产生的犯罪心理聚合在一起，共同发生作用，从而产生犯罪。①

这也同时揭示了体育有伤风化犯罪发生机理的另一个重要因素，即犯罪发生的情境因素。犯罪情境的动态性、行为性和直接性对体育有伤风化犯罪行为的产生与变化发挥着性质和强度不一的作用。根据社会心理学家勒温的场地论（field theory），人所表现出的一切行为乃是个人与其环境两方面因素交互作用的结果。即人的一切行为，无不受身边环境及其他人的影响，同时，个人的一切言行举止也随时随地地影响着别人。②

体育活动的现场情境中，导致气氛异化的还有其他更为细微也最为直接的因素，诸如，阵营的划分，酒精的刺激，不经意的肢体摩擦，话语交锋，主办方观众席位的营销策略，参与者的宗教或者种族身份，运动员的不当举止，裁判的误判，女性球迷衣着暴露、行为不检点等等。这些都可能成为点燃体育有伤风化犯罪的导火索。

当然，不容忽视的是，犯罪者个人的人格、智力、观念、思维模式等独特的心理因素和年龄、性别、体型、遗传等特殊的生理因素也成为诱发和左右某一类体育有伤风化犯罪发生和发展的重要因素。

三、体育有伤风化犯罪的应对

针对日益增加的体育有伤风化犯罪，世界各国制定了形式多样、层

---

① 参见乐国安：《法律心理学》，华东师范大学出版社 2003 年版，第 133 页。
② 参见张春兴：《现代心理学——现代人研究自身问题的科学》，上海人民教育出版社 2005 年版，第 420—421 页。

次鲜明的应对策略。遏制策略一般分为预防、控制和处罚三个阶段。

（一）预防与控制

贝卡里亚曾言，惩罚的目的仅仅在于：阻止罪犯再重新侵害公民，并规诫其他人不要重蹈覆辙。[①] 这句话昭示了犯罪预防的意义。当然，法律预防不仅指通过法律惩戒，还有法律的颁行及其宣示意义。

面对以工业和科学为支撑的风险、多元和立体社会，需要构筑多层次的犯罪预防体系，其中，法律预防只是一个重要的组成部分。对于体育有伤风化犯罪而言，以下预防模式值得借鉴：发展式预防，即通过对潜在犯罪人的行为发展进程进行有计划的干预从而达到阻止犯罪的目的，尤其是对发现危险对象以及对其进行保护性干预；环境预防，即通过对外在不良环境进行有意识的清理和有计划的干预，改变那些不良环境中对犯罪意念存在的影响；情境预防，即通过有计划的干预措施以阻止犯罪行为的发生，尤其是通过减少犯罪机会和增加犯罪风险的措施来达到预防犯罪的目的。[②]

概言之，对体育有伤风化犯罪的预防主要分为社会预防和情境预防。社会预防的触角伸及社会的各个层面、可以动用的方式也各式各样。来自法律、政治、经济、文化、伦理、心理、人文生态等各方面的教化和干预都会在有意无意间切断体育流氓情结。可以想象，经济和人文生态的恶化会导致犯罪情绪的蔓延，而政治的动荡和法治不畅则会成为犯罪滋生的催化剂。反过来，及早的心理干预和社会防卫可以有效地将犯罪扼杀在萌芽状态。社会预防的另外一个显著特征是其强调预防的多机构之间的联动。这就意味着，预防体育有伤风化犯罪不仅仅是警务工作，而是整个社会工作。在其中，社会、家庭、个人包括警务人员都

---

① ［意］贝卡里亚：《论犯罪与刑罚》，黄风译，中国大百科全书出版社 1993 年版，第 42 页。

② Tonry M, Farrington D. Strategic Approaches to Crime Prevention［A］, in Tonry M, Farrington D（eds）. Building a Safer Society：Strategic Approaches to Crime［M］. Chicago：University of Chicago Press，1995：2—3.

将在丰富的犯罪预防系统中起到一定的作用。

对于体育有伤风化犯罪而言，社会预防的警示意义在于，犯罪预警体系必须容纳广泛的社会力量，尤其大型竞技体育赛事的安保者需要与有关组织、机构、社团、协会建立良好的合作关系，以降低犯罪发生的概率。

对体育有伤风化犯罪的情境预防要点在于：针对具体的犯罪形态制定具体措施；对某一类犯罪发生的直接环境进行管控；通过增加实施某些犯罪的难度和风险，使犯罪者感到犯罪收益的降低，从而减少犯罪。

情境预防针对的环境应当包括外围环境和现场环境。尤其对于大型或者重点赛事的外围环境清理对于某些体育有伤风化犯罪的遏制至关重要。比如伦敦奥运会开幕之前，英国政府就先期关停场馆周边的性交易场所，使得组织或强迫卖淫这类犯罪大大减少。而对体育活动现场环境的治理要更为细致，在每一场大型体育赛事之前，至少要做到以下几点以防患于未然：征集文明标语、净化体育赛事看台文化，清洁赛场语言环境，强化安保力量，最好根据预计观众的数量确定一定比例的男、女保安人员数量，跟控"重点对象"，增加电子监控设备，划分主客队观众席位，保证赛事计分器等设备的精良等。有些工作往往要延伸到赛后，例如，防止双方体育迷赛后的即时冲突，需要在主场支持者和客场支持者之间设立隔离带（可以是隔离物、警车或者人墙）。

与预防相比较，控制的外延相对紧缩，更具有时间紧张性和空间压迫性。不过，控制和预防本是一个整体，在某些时候，二者是重合的。控制分为三类，即前馈控制、同期控制和反馈控制，其中前馈控制在很大程度上与预防重合。关于体育赛事的过程控制，石岩教授的阐释富有启发：根据观众暴力事件是否发生的不同形态过程，将其分为暴力事件发生的控制和暴力事件未发生的控制，从赛前、赛中和赛后三个阶段分别处理。对于已经发生的暴力事件，要做到赛前抑制、赛中平衡和赛后消退；对于暴力事件尚未发生的，采取赛前安全遏制（前馈控制）、赛中管理遏制（同期控制）和赛后疏导遏制（反馈控制）。①

只是，仅仅强调过程控制尚且不够，在过程控制之外还要注意远程控制，即将控制力度延伸至场外，诸如建立"体育流氓档案"或者实施"球迷污点制度"等。就此，实践中已有尝试，如：山东省济南市警方通过建立"足球流氓"档案，把在球场蓄意滋事的球迷录入档案，进行重点管控。另外，警方还将适当禁止多次在球场滋事违法的球迷再次入场看球，球迷若因扰乱比赛秩序被拘留，警方可同时责令其一年内不得进入体育场馆观看同类比赛。②

（二）法律框架内的处置

1. 法律体系的搭建

对于体育有伤风化犯罪而言，预防、控制与处置三位一体，层层递进，有时又相互交织。上述所言的几种预防模式和控制策略在一定程度上虽然就是处置，但寻求法律框架内的处置才是法治社会的基本方略。应对体育有伤风化犯罪以及其他体育犯罪，首先要构筑起一体遵循的法律体系。

于此，选择一些针对体育有伤风化犯罪的各国立法，简况如下：

表6　针对体育有伤风化犯罪行为"立法"一览表

国家名称	制定机关	立法时间	法案名称
美国	美国法律协会	1962	《模范刑法典》
英国	国会	1975	《体育场地安全法案》
英国	国会	1991	《足球犯罪法案》
阿根廷	国民议会	1998	《体育活动安全法》
比利时	联邦议会	1999	《足球法》
英国	国会	2000	《足球骚乱法》
保加利亚	议会	2003	《惩治足球流氓法》

① 参见石岩：《球场观众暴力遏制方略的研究》，《体育与科学》2007年第2期。
② 参见赵云龙：《济南建"足球流氓"档案》，《济南时报》，2012年5月28日第7版。

续表

国家名称	制定机关	立法时间	法案名称
西班牙	议会	2006	《反体育种族歧视和暴力法》
意大利	参议院	2007	《反足球流氓法》
荷兰	国会	2010	《足球法》
韩国	国家人权委员会	2010	《体育领域保护及增进人权指南》
中国	全国人大	1997	《中华人民共和国刑法》
中国	全国人大常委会	2005	《中华人民共和国治安管理处罚法》
中国	全国人大常委会	2016	《中华人民共和国体育法》
中国	国务院	2013	《国务院关于促进健康服务业发展的若干意见》
中国	国务院	2018	《国务院办公厅关于加快发展体育竞赛表演产业的指导意见》
中国	国家体育总局	1998	《举办体育活动安全保卫工作规定》
中国	国家体育总局	2002	《关于加强体育道德建设的意见》
中国	国家体育总局	2017	《全国综合性运动会组织管理办法》
中国	国家体育总局	2018	《体育总局关于印发〈关于进一步规范体育赛场行为的若干意见〉的通知》
中国	国家体育总局	2020	《体育赛事活动管理办法》
中国	中国足协	2015	《中国足球协会纪律准则》
中国	中国篮协	不定期	《中国男子篮球职业联赛纪律处罚规定》
中国	鲁能足球俱乐部	2013	《鲁能球迷会会员管理办法》

　　当然，表中的"立法"并非严格指国家立法机关制定法律的活动，其中还包括行政机关甚至半官方组织和民间组织的"立法"行为。即便是有权的立法机关制定的法律，其性质和效力等级亦有所不同。以我国为例，《中华人民共和国刑法》属于基本法律，只能由全国人民代表大会制定；《中华人民共和国体育法》则不属于基本法律，则由全国人民代表大会常务委员会制定；国家体育总局颁行的《举办体育活动安全保

卫工作规定》等法律则属于部门规章。至于，中国足协与中国篮协则属于半官方性质的组织，其制定的"法"不属于真正的法律，不具有普遍的法律效力，而像足球俱乐部这样的民间组织所制定的"法"实质是民间规约，不具有普遍约束力。

就我国的法律体系而言，对于体育有伤风化犯罪的处置依据分别规定在刑法、治安管理处罚法、体育法、相关行政法规和纪律处罚办法中。上文述及，刑法意义上的体育有伤风化犯罪行为一般能够在《刑法》中找到相应的规定。《体育法》也以附属刑法的模式规定：在体育活动中，寻衅滋事、扰乱公共秩序的，……构成犯罪的，依法追究刑事责任（第53条）。《治安管理处罚法》亦将扰乱体育活动秩序的行为纳入处罚的范围，凡因扰乱体育比赛秩序被处以拘留处罚的人，可同时责令其在12个月内不得进入体育场馆观看同类比赛；违反规定者进入体育场馆的，强行带离现场（第24条）。

以此，我国基本上构筑起国家法律为主体，其他法律为补充的主体法律框架。不过，与其他国家相较，我国尚缺少专门性法律。在域外，针对日益严重的足球流氓犯罪和球场暴力，英国专门制定《足球犯罪法案》（1991）和《足球骚乱法》（2000），意大利制定了《反球场暴力法》（2003）和《反足球流氓法》（2007），韩国针对体育领域的暴力，特别是性暴力，制定了《体育领域保护及增进人权指南》（2010），其他国家也有类似的做法，在此不一一赘述。

我国可以此为鉴，针对体育歧视、足球流氓、体育中的人权侵害等制定专门法律。

2. 体育有伤风化犯罪的"司法"处置

对体育有伤风化犯罪的"司法"处理，如上文所言的"立法"一样，并非严格意义上的司法活动。其主要分为刑罚、行政罚与纪律罚几种类别。就此，亦为刑法案例库中很难找到有关体育有伤风化犯罪的案例所印证。因为，除了一些年代较为久远的相关案例未被收入数据库而无法搜索到之外，绝大多数的体育有伤风化事件是以纪律罚或者行政罚的方式完结，只有部分犯罪事件最终进入刑事诉讼程序，并以刑罚处罚结案。列表如下：

表 7 部分体育有伤风化犯罪事件的"司法"处置

时间	事　件	处理结果	处罚方式	案例来源
2014 年 6 月	世界杯小组赛 D 组，乌拉圭对阵意大利，苏亚雷斯情急之下牙咬基耶利尼	国际足联对其作出禁赛 9 场，禁止其在 4 个月内参加与足球相关活动的处罚，并处 10 万瑞士法郎的罚款	纪律罚	国际足联官网
2014 年 11 月	中国男子篮球职业联赛，佛山农商银行对阵北京首钢的比赛，佛山俱乐部负责人刘宏疆在比赛现场指责、谩骂裁判员和记录台工作人员	中国篮协给予其通报批评、停赛 5 场（比赛时不得在球队席就座），并核减佛山篮球俱乐部联赛经费 5 万元	纪律罚	中国篮协官网
1985 年 5 月	辽足在沈阳 0 比 1 负于香港精工队。球迷煽动闹事，掠抢商亭，有人趁机拦截一名女青年并撕破其衣服进行猥亵。部分人在大街上继续滋事，砸坏 19 辆汽车，打碎商店、剧场、饭店玻璃近百块	公安机关共抓获 101 名滋事者，分别以强制猥亵和寻衅滋事，依法劳教 6 人、收容 2 人、拘留 21 人	行政罚	媒体
2010 年 10 月	北京国安夺中超联赛冠军，球迷马某将一辆天津牌照的奔驰轿车砸坏	其最终被以寻衅滋事罪判处拘役 6 个月	刑罚	法院公告
2008 年 8 月	邰某某与徐某某、丁某某、王某某、潘某某、孟某某等人在北京奥运期间，组织主要以运动员为对象的卖淫活动	邰某某被判犯组织卖淫罪，处有期徒刑七年；其他人以协助组织卖淫罪被判处二年以下有期徒刑不等	刑罚	北大法宝案例库

鉴于体育领域有伤风化行为的高发性和常态性，为防控这一犯罪，不仅要借助于完善的法律体系，还应当发挥典型司法案件的指引功能。事实上，我国已于 2010 年正式启动案例指导制度。至今，最高院已七

批共发布指导性案例 31 件，最高检已五批发布指导性案例 19 件。我国指导性案例不仅在某种程度上发挥着司法解释的功能，而且在社会生活领域，指导性案例所依附的典型案例则对普通民众的行动具有更大的指向意义。反观体育领域犯罪，不仅未见最高司法机关颁布相关指导性案例，就连各大案例库都难觅踪迹。因此，笔者建议，及早建立体育领域犯罪的案例库，并且谋求国家最高司法机关和体育行政部门联手发布具有典型意义的指导性案例。

第三节　体育暴力恐怖活动犯罪

体育运动的源起虽然与战争、军事息息相关，但是现代体育的人文精神则教导人们远离战争，并通过体育交往促进人类社会的和平。不过，人们寄寓在体育中的美好愿望总是会被一小撮暴力恐怖活动犯罪者无情摧残。2015 年 11 月 13 日，法国巴黎北郊法兰西体育场外的爆炸声震惊了世人；2016 年 5 月 13 日，伊拉克的皇马球迷聚会遭恐怖袭击，至少导致 16 人死亡 20 人受伤。血淋淋的场面再次勾起了人们对德国慕尼黑奥运会"黑色九月"惨案、波士顿马拉松爆炸案等一系列重大体育暴力恐怖事件的惨痛记忆。众所周知，体育活动尤其是大型体育赛事具有广泛的公众参与性和巨大的社会影响力，其活动举办地及外延场域呈现较大开放性特征，而且相较于政府及国际组织峰会，不少体育活动安保规格较低，这些因素促使其成为恐怖袭击者屡屡光顾的地方。近年来，体育暴力恐怖犯罪已经成为发生率高、危害性大的世界性犯罪。

延至我国，在多年来发生的暴力恐怖犯罪事件中，虽然尚未发现与体育领域直接关联的事件，但我国作为体育大国，经常举办各类国际性体育赛事，极容易成为暴力恐怖犯罪者袭击的目标，因而应当未雨绸缪，加强对体育暴力恐怖犯罪的注意与应对。作为人类历史上最为严重的罪行之一，防范和控制体育暴恐行为自然需要发动社会各种力量并运用多元化应对手段，而构建多层次的法律控制体系乃应对体育暴力恐怖活动犯罪最需依赖的路径。

一、体育暴力恐怖活动犯罪界说

学界对体育暴力恐怖活动犯罪的形成原因、表现形式、危害后果以及应对策略已有描述。不过，尚无人对体育暴力恐怖活动犯罪及其关联犯罪概念进行准确界分。体育界人士多用体育领域恐怖主义事件或者恐怖事件来概括，缺少法律意义上的界定，而法律界人士虽然对恐怖组织犯罪、恐怖活动犯罪、恐怖主义犯罪进行了法律意义上的阐释，但又没有专门与体育暴力勾连起来。学界也没有人对近几十年来体育领域发生的暴力恐怖活动犯罪进行系统的串联和比对，从而进一步概括其演化特征。恰恰不容忽视的是，体育暴力恐怖活动犯罪内涵和外延的准确划定及其最新的实践样态和特征分析有利于相关理论的拓展和深入，也是实践中构建体育暴力恐怖活动犯罪防控体系的逻辑起点。

（一）体育暴力恐怖活动犯罪概念界定

关于恐怖犯罪的相关概念，我国刑法及相关司法解释未就此作出明确规定。只是我国刑法之一百二十条涉及恐怖活动组织的相关罪名，如组织、领导、参加恐怖活动组织罪，帮助恐怖活动罪，准备实施恐怖活动罪，宣扬恐怖主义罪，强制穿戴宣扬恐怖主义、极端主义服饰、标志罪等。但据此，并不能准确界分恐怖犯罪。因为，这一条文同时涉及了三种类罪名，即恐怖活动犯罪、恐怖主义犯罪和恐怖组织犯罪。

或许是为了与之相呼应，学界交叉使用恐怖活动犯罪、恐怖主义犯罪、恐怖组织犯罪三种学术概念，这无疑加剧了恐怖犯罪概念上的纷争。

对于恐怖活动犯罪，有人认为，它是指以制造社会恐怖为目的，严重威胁公民人身和重大公私财产安全的犯罪行为。[①] 有人进一步定义暴

---

① 参见陈忠林：《我国刑法中"恐怖活动犯罪"的认定》，《现代法学》2002 年第 5 期。

力恐怖犯罪，认为其是指一种以极端的行为方式实施的具有严重社会危害性且应受刑罚处罚的具有特定意义的犯罪行为。[①]以此而言，任何带有恐怖性的犯罪都是恐怖犯罪，比如虐待罪、故意伤害罪等，这类犯罪场面有时同样恐怖，甚至令人不寒而栗。

"恐怖主义犯罪"似乎是学界描述当今恐怖犯罪事件的常用术语。持此观点的学者一般认为这种犯罪本质特征在于其具有"政治或者社会目的、有组织、有计划"，因而将其描述成"为达到一定的政治或宗教目的，针对特定的和不特定的目标，有组织有计划实施的暴力或以暴力相威胁的犯罪行为。"[②]

在这一点上，恐怖组织罪与恐怖主义罪概念上较为接近，因为有学者认为"恐怖组织就是以实施恐怖活动为目的而建立的，危害极为严重的犯罪组织，而其所实施的活动亦为了达到一定目的特别是政治目的"。[③]可能为了避免无端的学术纷争，有人干脆主张，"组织、策划、领导、资助、实施以对人身和财产造成重大损害或制造社会恐惧气氛的暴力、威胁或危险方法，危害公共安全的行为都是恐怖主义犯罪"。[④]不过，恰恰是这种一揽子定义，忽视了恐怖犯罪类罪名之下的具体罪刑样态。

就三者的法律规定而言，三种罪名的确存在内涵和外延上的交叉，而几种学术概念亦同样显示了这一问题。总体而言，采用体育恐怖组织犯罪容易忽视实践中个体制造恐怖犯罪事件的事实，而采用恐怖主义犯罪则容易凸显政治性、宗教性等色彩而忽略一些犯罪者基于发泄私人情绪同样可以制造恐怖灾难的事实。与之相较，体育恐怖活动犯罪概念虽然较为笼统，而且的确与体育恐怖主义犯罪、体育恐怖组织犯罪内涵上

---

① 参见荣亮：《暴力恐怖犯罪的预防和惩治问题探析》，《山东警察学院学报》2014年第3期。
② 参见李小明：《试论国际恐怖主义犯罪及其国际刑事责任》，《湖南大学学报》（社会科学版）2004年第1期。
③ 参见张明楷：《刑法学》，法律出版社2011年版，第617页。
④ 参见赵秉志：《惩治恐怖主义犯罪理论与立法》，中国人民公安大学出版社2005年版，第52页。

有相异之处，不过其能在外延上照应二者的边界。换言之，就体育恐怖活动犯罪而言，不管其犯罪目的是否具有政治性，不管其犯罪主体是否单复，其犯罪行为及危害后果都具有恐怖性。因而，为了照应体育领域恐怖事件的实践样态，综合上述三种概念的学理描述，本书采纳体育恐怖活动犯罪这一概念。至于为何加上"暴力"二字，即使用体育暴力恐怖犯罪这一概念，在笔者看来，在于其能够凸显犯罪者所采用的手段，并且便于与宣扬恐怖主义或者佩戴恐怖主义标志等犯罪有所区别。

由此，笔者结合 2011 年《全国人大常委会关于加强反恐怖工作有关问题的决定》中关于恐怖活动犯罪的定义，认为体育暴力恐怖活动犯罪是指行为人以制造社会恐慌、危害公共安全或者胁迫国家机关、国际组织为目的，借助于体育活动的开放性、影响力与人员的集中性、不特定性，采取暴力或者暴力威胁手段造成或者意图造成人员伤亡、重大财产损失、体育设施破坏、社会秩序混乱等严重社会危害的行为。

（二）体育暴力恐怖活动犯罪特征分析

关于体育恐怖活动犯罪之特征，已有学者从犯罪手段、行动方式、危害性等方面作了描述，笔者于此将结合实践中发生的体育恐怖活动犯罪事件，概括体育暴力恐怖活动犯罪呈现的一些新特点。

1. 犯罪生成背景复杂。恐怖活动犯罪事件的促成因素越来越复杂，其中主要有政治对立、民族矛盾、宗教信仰冲突等。

人们注意到，在大型的国际赛事中，赛场中不时会蔓延着民族主义情绪。参赛队员或观众的民族情结可能成为引发体育暴力冲突的导火索。例如 2012 年欧洲杯小组赛就因为俄罗斯球迷打出政治标语"攻陷华沙"而引起了俄波两国球迷之间的大规模冲突。这些民族情结或者政治情绪同样会传递给暴力恐怖活动犯罪者。他们往往会选择与其拥有不同政治、民族背景的群体作为恐怖袭击对象。甚至借此达到其政治目的。以 1972 年发生的慕尼黑奥运会惨案来看，其恐怖犯罪者的主要目的是要挟以色列释放在押的巴勒斯坦政治犯。2006 年男足世界杯也曾遭到恐怖威胁，称其袭击目标是参加过伊拉克战争的国家的球队。在2022年男足世界杯举办地竞选中，国际足联也遭到恐怖组织暴力威胁，称若坚持在卡塔尔举办世界杯，他们将届时对卡塔尔发动恐怖袭击。

民族矛盾也成了促成体育暴力恐怖活动犯罪的重要因素。2007年基地组织北非分支在达喀尔汽车拉力赛期间制造的恐怖犯罪事件、2004年"埃塔"马德里体育场爆炸事件、2010年安哥拉国家队遇袭事件、2007年印度羽毛球世锦赛爆炸事件等，这些体育暴力恐怖犯罪事件无不侵染着民族主义色调。

宗教信仰冲突则是发起暴力恐怖犯罪的另一重大诱因。2006年伊斯兰激进组织就以伊拉克跆拳道运动员在比赛中暴露身体为借口制造了暴力恐怖事件。臭名昭著的2013年波士顿马拉松爆炸案也具有浓厚的宗教色彩，事后，其主犯还打着维护宗教尊严的幌子为自己的罪责开脱。

在这期后，因为沾染政治、民族和宗教色彩，为了增加政治、经济、意识形态的渗透，一些国家可能在应对恐怖活动犯罪时采用双重标准，以此而言，在一定程度上，恐怖犯罪活动者亦可能会受到不同政治实体、宗教团体的纵容乃至蛊惑。以对IS打击为例，为何多年来久打不绝，其中一个重要原因就是不同国家为了相互牵制、没有形成有效配合，从而消解了打击力度。

2. 犯罪主体呈复合型。体育暴力恐怖活动犯罪毕竟是一个类罪名，结合实践样态，可将其划分为个体体育暴力恐怖活动犯罪和组织（团伙）暴力体育恐怖活动犯罪。需要说明的是，这两种罪名亦非刑法学意义上的概念。此处使用旨在表明，体育暴力恐怖犯罪之主体既可以呈现单一性特征，也可以呈现有组织的复合性特征。

虽然现实中，存在一些不属于任何一恐怖组织的个体恐怖犯罪者，其实施主体人数有限，未形成刑法意义上的犯罪集团或者团伙。例如2013年波士顿马拉松爆炸案，其犯罪主体仅为兄弟二人。其他领域的个体制造的暴力恐怖活动犯罪事件也为数不少。不过，对于恐怖犯罪而言，犯罪者往往都依托于某个恐怖组织或者极端组织，因而即便犯罪具体实施者可能表现为独立个体，但是从其预谋到策划再到实施都不是"一个人在战斗"。如 2015 年巴黎法兰西球场惨案，其犯罪实施者即依托于 IS。与之相应，该罪主体呈现出复合型特征。无论从刑法学还是从犯罪学角度来看，因拥有强大的心理、人力、财力等方面的相互支撑，具有复合型主体的暴恐犯罪往往实施更坚决、破坏力更大、危害性更严重，亦更难应付，因此，这一类型的体育暴力恐怖犯罪将成为防控重点。

3. 犯罪实施区域相对特定与犯罪对象不特定相结合。多数体育暴力恐怖活动犯罪因植入政治、民族、宗教情绪而往往使得此类犯罪目标相对明确，即多选择与其依托组织政治、民族、宗教背景冲突激烈的国家、地区、民族作为实施犯罪的对象。具体采取的方式是选择某一具有典型意义的国家或地区，并在特定时期伺机寻找具有一定影响力的赛事作为袭击目标。当然，在具体作案过程中，体育暴力恐怖活动犯罪又恢复其危害公共安全罪的本质，即其针对的具体犯罪对象往往具有不特定性。例如在 2015 年巴黎法兰西球场及附近的枪击爆炸案中，犯罪者并非刻意筛选、厘定受害者的国籍、民族、宗教等背景，而是不加选择地加以伤害。因此，体育恐怖活动犯罪虽然作案场域相对确定，但最终伤害的多是随机出现的无辜民众，具体受害对象具有极大的不确定性。

4. 残忍程度升级。恐怖犯罪的特征就在于其制造行为过程及结果的惊悚场面以引起更大的社会恐慌。为达此目的，犯罪者往往行径卑劣，手段残忍，视生命如草芥，滥杀无辜，不计后果。其具体表现为犯罪手段花式多样，爆炸、刀砍、劫持、纵火无所不用，还用砍头、阉割等方式制造恐怖气氛。犯罪场域也往往选择人员密集且安保能力不强的薄弱和敏感地带。犯罪时间亦无规律可循，给人以神出鬼没之感。犯罪所依赖的技术手段亦在不断升级。如 IS 不仅拥有枪械和爆炸装置，甚至还拥有坦克等重型武器。在 IS 发动的巴黎恐怖袭击中，犯罪者不仅能够熟练使用枪械，而且镇静残忍，射杀对象不分男女老幼，遇到受伤者还要补射以确定其死亡。波士顿马拉松爆炸案主犯焦哈尔·萨纳耶夫不仅制造残忍屠杀事件，而且事后亦毫无悔过之意。德国慕尼黑惨案中，暴恐分子甚至对被害人进行阉割。[①]

5. 危害后果严重、影响深远。体育活动人员的广泛性和暴力恐怖活动犯罪的破坏性相结合，其危害后果的严重性自不待言。回顾任何一起体育暴力恐怖犯罪，都有不少鲜活生命戛然而止。不仅于此，以极端组织或恐怖组织发动的体育暴恐犯罪背后还存在错综复杂的关系。往往因为一起体育暴力恐怖活动事件而牵动其背后的利益链条。因而，除了其制造的恐怖气氛继续在社会上蔓延之外，还可能引发更大的冲突。以巴黎爆炸案为例，虽然逝者灵魂尚未安息，但由此引起的纷争仍在持续发酵，甚至不少国家、政治实体卷入这场纷争，大打口水仗，并可能会由此引发更高规格的对垒与冲突。

二、体育暴力恐怖活动犯罪的一般控制路径

作为人类社会中最为严重的犯罪之一，暴力恐怖活动犯罪历来作为各国重点防范对象。针对体育暴力恐怖活动犯罪在实践中所展现的特征，人们应当在分析其形成原因的基础上，为之制定多元化的预防与控制体系。

（一）提倡绿色体育，营造纯净的体育人文环境，拒绝暴力和恐怖

绿色体育之提倡旨在引领安全与和平成为现代体育的宗旨。塑造体育的人文环境则着眼于构造以人为本的体育模式。不管体育源流何处，亦不管体育身处何地，它都本应该成为人们追求自由、释放激情、挑战

---

① 参见佚名："遇难者遗孀曝慕尼黑惨案内幕：运动员遭到阉割"，http://sports.163.com/15/1203/17/B9U67QMU00051CAQ.html.

自我的舞台，成为人们寻求精神依赖和身体依归的家园，而不应该成为任人操纵的工具，更不应该成为屠杀的场所。以此而言，体育是单纯的，体育领域本该纯净。显然，暴力恐怖犯罪者选择这里作为屠杀场所的行为已然玷污了体育的神圣与纯净，而从其灭绝人性的残忍手段及其制造的严重危害后果来看，可以判断体育暴力恐怖犯罪者几乎天良丧尽。

不过，正是在审视犯罪者人性丧失殆尽的同时，我们或许能够从他们身上寻找到一丝丝人性的气息。从一些体育暴力恐怖犯罪个案考察，会发现，其中的一些犯罪者竟然也是体育爱好者，他们也会被体育的魅力深深吸引，也在谈论自己崇拜的体育明星。甚至在一些案例中，犯罪者发动体育暴力恐怖事件的借口竟然是有人玷污了体育的清白，认为体育竞赛有失公正。不管事实究竟怎样，我们亦无意为这些犯罪者开脱。但有一点可以明确，即体育的魅力是永恒的，没有人可以抵挡，包括暴力恐怖分子。因而，人们要做的是清理体育领域的污垢，消减体育领域里的丑闻，打造体育的人文环境，还体育以清白，塑造绿色体育。笔者曾言，不管体育项目是优雅的还是激烈的，它都应该成为纯粹的身心愉悦。摒弃功利主义思想，杜绝媚俗的体育文化，积聚体育浩然正气，就能正本清源，让体育回到本真意义上。[1] 相信，绿色、人文的体育精神及其激发出的体育魅力能够在一定程度上感召潜在的犯罪者，由此在一定程度上减少暴力恐怖犯罪者选择这里作为犯罪场域，甚至由此可以瓦解、分化暴力恐怖活动犯罪组织力量，从而最终有利于人类福祉。

（二）提升体育活动的安保规格

很多体育赛事设置有巨大的开放性场域，例如公路马拉松、汽车拉力赛等；即便在相对封闭的体育场馆进行比赛，也会因为接纳观众而设置看台等相对开放的区域。这就给暴力恐怖活动犯罪者提供了充裕的犯

---

[1]　参见张训：《体育职务犯罪实证分析——主要以国际足联腐败案为考察对象》，《体育与科学》第5期。

罪活动空间。从实践案例来看，暴恐犯罪者之所以屡屡得手，除了借助于其缜密的犯罪预备工作和丰富的犯罪经验之外，还利用了体育安保工作的漏洞。为此，在重大体育活动中，对暴力恐怖活动犯罪的防范，首先要从安保做起。

当然不可否认，现代赛事安保管理已经迈上了新的台阶，诸如北京奥运会的安保工作已经成为现代大型体育赛事的安保典范。不过，针对日益猖獗的暴力恐怖活动犯罪，重大体育活动的安保工作一刻不能放松，而且要构筑有厚度、有宽度的多元化的安保体系。

具体而言，需要针对重大体育活动增加安保力量，构建多维度的安保体系。尤其针对室外赛事活动，单薄的安保防控体系显然无法应对。多维度的安保体系（或称综合的安保体系）是指在横向上拥有多种类可调配、可协同的安保力量，在纵向上具有安检、巡检、机动防卫的动态性。至于提升安保规格、实施应急安保是指在情势危急时，应当能够迅速做出安保方案的调整，具有从低级别安保规格快速调整到高级别安保规格的能力。例如巴黎暴恐案中，因为法国总统奥朗德也在法兰西球场观看法国与德国的足球友谊赛，所以体育场的安保规格得以提升，恐怖分子才无法进入，体育场内的人们才因此躲过一劫。这一事例显示的是赛前的安保规格调整。事后的安保规格调整同样重要，如在波士顿马拉松惨案发生后，美国立刻作出紧急反应，白宫紧闭大门、设立警戒线，全境加强安保工作，通过第一时间扩展安保外延、加大安保强度来提升安保规格。在时间维度上，不仅要提早做准备，而且还要加大反恐演习和反恐戒备的时间跨度。例如，曾因巴黎暴恐事件余悸未消的法国政府，为应对 2016 年欧洲杯和环法自行车赛两项赛事中发生恐怖袭击，决定将"紧急状态"延续 4 个月。[①] 据统计，法国政府为保障欧洲杯安全，专门派出 8.7 万名保安人员，这其中约 7.2 万是警察及宪兵，其余

---

① 参见佚名："法国多地举行反恐演习 保障欧洲杯顺利举办"，中新网，http://www.chinanews.com/tp/hd2011/2016-04-22/629629.shtml.

则是士兵及外判保安人员，也有约 1000 名义工。法国当局会向 24 支参赛队伍各派出 17 名警员及 2 名特种部队，保护各队职员、球员及领队，外判保安则主要负责保护球迷。① 此外，针对体育活动的安保工作，在情急时刻，还可以通过取消比赛等方式作出应对。例如巴黎恐怖袭击之后，有遭受暴恐袭击传言的比利时当局决定停止在布鲁塞尔举办的足球友谊赛。

（三）构筑世界性的涵括社会各阶层的防控力量体系

当今，恐怖犯罪分子的足迹几乎遍布世界各地，无孔不入，单凭一国政府力量难以应付，因此在特定时刻，需要利用并发动全球社会组织特别是民众的力量，让其陷入"人人得而诛之"的被动境地。比如巴黎暴恐袭击事件之后，全球最大黑客组织"匿名者"向 IS 发动网络攻击，迫使其网络服务系统中断，并对 IS 成员的网络账户进行追击以截断其财路。此外，该组织还通过网络进行间谍与情报收集活动，向公众曝光可疑恐怖组织 IS 成员的详细个人资料，向美国情报部门发送包括 IS 恐怖分子位置在内的信息。就连自身名声不佳的纽约西西里黑手党家族亦向 IS 组织"宣战"，并认为与美国联邦调查局等官方机构相较，其优势在于黑手党及其盟友与附近的居民联系紧密。② 的确，这些力量是打击恐怖势力不可忽视，甚至是不可或缺的民间力量。

另外，利用乃至制造恐怖组织的内部混乱并借此消耗、削弱其有生力量不失为一种经济有效的应对策略。活跃于世界各地的不同恐怖组织之间亦存在教派分歧、地盘之争、经济利益纠葛等诸多冲突。据报道，2015 年 11 月 15 日，基地组织的袭击者炸死了"伊斯兰国"（IS）的一个民兵组织的 6 名领导人，其中包括该组织最高指挥官。原因在于随着

---

① 参见佚名："125 公斤炸药被查获！欧洲杯 82 名安保或是恐怖分子"，网易体育，http://euro2016.163.com/16/0608/10/BP1GBRRD00050ICM.html.

② 参见佚名："美国纽约西西里黑手党向 IS 组织'宣战'"，http://news.163.com/15/1124/10/B96ATVKJ0001121M.html.

IS不断加大恐怖威胁的同时，也瓜分了基地组织在国际上的受关注度。基地组织下属的"努斯拉阵线"也在大马士革以南、以色列边境沿线与IS进行全面战争。[①]

此外，为了能够让一般民众在遇到恐怖袭击的危情时刻为自己赢得一线生机，需要加强其反恐意识和逃生技能。比如，在一些现实发生的暴恐事件处置中，不少警察都缺少身体对抗能力和基本的枪械使用技能，这无疑给暴恐犯罪者制造更大的灾难预留了空间。因此，在加强训练和装备反恐专业队伍的同时，尽量向一般民众普及反恐知识，在一些特定区域进行普通民众的反恐演练。

针对拥有重型杀伤性武器的恐怖组织，必要时可进行军事打击，并且寻求国际间的合作。暴力恐怖活动犯罪制造的恐慌已经蔓延整个世界，恐怖活动犯罪势力亦遍布于世界各地，任何一国及其公民都可能成为暴力恐怖活动犯罪者袭击的对象，因而打击暴力恐怖活动犯罪非一国之事，亦非一时之事，国际力量必须联合起来，建立长期的合作关系，才能对其进行有效、持久打击。为此，各国需要遵循国际法之普遍管辖原则对其实施刑法控制，并依据国际法之"或引渡或起诉"规则保证其最终承担刑事责任。国际上的合作既可以由联合国牵头统一行动，如2001年联合国安理会颁布《关于国际合作防止恐怖活动行为》等文件；也可以由区域性组织自发联合行动，如上海合作组织于2009年签署《上海合作组织反恐怖活动公约》。

（四）切断暴力恐怖活动犯罪的经济来源

经费是暴力恐怖活动犯罪的命脉。IS等恐怖犯罪组织通过卖石油、索要赎金、抢劫金融机构等各种途径大肆敛财，建立起其强大的经济后盾。为此，切断暴力恐怖活动犯罪者的经济命脉是对其实施控制的重要手段。早在巴黎暴恐袭击事件发生之前，联合国曾经发表报告，建议

---

① 参见庄晓丹："基地组织炸死6名IS高层，因不满头号恐怖组织地位被动摇"，http://www.thepaper.cn/newsDetail_forward_1400978.

扣留从 IS 控制区出来的运油车，以切断 IS 的主要经济来源。①巴黎暴恐袭击事件发生之后，很快有不少国家将切断 IS 财路的打击行为付诸实践。例如，俄罗斯战机 5 天内在叙利亚摧毁了向 IS 工厂运送原油的 1000 多辆运油车②，之后不久，俄轰炸机又一夜消灭恐怖分子 40 辆液罐车。③此外，人们还应当注意暴力恐怖活动犯罪者的另一个重要经济支柱，即来自社会各界筹措的资金。特别对于别有用心的资助，人们应当坚决予以制止。联合国第 54 届大会通过的《制止向恐怖活动提供资助的国际公约》吁请所有国家采取步骤，以适当的国内措施防止和制止为恐怖主义分子和恐怖主义组织筹集经费。④

三、体育暴力恐怖活动犯罪的法律控制路径

对于体育暴力恐怖犯罪活动者的残忍行径，或许"以暴制暴的短兵相接"才是最直接有效的方式，不过，法律控制才是应对犯罪活动的终极手段，必须让暴力恐怖犯罪者为其犯下的罪行"埋单"，即将其"绳之以法"才算是最终交代。为此，需要从立法和司法两个层面着手构设体育暴力恐怖活动犯罪的法律控制体系。

（一）体育暴力恐怖活动犯罪的立法控制

立法是对体育暴力恐怖活动犯罪法律控制的源头。为了应对日益猖獗的恐怖犯罪活动，力求应对时做到"有法可依"，国际组织及世界各国为此开展了大量的立法工作。需要说明的是，虽然这些法案并未写有"体育"等相关字眼，但是其当然适用于包括体育领域在内的所有暴力

---

① 参见周旭："联合国建议扣留 IS 运油车　以切断其主要经济来源"，http://world.huanqiu.com/exclusive/2014-11/5207287.html.

② 参见佚名："俄 5 天摧毁叙境内一千余辆 IS 运油车"，http://news.163.com/api/15/1124/05/B95PCDEP00014Q4P.html.

③ 参见佚名："俄轰炸机一夜间消灭恐怖分子 40 辆液罐汽车"，http://news.163.com/15/1205/08/BA2D0HTT00014JB6.html.

④ 参见佚名："制止向恐怖主义提供资助的国际公约"，http://www.npc.gov.cn/wxzl/wxzl/2006-05/17/content_350159.htm.

恐怖活动犯罪。立足我国，放眼世界，针对暴力恐怖活动犯罪的立法体系主要分为三个层面，即国际立法、域外国内立法和我国国内立法。

1. 具体立法样态

针对恐怖活动的国际立法形式主要表现为两种规范性文件，一种是由联合国（国际联盟）及有关机构等世界性国际组织牵头制定的全球性的反恐公约或者宣言，另一种是由区域性组织签署或者制定的反恐公约。前者如，国际联盟制定的《防止和惩治恐怖主义国际公约》，联合国制定或通过的《制止向恐怖活动提供资助的国际公约》《消除国际恐怖主义措施宣言》，以及关于保护民用航空器安全的《东京公约》《海牙公约》《蒙特利尔公约》的系列公约等。后者如《美洲国家组织关于防止和惩治恐怖主义行为的公约》《欧洲制止恐怖主义公约》《上海合作组织反恐怖活动公约》等。

域外国内立法是指域外单个国家、地区等政治实体针对恐怖活动犯罪而制定规范性文件的活动。进入 20 世纪 90 年代，各国加大了反恐立法的力度，诞生了一批国家反恐法案。如 1996 美国的《反恐怖主义法》、1998 年俄国的《联邦反恐法》等。"9·11"事件后，饱受恐怖活动犯罪折磨或者曾经遭受恐怖威胁的国家立即在立法上作出回应，其中美国反应最为迅捷，颁布国内立法《采用适当手段拦截和切断恐怖活动以助美国团结和强大 2001 年法案》。其他国家则先后对已有的反恐法案作出修正。如 2006 年俄颁发了《俄联邦反恐法》并签署了《关于打击恐怖主义措施的命令》，加拿大公布了《反恐法案 2015》等。而且，关于反恐，不少国家不只有一部法律。如美国是"包裹法"，捆绑了很多法律，有反洗钱法、电信监听法等。①

我国直到 2011《全国人大常委会关于加强反恐怖工作有关问题的决定》（以下简称 2011 年《反恐决定》）之通过，才标志着反恐怖领域

---

① 参见纪双城等："中国制定反恐法刻不容缓 西方双重标准过于虚伪"，http://mil.huanqiu.com/observation/2015-03/5822520_3.html.

的第一部专门性立法文件诞生。其后，2014 年十二届全国人大常委会第十一次会议审议了《中华人民共和国反恐怖活动法（草案）》，这预示着我国第一部反恐怖活动犯罪的基本法律即将诞生。此外，我国还存在一些附属性的反恐法律和规范性文件。例如《中华人民共和国刑法》中就专门设置有恐怖活动犯罪相关罪名，尤其最近两次颁布的刑法修正案加大了对恐怖活动犯罪的惩处力度。《刑法修正案（八）》将恐怖活动犯罪规定为特别累犯。《刑法修正案（九）》则进一步严密了对恐怖活动犯罪规制的刑事法网。具体表现为通过设置准备实施恐怖活动罪之罪名对恐怖活动犯罪进行提前打击；增设了宣扬恐怖主义、非法持有宣扬恐怖主义物品罪、强制穿戴宣扬恐怖主义服饰、标志罪等罪名以扩大对此类犯罪的打击外延。另外一些反恐怖行为的行政性法规也成为反恐法案的附属性文件，如中国人民银行颁布的《金融机构报告涉嫌恐怖融资的可疑交易管理办法》等。这些专门性和附属性的反恐规范性文件共同构筑起我国日趋严密的反恐法网。

2. 评析与结论

国际上各种反恐法案的出台为震慑和应对日益猖獗的恐怖活动犯罪发挥了重要的作用。不过，当下国际反恐法律文件仍然存在诸多不足之处。一是其应急性特征明显。许多国家的反恐法案多为重大恐怖活动犯罪之后的即时之作，不免带有"头痛医头脚痛医脚"的仓促性特征。同时因其乃应景之作，故难脱"打击有余、预防不足"之缺憾。二是其缺乏统一性、协调性，往往带有宣示意味，缺乏可操作性。尽管世界法律呈现全球化的迹象，但是就各国反恐法案而言，其尚缺乏统一性，因而难言协调。各国自身的反恐法案亦多以实体法为主体，缺少与之匹配的程序法。加之其往往带有宣扬意味，对于各种恐怖活动犯罪行为并未规定具体、细致的法律处置程序。故此，这些法案往往在司法实践中搁浅，没有发挥其应有的功效。三是其带有一定的意识形态化。不少国家的反恐法案对发生在世界不同区域的恐怖活动犯罪设置双重对待标准，不禁使其沾染了政治色彩。这种情势必然消减反恐法律的科学性根基，同时阻滞了其与其他国家反恐立法之间的衔接。

与之相较，我国反恐立法虽然起步稍晚，却体现出后发优势，最明显的是其注意到实体法与程序法的衔接、法律规范性文件与行政规范性文件的配套等问题。前者表现在，为了与2011年《反恐决定》、2011年《刑法修正案（八）》及之前的刑法规定相呼应，2012年刑事诉讼法特别设置了恐怖活动犯罪技术侦查等相关追诉程序。而此在一定程度上助益于司法实践的可操作性。正如学者所言，此举实现了程序法与实体法遥相呼应，编制成制裁恐怖活动犯罪的"又严又厉"的刑事法网。[①] 后者表现为我国构筑反恐法律体系注意到法律层阶之间的完善与配合问题，除了刑法、刑事诉讼法等基本法律之外，还通过行政机关制定相关行政规范性文件以解构其专业性难题，同时加强其体系性。例如，2011年公安部、人民银行、海关总署等五机关联合制定《关于进一步加强打击恐怖融资犯罪工作的通知》，其中规定了一些涉及恐怖融资案件查控的具体措施。

当然，我国反恐法律体系仍有存在不少有待改进的地方。诸如其也存在"打击有余、预防不足"的通病。此外，不同位阶的规范性文件仍存在松散、凌乱、不协调的特性；刑事实体法规定不甚具体，对恐怖活动范围及其罪名界定不详，现有的恐怖活动犯罪之罪刑结构及刑罚幅度设置对充分发挥刑罚功能有所限囿；刑事程序法也因为未设置针对恐怖活动犯罪的特别追诉程序而未给控制恐怖活动犯罪预留足够的突破空间等。

为此，首先要尽快颁行专门的反恐法案，以便构建完成宪法层面、反恐法、刑事法等基本法律层面和行政法层面的反恐法律体系。采用刑法典为主，反恐法、行政法之附属刑法为补充的模式，对恐怖活动行为

---

① 参见兰迪：《仇恨犯罪与恐怖主义犯罪的比较研究》，《中国人民公安大学学报（社会科学版）》2015年第1期。

进行层层过滤，即在这一法律体系中，既要发挥行政法（反恐法在一定层面上可视为行政特别法）①对一般恐怖行为的过滤功能，又发挥刑事法的核心规制功能。在刑事实体法中，要明确恐怖活犯罪的范围，调适此类行为上游犯罪和下游犯罪行为的配置体系，基于恐怖活动犯罪的经济后盾，还需要特别注重对其刑罚结构的安排。在刑事程序法中，需要确立甄别不同恐怖活动犯罪类型的程序，设定与恐怖活动犯罪性质、特征相配套的追诉手段，而且要将其贯穿于侦查、起诉、审判、执行整个刑事诉讼过程。

除了最终借助于刑事法律的实体与程序安排进路之外，还要制定周密可行的反恐应对计划和策略。这些策略和计划同样需要以规范性文件进行文本固化。就此，日本的经验可资借鉴。日本内阁改组原国际组织犯罪对策推进本部的会议分别制定了《预防国际恐怖犯罪（未燃状态）行动计划》和《国际恐怖犯罪对策推进纲要》，它们自成体系、相对独立，并对预防有着明确的"时间"要求，对处置有着明确的"结果"要求。无论反恐理念还是反恐行动，都有理由说日本已经走在了世界的先进行列。②

（二）体育暴力恐怖活动犯罪的司法介入

不可否认，应对暴力恐怖活动犯罪的法律体系正日益"丰满"，不过，现实中针对暴力恐怖活动犯罪的司法处置却相对"骨感"。实践中很难找到体育暴力恐怖活动犯罪的已决案例。笔者通过各种渠道收集来的案例寥寥无几。国内几起涉及编造、故意传播虚假恐怖信息罪的案例虽然与恐怖活动犯罪有关，发生场域也在体育场馆，但其发生时间乃值体育场馆开展展销会或举行歌舞晚会之际，针对对象亦非体育活

---

① 正如有人认为，《反恐怖法》应当是行政法，其本质上是行政组织法和行政行为法，其功能主要是指导、协调其他行政法体系，规范反恐怖工作的整体进程。参见王利宾：《反恐怖犯罪刑事法治完善研究——兼论反恐怖系统化立法》，《政治与法律》2014 年第 10 期。

② 参见李明：《日本预防国际恐怖犯罪对策及其启示》，《法治论丛》2011 年第 4 期。

动本身。国际上相关体育恐怖活动犯罪的案例亦只收集到三例，分别为，2005 年的 Tampa Sports Authority v. Johnston，2006 年的 Johnston v. Tampa Sports Authority，2008 年的 United States v. Abu Ali. 即便放眼整体恐怖活动犯罪之处置，司法机关也几无案件经手。以法律控制体系相对完善的恐怖融资犯罪为例，近十年来，2005 年、2006 年、2008 年和 2009 年，我国检察机关没有对任何一起资助恐怖活动罪的案件批准逮捕和提起公诉，2007 年亦只对 1 件 1 人提起公诉。① 根据中国反洗钱报告，从 2010 年开始，全国检察机关加大了对涉嫌恐怖活动犯罪的司法处置力度。如 2012 年批准逮捕涉嫌恐怖活动犯罪案件 10 件，2013 年批准逮捕涉嫌资助恐怖活动犯罪案件 3 件，提起公诉 2 件。② 笔者亦在中国裁判文书网上搜索到一起 2014 年的资助恐怖活动罪的判决案例。总体而言，暴力恐怖犯罪活动的司法适用与其多发、常发的现实状况并不匹配。

究其暴力恐怖活动犯罪法律控制出现"雷声大雨点小"局面的原因，主要有两个方面。一是反恐法律文件过于宏观，有些条款仅具有宣扬意味，即便其设置有附属刑法条款，也需要依赖于刑法的具体规定。然而，我国刑法相关恐怖活动罪名的设计虽然经过最新修正，但仍然存在罪名外延含混、特征不鲜明的缺憾，导致司法实践中，对一些恐怖活动行为要么无所适从，要么当作一般犯罪处理。在刑事追诉程序上，没有针对恐怖活动犯罪进行特别设计，甚至没有明确恐怖活动犯罪的侦查权限，这些法制上的缺陷是导致司法实践中无法追诉或者追诉无法深入的根本原因。另一是恐怖活动犯罪者的反侦行为增加了实践中的辨识难度。例如一些涉嫌资助型恐怖活动犯罪者通过"化整为零""异地转存"等行为躲避了金融机构的管控，从而规避了刑事追诉。在侦查阶段，基

---

① 参见王新：《零适用的审判现状：审视资助恐怖活动犯罪的适用》，《政治与法律》2012 年第 7 期。
② 参见李春：《恐怖融资犯罪防控路径研究（上）——以刑法 120 条和 191 条为视角》，《犯罪研究》2015 年第 5 期。

于恐怖活动犯罪错综复杂的成因、样态及其背后盘根错节的宗教、民族等因素，很难调取有效证据。在以共同犯罪形式出现的恐怖活动犯罪案件中，还存在主犯、从犯区分上的难题。这种区分和认定的困难会一直延续到审判阶段。

基于此，不管实践中有无或者有多少体育暴力恐怖活动犯罪的判例出现，但无论如何要构建针对连同整体暴力恐怖活动犯罪在内的司法介入机制，且突破点在侦查，重点环节在起诉和审判。

既然刑事实体法将某些类型恐怖活动的外围行为和前期行为作为刑法规制的目标，刑事诉讼法理当跟进。作为刑事诉讼推进环节的侦查，需要因时而动，在必要时甚至要提前介入。由此甚至需要寻求一般证据之外的方法，即对涉嫌恐怖活动的行为进行推定。基于恐怖活动的严重危害性和急迫性，许多国家认可对其推定为一种证明方法。具体可以根据其犯罪行为、特定身份、携带的物品与接近的场所、是否接受恐怖组织的培训等因素进行推定。[①]

当然，针对司法实践中侦查权冲突以及多部门合作不明等问题，尚需要需求司法解释乃至立法的方式予以明确，以便于构建针对暴力恐怖活动犯罪的多元化司法介入体系。我国于此进行了有益尝试，例如2014年"两高"联合公安部发布《关于办理暴力恐怖和宗教极端刑事事件适用法律若干问题的意见》，2014年中国人民银行、公安部、国家安全部联合制定《涉及恐怖活动资产冻结管理办法》等。

多元化司法控制理念要求，在刑事诉讼过程中，不仅不同司法机关之间、司法机关和国家情报机关之间需要协同，还要如上文所言，借助于一切可以利用的力量。在制定具体侦查策略时，可以采用一切必要手段。例如，为破解侦查困局，必要时可以采用卧底侦查、线人侦查等各种侦查手段。当然，与此同时，需要强化对证人以及被害人的人身保护

---

① 参见李富成：《恐怖犯罪中的推定》，《犯罪研究》2013年第3期。

力度。针对借用"人体炸弹"等自杀性恐怖袭击，司法机关需要加强和情报机关的合作，加大对其外围组织和动向的把控力度。针对武装恐怖组织，需要加强安保力量，加大巡查力度，必要时借助于军事力量予以打击。

在针对恐怖活动犯罪的刑事诉讼推进过程中，我国可以借鉴英美等其他国家经验，实施不同于应对一般犯罪的强制措施。例如实施先行拘留、延长拘留期限，一定程度上松绑逮捕审批和决定权限，针对隐私权和财产权实施特别侦听、搜查及冻结，不允许取保候审和监视居住等。① 在审判过程中，对于暴力恐怖活动犯罪者尽可能适用实刑，对犯罪的个人或单位，增加罚金刑和资格刑的适用，以切断其犯罪资金链。

第四节　体育领域歧视犯罪

体育领域歧视现象无时不在，无处不在。体育歧视类型多样，既有身体、性别、年龄等自然意义上的歧视，也有民族、宗教、种族、政治等带有社会属性的歧视。体育歧视的本质是一种差别对待，源自基于距离而产生的认识偏差。偏见与傲慢是体育歧视的心理动因和外在表现。体育歧视产生有其心理根源、历史文化根源和政治经济根源，因而体育歧视兼具自然和社会属性。体育歧视根本上违背体育之公平精神，并且已经对体育肌体造成多重伤害，为此，需要借助文化塑造、制度建设和法律规制的力量予以消解。

2019 年 7 月，韩国光州游泳世锦赛，中国运动员孙杨获得世界赛200、400 米自由泳冠军，其中更是在 400 米自由泳上完成四连冠。不过孙杨的辉煌成绩却因澳大利亚运动员霍顿和英国运动员斯科特的不合作而蒙上一层阴影。早在三年前，霍顿就在 2016 年里约奥运会赛后新

---

① 　参见杨正万、王成：《惩治恐怖犯罪中的强制措施——基于比较法角度的分析》，《昆明理工大学·社科（法学）版》2008 年第 5 期。

闻发布会上突然指责孙杨药检阳性，引起一片哗然，之后，霍顿抓住不放，连续多年在多个场合对孙杨进行攻击。[①]霍顿及其背后支持者和呼应者针对孙杨的"拒绝合影""拒绝握手""攻击"等一系列事件，此处姑且将其概括为"孙杨事件"。孤立地看"孙杨事件"，其透射出外国运动员的不友好、不礼貌乃至诬蔑行为。傲慢、诽谤、猜忌和无端挑衅是什么？究其本质，它是一种歧视。歧视就是一种不平等对待。从霍顿之后对其他西方国家运动员的迎合以及国际泳联的反应也能看到。在英国选手斯科特与孙杨发生摩擦后不久，国际泳联（FINA）颁布一项新的行为准则。该准则适用于国际泳联所属的所有运动员等人，禁止任何政治、宗教和歧视性行为。[②]

针对这种歧视，孙杨本人亦及时予以回应。譬如，在韩国光州世锦赛上，孙杨对霍顿的轻蔑举止和无礼行为，应对得有礼有节，表示"你可以对我有意见，但颁奖是非常神圣的，你有千万个不愿意，但你站上领奖台的时候，就是要对中国尊重"[③]。于此，孙杨一语道破了霍顿及其背后支持者的歧视缘由、目的及后果。不过，对于效仿者英国运动员斯科特，孙杨的回应稍显急躁，不仅用怒吼、挥拳、摆手等肢体语言表达愤懑情绪，其后的"You are loser"之表述亦稍带讥讽意味。为此，孙杨也受到了国际泳联的警告。这也同时警示，人们在面对歧视的时候，究竟该如何回应。

当然，"孙杨事件"中的歧视或许性质并不是最恶劣的，引发的后果也不是最为严重的，但其只是体育领域歧视的冰山一角。来自肤色、身体、种族、宗教、国籍、民族、地域、性别、年龄、教育、就业等各个层面的歧视现象不断侵蚀着体育肌体，腐蚀着体育公平竞争的环境，

---

① 参见刘艾林：《"霍顿们"何以对孙杨大动干戈？》，《北京青年报》2019年7月25日。
② 参见佚名：《国际泳联颁新规：禁止在颁奖典礼等场合对其他选手做不当举动》，2019年7月26日，第A15版。
③ http://mil.news.sina.com.cn/2019-07-21/doc-ihytcitm3625541.shtml，2021年7月25日登陆。

成为体育界挥之不去的阴影乃至毒瘤，严重影响着体育活动的健康发展。笔者将以此为进路，探寻体育歧视现象及其发生根源，并寻找应对策略。

一、体育歧视现象述略

歧视无处不在，无时不在。可以说，歧视基因几乎已经深深种在人类的血脉之中，一部人类发展史同时也是一部根深蒂固的歧视史。白人歧视有色人种，富人歧视穷人，城里人看不起乡下人，本地人瞧不起异乡人，喝咖啡的讥讽吃大蒜的。于是，"乡巴佬""泥腿子""穷光蛋"成为一种流言俗语。体育，尤其是竞技体育，本该是崇尚天赋、公平竞技的领域，但毫无疑问，这里同样充满歧视，并且林林总总，姿态纷呈。

（一）体育领域的歧视乱象

"孙杨事件"所表现出的歧视是一种国籍、种族抑或是肤色上的歧视。正如其他西方国家人士"抱团"批评孙杨，以及后续比赛中，几位同为西方国家的获奖运动员在领奖台上刻意亲昵，无视孙杨伸手示好无礼走开，甚至有西方国家记者就此事在中国外交部例行记者会上诘问外交部发言人。如此等等。这一系列行为都隐隐透露出一丝国籍歧视乃至政治、民族歧视意蕴。体育领域的国籍歧视比比皆是。塞尔维亚人德约科维奇是当今伟大的网球选手，十六届"大满贯"和"金大师"拥有者，不过其在一些赛事中似乎并不受待见。在2019年夏天的温网决赛中，尽管他最终赢得比赛，但是在与拥有"全球主场"的瑞士选手费德勒的对决中，不断领受现场观众的嘘声乃至谩骂，显然遭受了不公正的际遇。

从歧视主体来看，针对孙杨、德约的国籍歧视似乎是民间的、自发的。与之相应，还存在一种政治性、规范性的国籍歧视。例如欧洲一些国家对于来自其他国家运动员进行种种限制。以足球为例，在1960年代就有一些国家的足协制定有限制外国运动员的规则。之后虽然经过欧盟委员会的斡旋乃至欧洲法院的裁决，欧洲足协及其欧洲国家的国籍歧视并未完全消除。类似的歧视也存在于其他体育项目之中。①

更令人义愤填膺的是，竟然有些殖民国家在他人国土上大搞体育国籍歧视。例如，西方殖民者于1837年在广州成立的划船俱乐部，其章程第十四条便明确规定，该组织的比赛活动，中国人马来西亚人不得参加。②在西方殖民者侵入非洲各国的时候，也强行给非洲本土竞技体育贴上"鄙俗与荒唐"的标签。③

与国籍歧视相伴的往往有种族歧视，或者说一些国籍歧视同时也是种族歧视。二十世纪中叶，是现代体育飞速发展的时期，但也是"体育种族歧视根深蒂固的时期"。④直至今日，种族歧视的因子仍然深植于体育土壤里。体育领域可视性和扩散性更强的种族歧视往往发生在赛场上。例如，活跃在英超赛场的韩国足球运动员孙兴慜就不断遭受种族歧视。从被人对着"拉眼角"到被球迷喊作"卖DVD的"（卖碟片的）。⑤因不同民族或者不同肤色球员而产生的种族歧视花式繁多，如向黑人球员扔香蕉，对英超球队热刺球迷喊"犹太人"的口号，瑞士人在对阵塞尔维亚的足球看台上打出"双头鹰"的标志等等，不一而足，而因此引发的冲突乃至制造的犯罪事件也时有发生。

一些国家相关体育组织在招录成员时存在一定程度的种族歧视。与赛场内外发生的民间的、自发的、个体的种族歧视相较，这种带有法律性的规程式的种族歧视对体育造成的伤害或许更为严重。例如，美国

---

① 参见周青山：《欧盟体育领域国籍歧视的法律规制——基于判例的考察》，《体育科学》2012年第32卷第3期。

② 参见颜绍泸、周西宽：《体育运动史》，人民体育出版社1990年版，第347页。

③ 参见张训：《体育犯罪样态演化研究》，《犯罪研究》2014年第5期。

④ 参见盛文林：《网球——体力与意志的结合》，台海出版社2014年版，第148页。

⑤ 拉眼角被视为西方人对黄种人种族歧视的标志性动作。参见：http://sh.qihoo.com/pc/97c2963cbf5bdc65d?sign=360_e39369d1.卖DVD则是英国伦敦有黄种人在此以卖DVD为生，英国人非常看不起外来的这些底层工作的黄种人。于是，卖DVD的成了亚洲人的标签，英国人在吐槽或是表示讨厌亚洲人的时候，才会用这样的词语。参见：https://baijiahao.baidu.com/s?id=1622726024951378747&wfr=spider&for=pc。

NCAA（全国大学体育协会）所制定的录取条件之规则适用导致许多少数族裔学生运动员达不到该条的要求，无法获得奖学金进入大学，因而被认为存在种族歧视，并由此引发了 Cureton 诉 NCAA 案。[①] 此外，世界各国尤其作为多民族移民国家的美国，在就业、运动员选拔与训练、体育娱乐设施的使用等方面，也存在严重的种族歧视问题。

宗教信仰是一种自由，也是一种平等。没有所谓的优等宗教，也没有来自宗教外的歧视。对于体育人士的宗教信仰，任何国家或体育组织都不应妄加干预。体育是最具开放性和公平性的人类活动，对于参与者皆不能因为宗教信仰不同而区别对待。运动员在体育场上带有宗教仪式感的行为举止、服饰打扮都应当被允许和尊重。体育活动举办者或者相关体育组织不能因此临时性地剥夺运动员的参赛资格或比赛成绩，不能因为运动员因参加斋戒日放弃参加训练或者比赛而受到处罚。事实上，并非如此。就连著名拳王阿里都因为宗教信仰拒绝服兵役而被剥夺拳王称号。

而在性别上，一些国家和体育组织，排斥妇女的立场至今未变。虽然女性在身体条件上与男性存在自然差距，不过，仅以身体魅力而言，女性亦有其独到之处。以展示人体美感的古希腊著名雕像为例，"掷铁饼者"展示了男性的肌肉线条和力量之美，但"维纳斯"亦同样显示了女性的力量和爱的美感。女性给竞技体育增添了曲线之美和灵动之美。遗憾的是，正如人类社会发展史一度就是一部女性歧视史一样，体育领域同样充斥着对女性的歧视和不尊重。2002 年，美国佐治亚州奥古斯塔国家高尔夫球俱乐部坚持 70 多年前的传统，拒绝女性使用该球场。[②] 直到今天，在一些体育项目和赛事活动中，女运动员不仅无法获得同工同酬，而且在场次安排和观众热情度等方面也不能与男子相提并论。例如，温网赛事主办方一般都将女子比赛安排在外场。中国女子足球运动员和男子足球运动员的待遇鸿沟也是一个明显的例证。

---

① 参见周青山：《美国体育领域种族歧视的司法救济》，《武汉体育学院学报》2015 年第 49 卷第 3 期。
② 参见颜绍泸：《竞技体育史》，人民体育出版社 2006 年版，第 57 页。

体育领域的歧视还体现其他方面。职业篮球者看不起街头篮球者；练搏击的看不上练套路的；踢足球的看不起打乒乓球的；暴走一族看不起广场舞一群；打高尔夫的自视为贵族运动。如此等等，不一而足。

（二）体育歧视的归类

体育歧视现象林林总总，看似眼花缭乱，但其又具有一定的规律性和特定性，因而可以依据不同的标准进行划分与归类。

依据内容和对象，体育歧视可以划分为国籍歧视、种族歧视、性别歧视、身体歧视、地域歧视、年龄歧视、项目类别歧视等等。此处将结合具体事件，以图示之。

表 8　以行为对象为划分标准的体育歧视类型一览表

歧　视　事　件	类　型
2018 年 2 月 10 日网易体育报道：日本羽毛球品牌巨头宣称，该品牌与印度著名羽毛球运动员辛杜分道扬镳，并称印度为"穷国"，言明不会再赞助印度等穷国的运动员。	国籍歧视
2018 年 9 月 12 日，据英国《每日镜报》消息，此前涉嫌种族歧视的智利中场巴尔德斯在自己的个人社交媒体上公开进行了道歉。在此前的国际友谊赛中，智利做客挑战韩国，最终双方战成了 0—0。巴尔德斯在与球迷合影时做出了一个拉眼角动作，疑似对亚洲人种族歧视。 2021 年 7 月的 F1 英国大奖赛，车手汉密尔顿与维斯塔潘在第一圈发生事故，两人赛车轮对轮 PK，结果维斯塔潘被撞出赛道，并被医疗车带走检查，汉密尔顿虽然被罚时 10 秒，依然拿到本站冠军。汉密尔顿在夺冠后几个小时内遭到了车迷的种族主义辱骂。汉密尔顿所在车队梅赛德斯在社交平台发布了一篇庆祝汉密尔顿获胜的帖子，而车迷在回复时不仅发表了种族主义言论，还有车迷发出了一个"猴子表情包"的表情。	种族歧视
温网除了很少将女子比赛安排在中央球场以外，且还一直保留"着装全白"这条老规矩，而这条规矩的由来就是因为 19 世纪的人们见不得女士打网球流汗，而白色能够掩盖汗渍。在其他赛事中，要么为了增加观赏性，要求女性穿上超短裙；要么因为宗教原因，要求女子穿上长衣长裤并包上头巾。	性别歧视
2014 年 12 月，美国的一名残疾选手向美国蒙大拿人权局提出申诉，指控本土举办的米苏拉马拉松主办方对残疾人存在歧视。他参加了轮椅竞速的比赛，在临近终点的时候，一位志愿者告诉他要么离场要么"起来走"。	身体歧视

续表

歧 视 事 件	类 型
意甲联赛中，尤文主场对阵热那亚，主场球迷多次高喊攻击那不勒斯人的地域歧视性口号，并合唱地域歧视歌曲。意大利足协体育法庭因此在赛后对尤文俱乐部进行了处罚。	地域歧视
国际足联规定，裁判员年龄超过 45 周岁就不能执法国际比赛，即便你身强力壮；世界台联限制参赛选手年龄，即便你技艺超群。阿森纳功勋教练温格则因近年球队战绩不佳被斥之为"老了不中用了"而声称遭受了年龄歧视。	年龄歧视
比如电竞、冰壶、棋类等项目因为缺乏观赏性或者被视为冷门而上不了直播。有些西方人瞧不起中国乒乓球运动。	项目歧视

依据行动方式，体育歧视主要表现为动作歧视、话语歧视、标语歧视。动作歧视是指通过带有特定歧视意义的动作完成歧视意图，其同时也是一种肢体语言歧视。话语歧视则可以通过口头语言表达，也可以通过书面语言表达，既可以以体育俗语、俚语的方式，也可以通过体育官方语言的方式表达。标语歧视的表现形式多样，可以以书面语的方式，也可以通过符号语言的方式。具体图示如下：

表 9　以行动方式为划分标准的体育歧视类型一览表

歧 视 事 件	类 型
2019 年初，我国球员武磊刚刚登陆西甲，有球迷做出拉眼角动作，疑似遭遇种族歧视。2018 年世锦赛预赛，塞尔维亚女排战胜日本女排出线后，她们集体做出了用手指"上吊眼角"的 POSE，凹造型庆祝胜利。2014 年 4 月，巴萨后卫阿尔维斯遭遇比利亚雷亚尔球迷扔香蕉，阿尔维斯干脆一口吃掉，随后引发了全球吃香蕉的热潮。2014 年 5 月，在马竞对阵莱万特的比赛里，马竞球迷模仿猴子的动作，以此嘲讽莱万特球员迪奥普。詹姆斯投完三分球，将三分手势放在眼睛前的庆祝动作在巴西被视为种族歧视的手势，因而被联盟禁止并处罚。	动作歧视
有人因英国著名跳水运动员戴利同性恋而称其为"基佬"。在一次大学的会议上，以色列霍隆市市长称黑人篮球运动员为"黑鬼"，并因此道歉。国内某联赛中，某些不理性的主队球迷使用"猴子""某地狗"等"恶称"招呼对方球员和球迷。	话语歧视
NBA 巨星詹姆斯在洛杉矶的房子遭到了种族歧视者的涂鸦，破坏者在前门上喷漆写上了"N"字符号（N 意为黑鬼）。2012 年欧洲杯小组赛，俄罗斯球迷在看台上打出"攻陷华沙"的标语。	标语歧视

依据性质严重程度，体育歧视分为一般性歧视行为、违法性歧视行为和犯罪性歧视行为。体育领域一般性的歧视行为最为常见，如慢待、无礼、差别对待和讥讽等，行为性质较轻，有时甚至带有调侃和戏谑意味。违法性歧视行为则较为严重，采用的手段和方式也较为恶劣，如咒骂、侮辱、诽谤等，因此会造成被歧视者名誉权等受损的后果。如果歧视行为进一步恶化，就会促使行为性质变化，甚至演变为犯罪行为，致使被歧视人自由权、隐私权、人身权、人格权等遭受侵犯。

表 10　以行为性质为划分标准的体育歧视类型一览表

歧　视　事　件	类　型
2002 年，已经转行做解说的 NBA 球星巴克利非常看不起姚明，甚至在转播时和搭档肯尼—史密斯打赌，说姚明整个职业生涯，只要有一场球能达到 19 分，就亲史密斯的屁股。结果，巴克利自然是认输，并亲了驴子的屁股。	一般性歧视
2005 年，在吉尔梅斯和圣保罗的比赛中，阿根廷球员德萨巴托在后场与圣保罗前锋格拉菲特拼抢，两人随后就发生了冲突，德萨巴托随口骂了一句 "negro（黑鬼）"。没过多久警察就进入了场地，直接拘留了德萨巴托，理由是他使用了 "种族主义语言"。其后，他被采取强制措施几十个小时，交了 10000 雷亚尔保释金才得以释放。	违法性歧视
体育领域常有猥亵事件发生，针对女性的可视为性别歧视，针对儿童的可视为年龄歧视，情节严重时即构成强制猥亵罪或猥亵儿童罪。例如，美国游泳教练安迪·金犯猥亵少女罪，被判处 40 年徒刑。	犯罪性歧视

此外，体育歧视还可以做出其他类型划分，如根据歧视的形式，可以将其划分为直接歧视和间接歧视；根据有无法律规范，可将其划分为形式歧视和实质歧视；根据歧视主体身份，可分为民间歧视和官方歧视，等等。

二、体育歧视探源

歧视作为人类社会一种特有的现象，其本质究竟是什么。不同的领域存在不同的歧视，那么，体育歧视又是如何发生的呢？其本质又是什么，具有哪些性质，产生的根源是什么？

（一）体育歧视的本质

歧视的本质是什么？站在不同的角度，人们会得出不同的结论。从权利角度而言，歧视是差别对待。在心理学上，歧视是一种因视觉偏差而形成的自我优越感。在社会学上，歧视是一种对他者某种资格和机会的剥夺。在文化学上，歧视是一种主流文化对亚文化、圈内文化对圈外文化的偏见。在经济学上，歧视意味着垄断与不公正竞争。在政治学上，歧视是基于偏见的故意行为或敌对行为。[①]

说到底，在心理形成及表现机制上，歧视是人类中心主义、自我中心主义的产物，是自恋和嫌恶他者的表现。因此，歧视是人的一种主动心理诉求，带有强烈的个体性和主观性，难免因人而异。但歧视绝不仅仅是个体的，它更是群体和社会现象。因而，歧视带有浓烈的历史传承性，社会性是其本质属性。

体育尤其是竞技体育是以身体为核心建立起来的特殊领域，因而在自然性上，天赋异禀的身体素质和个人英雄主义是竞技体育魅力形成的物质和心理基础。不过，体育同时离不开社会，更是一种特殊的社会。由此，体育歧视不仅会体现为一种个体的歧视，更会产生群体性歧视。这就使得体育歧视兼具个体和群体特质、自然和社会属性，但本质上，体育歧视的属性是社会性的。

那么，在此前提下，人们就容易理解发生在体育领域中的每一种歧视类型的本质了。在以身体为资本的竞技运动中，天赋、年龄、性别等是决定运动成绩高度的自然因素，亦成为获得优越感的衡量标尺。身体之外，经济、政治、地域、出生等社会因素也为滋生歧视创造条件。譬如，以活动成本来看，马术、高尔夫往往被称为贵族运动，而跳绳、踢毽子被称为平民运动。这种划分与称谓本身又何尝不带有一定的偏见呢？说到底，体育歧视是自然差别和社会分层的衍生物，更多地表现为

[①]　［美］特里·H.安德森：《美国平权运动史》，启蒙编译所译，上海社会科学院出版社2017年版，第123页。

一种根深蒂固的文化偏见。概括而言，体育歧视就是基于身体、性别、年龄、经济、种族、国家等自然和社会因素所形成的先天或先发优势而对处于相对劣势地位的个人及群体所持有的偏见。

体育歧视所表现出来的偏见，无形中给体育活动的开展制造了壁垒，违拗了体育活动开放、融合、交流的本性，因而在根本上是反体育性的。拓展开来，体育歧视还具有一定的反道德性和违法性特征。现代体育，社会体育意味着健康与快乐，竞技体育意味着更快、更强、更高，学校体育意味着传承与发展。体育领域，无论男女，不问东西，不管出生与地位，不管项目类别，每个人都是平等的，任何歧视都是不道德的，甚至是违法或违宪的。

（二）体育歧视的根源

有人在评述"唯女子和小人为难养也，近之则不孙，远之则怨"时说道："在儒家看来，缺乏距离意识的亲昵，是女人和小人共有的特质。与其说这是歧视，不如说由经验和观察得来的归纳性的知识。"[①] 姑且不论《论语》中这句话的确切要义，但这一评述确实一语道破歧视产生的根源，即基于距离经由认识偏差最终形成的一种经验图式。距离能够产生美，亦能制造隔阂。这种形成歧视的距离就是歧视的最直接根源。它既有心理层面的，也有生理层面的，既有自然意义的，更有社会意义的。

大致上，体育歧视的根源可概括为以下几个方面：

其一，心理根源。歧视本就是一种心理活动，任何歧视都能够寻找到心理根源。体育尤其是竞技体育是靠身体说话的人类活动。身体和心理又是严密结合的，由心理因素促成的歧视，在体育领域毋宁说也是由身体引发的。也就是说，体育歧视产生最根本的动因还在于个体身体上的差异。在身体和力量对抗激烈的运动中，身体要靠心理驱动，反过

---

① 参见熊逸：《王阳明——一切心法》（上册），北京联合出版社 2016 年版，第 120 页。

来，身体的优势必然烙印在心理上，从而由身体优势转化为心理优势。由此，身体优位者促成心理优势者，容易形成一种权威人格。权威人格的一大特点就是不反省自己、不自我批评，他们一贯认为自己的想法是正确的，别人的观点总是错误的。[①]殊不知，身体、心态、智商往往具有心理学上的补偿效益。具有上乘的身体素质，不一定具有良好的心理素质，也不一定具有上佳的运动情商，更不代表着一定能够取得运动佳绩。对于狂热的体育粉丝而言，当现实与预期发生矛盾，尤其是剧烈的反差刺激心灵的时候，于是，就会有崇拜般的期待变成难受的轻视，甚至厌恶与反感。[②]由此，歧视和被歧视的歧视链最终锻造成型。

这只是一种自然意义上的心理推导。事实上，任何一种歧视都是一种心理活动的外在表现，因为正如上文所述，任何歧视都是基于距离偏差而形成的心理偏见。在此意义上，偏见与傲慢是体育歧视的心理动因和心理外显。

其二，文化历史根源。如同任何一种歧视都能寻找到心理根源一样，任何一种歧视现象背后都有深层次的文化历史根源。性别歧视又何尝不是千百年来人类社会父权制埋下的文化基因。就如西方女权主义者将父权制看作是一种根植于文化当中的、具有历史传承性的意识形态观念。[③]在体育领域，人们更容易延续和夸大男女性别生物学意义上的差距，将天然有别的性别歧视上升为一种根深蒂固的文化偏见：女性本该如此。体育领域的年龄、身体残疾歧视亦概莫能外。正如学者所言，人类社会中，身体缺陷引发的问题不仅仅停留在生理层面，更多地涉及文化社会层面。[④]

---

① 参见刘翔平：《传统樊篱的超越：现代人格取向与养成》，吉林人民出版社 2005 年版，第 135 页。

② 参见龚祖培：《文人相轻的现代阐释》，四川大学出版社 2010 年版，第 150 页。

③ 参见史巍：《现代性批判的别样曲——从〈资本主义的终结〉看西方马克思主义女性主义的资本主义观》，东北师范大学出版社 2015 年版，第 41 页。

④ 参见黄剑：《"边缘人"角色的构建——身体缺陷者社会歧视的文化社会学分析》，《江西师范大学学报》(哲学社会科学版) 2009 年第 42 卷第 1 期。

文化偏见就如同文人相轻，是人类文明史中的一种异化现象。文化偏见源于文化的差异，"是指人们由于文化差异对一些行为、传统等在认知上存在偏差的现象。文化偏见在跨文化交流中普遍存在。"①体育活动是世界性的，但作为一种文化同时滋养于某一文化之中，它必然带有强烈的地域性、民族性。不同的文化喜好和因此形成的偏见会反应在体育的角角落落。甚至因此带来体育领域的宗教、种族、民族等歧视。如纳粹德国在1936年柏林奥运会对犹太人实施的驱逐就不仅仅是政治歧视，同时也是民族和宗教歧视。因为，有人认为犹太人遭到仇恨的根源是他们与众不同的宗教，是他们自称为上帝"特选子民"的观念。②

其三，经济政治根源。体育运动中，有些项目的确烧钱，譬如F1；有些运动的确是有闲有钱阶层才能够触碰，譬如高尔夫。所以，一些体育活动的开展、普及与获取殊荣皆需要建立在经济基础之上。但亦由此，会产生由经济因素所导致的歧视现象。这种经济衍生的歧视蔓延于从个人到民族再到国家的各个阶层。人与人之间的歧视、国与国之间的歧视，盖因其中一方取得经济上的优势地位。个人可以因为能够从事高贵的运动而歧视来自底层的人，国家可以因为有经济后盾而在设备、训练、营养、恢复、比赛等各个方面显得财大气粗。由此，人们看到大国地位不仅仅体现国内生产总值上，还体现在以此为基础的包括体育在内的所有领域。

亦因此，体育歧视的经济根源必然会与政治根源有着千丝万缕的关联。经济是政治歧视的根源，或者说政治本就是经济的集中表现。由经济极差所催生的阶层性是政治形成的主导因素和外在表现。而在体育领域，一些来自发达国家和民族的运动员的优势不仅仅体现在卓越的运动成绩上，还同时体现在其背后的国家政治、民族文化、种族势力上。不

---

① 参见只寿仁：《创新思维力》，新华出版社2015年版，第60页。
② 参见肖宪、黎志军、王训田：《犹太巨人》，中国工人出版社2007年版，第243页。

少体育事件本身就是政治事件，如纳粹德国举办奥运会对犹太人的驱逐，苏美之间奥运抵制等等，而体育歧视只是政治歧视的一个缩影。即便在和平年代，东西方政治文化的差异所导致的体育歧视亦与政治性有所勾连。譬如在孙杨事件中，西方记者向中国外交部发问，旨在将其上升为政治事件，或者至少怀有让此事件沾染一定政治色彩的企图。一位美国体育领导者也认为，体育为他们提供了一根在美国的一极上撬动世界的杠杆。① 由此，人们也就不难理解前些年国际足联腐败窝案其实就是美国主导下的一场政治丑闻。

从对体育歧视的本质及其产生根源上的探析中，也可以大致概括出体育歧视具有历史传承性、文化性、经济性、政治性、民族性、地域性、行业性等特性。

三、体育歧视的消解

上文述说，一部人类史就是一部歧视史，但反过来，它同时也是一部反歧视的历史。正如学者所言，"进入 21 世纪以来，平等与禁止歧视的观念开始步入我国的主流价值并形成社会共识。不受歧视权从纸面上的法律规定，开始进入社会生活各领域中。"② 同样，体育的历史也是一部不断排斥和禁止歧视的历史，是一部文明、平等的历史。文化是制度之母，制度是法律之父。人们在文化塑造、制度建设和法律规制等方面为消解体育歧视做出贡献并指明发展方向。

（一）文化塑造

体育并非简单的运动或者竞技，它从古至今，积淀了深厚的文化根基。③ 而歧视是一种文化偏见，需要借助于纯净文化土壤来消解。今天

---

① 参见舒盛芳：《大国竞技体育崛起及其战略价值研究》，上海人民出版社 2015 年版，第 352 页。
② 参见周伟：《从身高到基因：中国反歧视的法律发展》，《清华法学》2012 年第 2 期。
③ 参见张训：《体育职务犯罪实证分析——主要以国际足联腐败案为考察对象》，《体育与科学》2015 年第 36 卷第 5 期。

的人类文化呈现多元化趋势，多元就意味着碰撞，但也意味着包容。尤其是作为竞技体育文化，其核心要素在世界范围内是一体的，具有普适性。这令体育文化包容有了坚实的基础。包容就意味着消除歧视。民族之间、种族之间、性别之间、穷富之间、身体健全与残疾之间，歧视是体育融合的最大绊脚石。为此，需要借助于各种文化方式以消解存在于体育领域的诸种歧视，并借此弘扬体育文化理性，塑造风清气正的体育文明。

在宏观层面或者顶层设计上，各国不仅要正视多民族、多种族、多体育文化存在的现实，还要正视国际体育交往中多元文化的流通与相互影响，在此基础上需制定弘扬本民族体育主流文化兼容并蓄多元体育文化机制。目前来看，不少国家正在多元体育文化政策上做出努力。

在微观层面上，人们能够看到世界各国在打破体育壁垒和消解体育歧视，为塑造积极的体育文化做出贡献。譬如有些国家能够弥合因政治隔阂而形成的民族罅隙，在国际体育盛会上联手组队；有些宗教国家打破教规的约束将最优秀的女性运动员选拔出来；有些移民国家则消除种族隔阂，给有色人种提供展示身体才华的舞台。

在具体路径上，人们可以通过影视、网络、媒体、技艺切磋、民间交往等各种方式传递和表达不同体育文化。美国电影《光辉岁月》就是讲述一个黑人教练在黑人学校和白人学校合并后如何弥合种族裂缝带领学校橄榄球队走向胜利的励志故事。借助影视作品等文化宣传的方式，可以展示人们对体育领域种族歧视之痛斥和反对的心声，并以此达到净化民族、种族的体育文化氛围。

在日常生活中，每一个公民都有持守体育文化理性的义务，并要将其上升到法律义务的高度。尊重体育文化，首先从尊重人格权开始。譬如有人带有讥讽意味地调侃"你的数学是体育老师教的吧！"这一言行无疑是对他人人格权的亵渎。弘扬理性的体育文化，还要讲究技巧。譬如，在公交车上，给老弱病残让座应该视为一种文明礼仪，但为何有人拒绝坐上标有"老弱病残"的专座呢？因为，"老弱病残"这种称呼似乎就带有歧视性。这也启示人们，针对弱者的体育文化策略的机敏之处是给每个被照顾者应有的尊严。

（二）制度制约

制度是文化的保障。人类文明是从建立制度才真正开始的。体育也不例外。任何缺失规则的体育运动都是野蛮的，没有生命力的。当然，体育规则只是体育制度中的一部分。体育文明的底线是，即便没有更为合理的制度，也要做到现有制度能够被合理运用。这也是所谓的制度的理性和理性的制度。

体育的文明和平等不仅仅需要拥有理性的体育制度，还体现在制度被理性运用和执行。前者，体现在制度制定和完善上的文明。人类体育史发展数千年，体育制度史亦跟随数千年，从古希腊、古罗马时代，体育制度文化就蔚然成风。时至今日，国家、国际组织加大体育制度的完善力度，以保障最大化、全方位地实现体育的公平。以世界足球运动及其文化发展为例。足球文化是由不同物质所构成的复合体，即由足球精神文化、足球物质文化和足球制度文化等所构成。[1] 在足球制度建设上，各级足球领导机构，从国际足联到各大洲足联再到各国足协，体系完备；国际足联、洲际足联、各国足协和联赛组织都制定有翔实的活动章程；各级足联设置执行委员会、裁判委员会、纪律委员等分支体系；应对主办者、球员、裁判、球迷等越轨行为的组织机构亦逐级递进，从足球纪律委员会到体育仲裁机构再到行政司法机构；从权利保障到各层级救济，一整套制度环环相扣；从听证到裁决，程序完整。当然，体育制度需要顺应时代进行革新。诸如在中国足球、篮球等领域开展和实施的体育行政机构与体育社团之间"政社分离""管办分离"的运行机制就是一种制度上的创新。

---

[1] 参见麻雪田、李仪：《足球比赛理论与实践》，北京体育大学出版社 2008 年版，第 214 页。

后者，体现在制度执行和实施中的文明。制度是用来执行的。真正的制度是在执行的过程中形成和完善的。[①]制度的文明及理性也是在执行过程中得以体现的。用制度制约体育领域中的差别对待，至少要在三个环节上解决三个问题。第一个问题是由谁执行？也就是在决定或遴选执行者的环节上保证能够组建文明的队伍。第二个问题是如何执行？也就是在执行程序设计科学、理性与开放的前提下，保障执行的公开透明和一视同仁。第三个问题是如何监督？也就是要保障其他人能够拥有和实现知情权、参与权、表达权和救济权。

（三）法律规制

法律是制度的底线。或者说，法律本身就是一种制度，只是更加正式。正式制度具有约束作用，规定着行为体的权利和义务。[②]法律是整个社会制度体系的减震器。在体育制度体系中，法律依靠威慑力和强制性成为消减体育歧视的最后铁闸。

就目前来看，国际组织、区域组织及世界各国在国际法、区域法和国内基本法律层面已经为规制包括体育歧视在内的歧视问题制定了较为严密的法律体系。

国际法层面，除了在国际人权宪章和区域人权文书中呼吁保障平等权外，还制定了一系列防止歧视的国际公约。其中就包括《反对体育领域种族歧视国际公约》。[③]保障人权的国际公约作为综合性的国际法律，自然涵括了包括消除体育歧视现象的法律规定，而《反对体育领域种族歧视国际公约》则是作为专门性的反体育领域歧视的国际法律规范，为国际社会组织尤其是国际体育仲裁机构和国际法院判定体育歧视违法提供最直接的依据。在其他综合性或者针对性别、劳动就业、宗教、种族等其他歧视的专门性国际法律中，也能够寻找到旨在消除体育歧视的法

---

① 参见彭和平：《制度学概论》，国家行政学院出版社 2015 年版，第 128 页。
② 参见凤张静：《分析马克思：社会合作及其发展》，重庆大学出版社 2014 年版，第 147 页。
③ 参见肖君拥：《国际人权法讲义》，知识产权出版社 2013 年版，第 181 页。

律支撑。

区域法仍然属于国际法范畴。欧盟等国际区域联盟制定的消除体育歧视的区域法体系亦主要驻足性别、就业、种族等方面，情形大致如国际公约系列，只是专门针对体育歧视的区域法律并没有出现，此处不再一一展开。

在各国国内法层面，成文法上，如西班牙于2006年制定专门性的《反体育种族歧视和暴力法》；澳大利亚则通过在其他反歧视法律规范中制定专门的反体育领域歧视条款的方式予以体现，例如1992年的《残疾人歧视法》第28条明确将体育单列出来禁止基于残疾的歧视，维多利亚州1995年的《平等机会法》第65条规定了体育领域的反歧视。① 判例法和司法实践中，如1954年美国最高法院裁定不能禁止路易斯维尔的黑人使用公园中的竞技场。②

就我国而言，目前尚无针对体育歧视的专门法律或者专门条款。总体而言，宪法确立法律面前人人平等原则，为反歧视提供根本指引，劳动法、妇女权益保障法、残疾人保障法等基本法律亦涉及反歧视规定。我国体育法亦就以下涵摄提倡公平、反对歧视理念作出指引性规定：公共体育设施向社会开放，创造条件为病残学生组织适合其特点的体育活动，关心、支持老年人、残疾人参加体育活动，保证公平择优选拔运动员，体育竞赛实行公平竞争的原则，等等。不过稍显遗憾的是，体育法中缺乏针对民族、年龄、性别、残疾等歧视的专门条款。事实上，考虑到体育领域涉及竞技体育、社会体育、学校体育、体育教育、体育劳动就业等诸多层面，其中的不平等或者歧视现象层出不穷，为此，即便没有专门性的反体育歧视法律，也可以考虑在体育法或者其他行政法乃至刑法中设置反体育歧视条款。再退一步说，如果立法推进确实条件不够

---

① 参见周青山：《论体育领域歧视的法律规制》，《上海体育学院学报》2015年第39卷第3期。

② Steven A. Riess. City Games: the Evolution of American Urban Society and the Rise of Sports. Urbana: University of Illinois Press, 1989, p.150.

成熟，还可考虑通过司法实践的方式对体育歧视予以法律制约并警示社会。就此，可以借鉴我国目前通行的案例指导制度予以展开，即可将体育行政部门、体育纪律处罚机构、仲裁机构、司法机关中涉及体育歧视的典型案例上升为一种司法意义的案例予以颁行，以便对其他类似体育歧视事件处理起到指导作用。

第六章　体育犯罪分层治理

　　体育犯罪行为是附着在体育活动中的病毒，随时侵害体育肌体健康。一如上述，关于体育犯罪行为，界定论说众多。大致来看，持不同的视域，就会有不同的关注点，也会形成不同的学术观点。在社会学、犯罪学意义上，一切发生在体育领域中脱离或者偏离体育活动正常轨道的行为，都是体育犯罪行为。在刑法学意义上，只有严重危害体育秩序因而触犯刑事法律并应当受刑罚处罚的体育犯罪行为才是体育犯罪行为。刑法意义上的体育犯罪行为是性质最为严重的体育犯罪行为。认识的不同，势必带来应对策略的不同。一如上述，笔者倾向于在体育学和犯罪学双重视域下看待体育犯罪行为，认为应当根据行为性质及其对体育秩序的危害程度，将体育犯罪行为分解为体育违规行为、体育违纪行为、体育违法行为和体育犯罪行为等不同的层次，并主张，针对体育犯罪行为的层次性，构建相应的分层治理体系。

第一节　体育犯罪行为分层治理的现实基础与理论涵摄

　　体育犯罪行为从体育活动诞生的那一刻就产生了。发展至今，体育领域的越轨行为呈现多样性、差异性和层次性特征。这既是催生体育犯罪行为分层治理的现实要求，也为剖析体育犯罪行为分层治理理论根基提供了类型化手段。

一、体育犯罪行为分层治理的现实基础

人类体育活动呈现不断分化的局面。一方面朝专业化、精细化方向发展，另一方面也朝向社会化、群众化。前一进程将体育推向精深，后一进程让体育得以普及。可以说，现代体育活动呈现出前所未有的多元局面。体育活动的多样化在一定程度上也带动了体育犯罪行为的多样化。

根据体育活动主体、发生场域、活动性质以及行为客观表现等不同，体育犯罪行为亦呈现多元化样态。概括而言，根据体育活动主体及其参与者不同，其可分为体育从业人员、体育行政管理人员和体育观众等不同群体的越轨行为。体育从业人员越轨行为，又可细化为运动员、教练员、裁判员、体育经理人、体育服务人员等群体的越轨行为。在另外的划分路径上，根据行为主体不同，其越轨行为又可分为自然人越轨和单位越轨。体育赛事尤其是竞技体育可以根据年龄、性别划分为不同级别、组别、等级，因而体育犯罪行为人有成年人和未成年人之分。根据单位性质、规模等不同，其又可产生体育行政管理单位、体育社团组织、体育协会、体育俱乐部、体育仲裁机构、司法机关等不同单位的越轨行为。根据体育活动发生场域不同，其可分为竞技体育、群众体育、学校体育等领域的越轨行为。根据体育活动性质不同，其可分为职业体育犯罪行为与业余体育犯罪行为。根据行为的客观表现，其可分为体育违规行为、体育违纪行为、体育违法行为和体育犯罪行为。

由上，体育活动分化带动体育犯罪行为层次化、多样化成为一种社会事实，并由此推导出针对体育犯罪行为的分层治理模式成为较优选择。

二、体育犯罪行为分层治理的理论涵摄

治理不等于惩治。惩治也拯救不了体育。针对体育犯罪行为的分层治理体系是一种枳极的应对体系。它涵摄了分层治理理论、形式正义理论以及整体主义理论。分层治理蕴含着等差序列，形式正义理论蕴含着对秩序的坚守，而整体主义则蕴含着协调与救济。

（一）分层治理理论

正如学者所言，社会分层，就是按照一定的标准将人们区分为高低不同的社会等级序列。社会分层治理，是针对人们的这种差异性存在现实而产生的相应的社会治理方式。① 社会分层治理理论与社会系统理论以及社会分工理论一脉相承。人类社会是一个复杂却又层级分明的系统。体育领域是社会的子系统，其运作规律与人类社会具有一致性。社会分层治理理论同样适用于体育治理。

社会分层治理及社会分工理论对于体育治理的启示在于以下几个方面：

一是，体育分层治理不仅体现为体育纪律、体育规章制度、体育法律规范等制定与执行的一贯性，还体现为体育行政管理单位、体育仲裁机构、体育纪律委员会、体育协会、体育俱乐部、司法机关、体育活动参与人员之间的目标传递和趋同性。体育分层治理需要借助垂直治理、交错治理以及扁平治理多种治理模式。其中，垂直治理凸显的是自上而下的治理理念，主要表现为体育政策的传达、体育制度的推行、体育规则的遵守、体育法律的实施等。交错治理显示的是体育行政、体育司法、体育仲裁、体育社团、体育协会等不同机构或部门之间的联动。扁平治理则强调遵循体育自身发展以及市场运行规律，在此基础上，赋予体育俱乐部、体育工会等自组织更多的自治权，以提高其自我消化和协调能力。

二是，对于治理模式中的制定主体、执行主体及其对象而言，分层治理模式亦体现出认识、意识、思想以及知识的衔接性和递进性。如果不能科学认知，规则的制定就不可能科学完善，也就无法形成一体遵循的体育惯例和体育规则；如果主体和对象等参与者思想不统一，就不会

---

① 参见易小明、郭东勤：《社会分层治理的正义之维》，《河南师范大学学报（哲学社会科学版）》2011 年第 38 卷第 5 期。

形成具有统一认知和知识架构的体育职业共同体。没有体育惯例和规则，没有职业共同体意识，分层治理就会陷入各自为战。混乱不可避免。分层治理思维和遵从意识的形成依赖于科学治理模式，并最终要在实践中认知和检验，以便在试错和改进中提升科学品性。

三是，体育治理不仅包括体育秩序的内在治理，还包括外部环境治理。内部治理要凸显惩治的一面，而针对体育犯罪行为的惩治是一种硬核治理或者硬性干预，同时对潜在越轨行为起到一种警示和干预作用。外部治理主要是对体育活动外围环境的净化，通过体育文化和体育信仰的培植，体育伦理的塑造，典型体育犯罪行为的警示教育等方式，营造指向体育犯罪行为的软治理模式。

（二）形式正义理论

正义是相对的。追求绝对正义总是充满理想主义情怀。一味追求实质正义，可能在一开始就偏离了法治轨道。正如学者所言，实质正义对形式正义的离弃，其实是以破坏规则主义为代价来实现正义。[①] 故此，形式正义才是看得见的正义。以规则的设立和普遍尊崇得以安身立命的体育领域尤为如是。

形式正义理论与体育犯罪行为分层治理模式的接轨，很大程度上是基于越轨行为的多样性、层次性以及行业的特殊性。竞技体育，尤其是在发生激烈身体对抗的赛事中，运动员受伤在所难免。甚至在诸如拳击等比赛中，运动员就是以故意伤害对方致使其失去比赛能力为目标的。所以，在刑法理论中才会出现体育伤害是被允许的伤害。当然，这里的伤害是遵守比赛规则的伤害。问题是，如何判定体育伤害行为是否遵守体育规则。在激烈对抗中，运动员如何领会、掌握和利用规则。倘若追求绝对的正义，就意味着伴随着绝对的惩罚。实质正义往往以落位在个体正义上来实现。那么，在以故意伤害对手为目标的比赛中，惩罚的依

---

① 参见江必新：《严格依法办事：经由形式正义的实质法治观》，《法学研究》2013 年第 6 期。

据极可能演变为对手是否伤亡。如此,这些赛事还有生存的空间么?

绝对正义的本质规定是同一性。与之相较,形式正义则蕴含并包容差异性。追求形式正义,就意味着正视体育犯罪行为的多样性,承认体育行业的特殊性,允许体育规则存在弹性。只是,一切都需要落位在程序中。因为,形式正义实现的保障是程序。程序亦是底线正义和看得见的正义。而体育犯罪行为分层治理恰恰是以程序为核心并且要体现程序价值的治理模式。

(三)整体主义理论

有学者认为,"整体主义是自由扩张的必然敌人,现代化的重要使命之一就是消解整体主义。"[①] 笔者则认为,整体主义并不与个人主义、自由主义完全对立。它在摒弃纯粹个人主义和自由主义同时,仍会关照和回应系统内各阶层、各要素的不同需求。整体主义社会治理观是在尊重各个子系统自行运转的前提下,通过协调机制,整合各部分、各阶层的力量,推动社会系统螺旋上升。现代社会充满风险,但是为了人类整体进步不得不允许一些风险的存在并且要舍弃局部利益。正如发展竞技体育要征召运动员的身体,要限制人的一定自由,并且比赛就意味着伤痛,但为了增加体育的魅力,规则内的伤害是被允许的。

以协作、整合、革新、惩治、救济等为理论要旨的整体主义为体育犯罪行为分层治理提供了理论元素,即体育犯罪行为治理体系中必然蕴含着文化影响、道德整肃、纪律惩戒、法律处罚等不同阶层的治理方式以及惩治之后的救济与抚慰机制。

第二节　体育犯罪行为分层治理的基本运行机制

总体而言,体育犯罪行为分层治理运行机制包括纵向和横向两部

---

① 参见谌林:《整体主义时代"人的依赖关系"》,《学术交流》2013 年第 3 期。

分。在纵向上，它是一套层层推进的应对机制，包括预警机制、预防机制、处置机制、突发事件应急机制、防控效果评估机制、处罚救济机制，等。在横向上，需要处理好体育犯罪行为分层治理的立法组成与协调问题；体育犯罪行为的司法、监察介入路径及边界问题；体育犯罪行为惩处的协调及救济问题，等。笔者主要论述以下两个方面。

一、规则体系的分层设计

体育规则对体育机体的破坏行为起着重要的防范与控制作用。目前而言，用于应对体育犯罪行为的规则体系主要由体育惯例、体育协会行业等组织的纪律准则、体育社团章程、体育行政规章、体育法律规范和体育仲裁规则构成。体育犯罪行为治理中的体育违规处罚、体育违纪处罚、体育行政处罚以及体育刑事处罚等各种处罚的依据就是这些惯例或规范性文件。其中，依据制定主体、地位、效力等，体育组织纪律准则、体育社团章程、体育行政规章和体育法律规范之间本身就存在位阶关系上的高低之分，亦因此显示出层次性。体育惯例和体育规则与其他几类规范性文件之间不存在层层递进的关系。体育惯例和体育仲裁都具有民间法的性质。正如我国《仲裁法》确定了我国仲裁的民间性质。[①]体育惯例乃体育活动中长期形成并为同行一体遵循的习惯。裁判员临场做出的体育违规处罚有时依据的就是体育惯例。体育仲裁指的是体育纠纷当事人通过体育仲裁解决体育纠纷的活动过程。[②]体育仲裁组织主要是作为第三方机构对涉及体育平等主体之间的纠纷进行居中评定。随着国际仲裁的发展，体育仲裁也开始涉及体育处罚正当性的评判工作。体育仲裁裁决具有终局性，对双方当事人起到制约作用，因而在一定程度上，体育仲裁规则亦带有强制法属性。

---

① 参见于善旭：《体育仲裁与我国仲裁法律制度体系》，《法学》2004 年第 11 期。

② 参见于善旭、张剑、陈岩等：《建立我国体育仲裁制度的研究》，《体育科学》2005 年第 25 卷第 2 期。

上述体育惯例及各阶层的体育规范性文件繁琐庞杂。各体育协会、体育社团都有自己一套准则、章程；不同性质、不同位阶的行政规章、法律规范亦各行其是。一直以来，我国体育处罚体系之间存在处罚主体权限划分不明、处罚范围重复、处罚内容竞合等诸多问题。① 故而，冲突在所难免。而且，亦因此在规则执行中经常突破"一事不再理"的理念。但是，想设计一套专门应对体育犯罪行为的涵括各层级的规范体系不甚现实。不过，针对不同性质和危害程度的体育犯罪行为的规则体系之间又需要避免过度的冲突，以避免消损资源利用的效度和削减规则的权威。这就需要规则制定及执行主体之间多级联动，在各位阶规则分层设计的基础上，尽可能地剔除相互冲突的元素，构建具有筛选分流机制的规则系统，蔽除体育犯罪行为治理系统的排斥或阻滞的负向功能。

为此，各级主体在制定规则体育时要顾及体育专业特性，注意体育规则与体育惯例之间的兼容性，兼顾上下位阶规章或者法律是如何规定的，以免造成不必要的冲突。为了使不同层级规则之间衔接更为顺畅，可以考虑在各自规定中更多地使用空白条款，以指明其他相关法律的参照功能。在同位阶法律规范中，可以对其他相关法律规定做更为细致的引入，进行法律性质上的融通。譬如为了体育犯罪行为的刑罚应对，可以在《中华人民共和国体育法》和《中华人民共和国刑法》之间互置融通条款。具体在体育法中设置可资实践操作的附属刑法条款，同时，在刑法中设置特别针对体育犯罪行为的罪域。如此，可以在一定程度上改观如下局面，即体育法对严重体育犯罪行为只有粗线条描述需负刑事责任的规定，而没有可供司法机关操作的具体犯罪构成的条款，而刑法又没有专门罪名对应体育领域的犯罪行为，只能转而寻求其他罪名适用条款。

---

① 参见张训：《不同体育处罚类型间的衔接问题》，《武汉体育学院学报》2015年第49卷第8期。

二、机构间的多级联动

体育犯罪行为分层治理的多级联动主要表现在纵横两个方向上。纵向上，体现为治理规则制定主体及执行主体之间的联动；横向上，体现为不同层级（位阶）治理规则制定主体之间及相应的执行主体之间的联动。纵向机制处理的是规则制定和执行之间的关系。横向机制处理的是不同机构之间的关系。在另一个视角，体育犯罪行为分层治理的多级联动也可以视为以某一层级体育机构为核心的相异系统之间的联动，以及每一独立运行机构内部子系统之间的多级联动。

目前来看，体育犯罪行为治理体系的核心仍然是体育处罚体系，因而体育犯罪行为分层治理的基本运行机制也是围绕体育纪律处罚、体育行政处罚以及体育刑罚等几种处罚样态而展开的。凡是涉及体育各种处罚主体机关以及第三方评判机关都可能会产生关联。针对体育犯罪行为需要组建纪律、行政和刑事一体化的处罚体系，因此需要建立体育纪律处罚机关、行政处罚机关、刑罚处罚机关的协调机制。为了契合体育专业性要求，以便于运行顺畅，必要时可考虑设立体育协会内的纪律与道德委员会、适用于整个体育行业的体育仲裁法庭和体育审判法庭等专门的第三方机构。此外，还要注意处理好体育行政机关、常驻纪检机关、巡视机关以及国际体育组织之间的关系。构设包括申诉、复议等内部救济和仲裁、司法等外部救济有机衔接的救济机制。体育国际化趋势让区域性、国际性体育组织制定财政公平法案、国际体育冲裁规则等法律规则及其执行机构与国内体育各级机构、组织产生了诸多关联。

如此一来，牵涉进来的机构和组织更为庞杂，不过主要需要理顺三条关系脉络：一是，处理好同一层级体育处罚系统中规则制定主体与执行主体之间的关系；二是，处理好不同层级之间因不同性质处罚衔接而发生的关系；三是，处理好因处罚监督和救济必要设立的道德纪律委员会、巡查机关、仲裁机构、专门法庭等第三方机构涉入而产生的关系。

具体而言，针对体育违规行为和违纪行为的治理，以体育纪律罚的结果呈现。体育纪律罚的主要表现形式是自由罚和财产罚。自由罚主要是剥夺比赛资格、禁止出入某种场合等。处罚对象为个人或单位。以剥夺比赛资格为例。针对个人的，可以是裁判员临场做出的罚时或红牌驱逐出场；可以是运动员所属俱乐部做出的禁赛决定；还可以是更高层次的体育协会、体育行政主管机构做出的终身禁赛或者剥夺比赛资格决定。针对单位的，可以是国际体育组织针对某一体育俱乐部做出的禁止参赛的处罚决定；可以是某一体育赛事主办单位做出的禁止某国运动代表团整体参赛的决定。在此运行机制中涵摄的是，作为处罚依据的体育惯例和体育法规的形成，做出判决的个人或机构，处罚对象申诉或者仲裁等寻求救济的机构。

体育行政罚、体育刑罚与体育纪律罚的处理机制运行原理基本相同。只是，三者运行之间需要进一步疏通，避免出现重复惩罚、过度惩罚或者处罚黑洞现象。事实上，针对体育犯罪行为的不同处罚，虽然性质不同，但在自由罚和财产罚上具有相通性。例如上文所言的俱乐部或者体育社团针对运动员个人做出的禁止出入某种场合、禁止参加比赛，在体育行政罚中也可以通过对人身自由的限制来实现，在体育刑罚中还可以禁止令的方式出现。体育纪律罚、体育行政罚和体育刑罚皆可针对个人或者单位做出财产处罚，只是在称谓有所不同。纪律罚和行政罚中的罚款在刑罚中称为罚金。

此种处罚形式上的相通性，给不同层级的治理体系带来衔接与联动的可能。例如，我国体育法规定，若越轨行为性质严重，构成犯罪的，交由刑法追究刑事责任。反过来，我国刑法也明确规定一些情节显著轻微的体育犯罪行为，交由体育主管部门予以行政处罚或者行政处分；体育法律、行政法规对其从事相关职业另有禁止或者限制性规定的，从其规定；对于体育领域中的逃税行为已受行政处罚的，不予追究刑事责任；二次行政处罚后又逃税等行为的才予以刑罚处罚，等等。实践中，也不乏低级别体育组织在作出处罚规定时考虑到上一级别体育组织可能重复处罚并刻意规避的事例。譬如某次国际篮球邀请赛发生群殴事件，中国篮协对此作出"停训"而非"禁赛"处罚，就是防止国际篮协再次使用"禁赛"。

这也在另一个方面印证，因为不同层级的处罚分别在各自的流程内进行，轻质的体育犯罪行为被体育纪律处罚截断并被内部消化，但是重质的体育犯罪行为会进入行政处罚乃至刑罚的程序，不过在其进入后置程序之前可能用已被体育纪律处罚这一前置程序截留并且已经做出了相应的处罚。如果前后处罚体系衔接不畅，不排除对一行为重复或过度处罚的现象。如此，显然有违一事不再理和公平正义的理念。因而如何进一步理顺以处罚为核心的体育犯罪行为治理体系中的多级联动机制显得尤为迫切和重要。

第三节 体育犯罪行为分层治理的配套机制

体育犯罪行为的治理需要借助于其他干预手段和配套机制。要为此构设分层预防机制，包括以文化塑造、伦理约束、心理预警、情境预防、媒体监督等为核心的软干预机制和以自组织纪律干预、行政干预、司法干预为主体的硬性干预机制。建立政策引导、体育体制改革之间的协调机制。

一、塑造健康的体育文化氛围

体育文明史作为人类文明史之一部分，其发展过程并非一帆风顺。尤其竞技体育史，充斥着野蛮与暴力。以此而言，暴力文化成为体育文化的一个表征。正如有学者所言，"竞技体育的发展史实际上是一部身体暴力演变史。"[①] 这与人们对暴力美学的钟情与憧憬不无关

---

① 参见侯迎锋、郭振：《西方竞技体育身体暴力的演变》，《体育学刊》2010 年 17 卷第 11 期。

联。为了享受暴力美学，古罗马的竞技场几乎每天都在向世人演绎着拳斗、角斗、斗兽直至上万人参与的模拟作战等各种流血的竞技。① 直至今日，拳击、格斗等一些赛事仍然伴随着血腥与残忍。甚至为了迎合观众，在冰球等运动中，刻意设置有斗殴的环节。这种暴力倾向从场内蔓延至场外，从运动员之间的互殴延伸到与观众的暴力冲突。暴力形式也从打砸抢之体育流氓事件演化出专门针对体育领域的恐怖主义事件。

不是说，为了制止体育暴力就应当摒弃带有激烈身体对抗的运动，事实上，竞技体育就该是展示人类身体力量之美的舞台，自然不能因噎废食，但是务必要提倡绿色体育和绅士体育。身体对决也可以是优雅的、文明的。这里值得一提的是，欧洲曾经流行的骑士比武以及绅士之间的决斗。当然，决斗早已失去比赛的社会基础，也为现代法律所不允。要说的是，其中虽然伴随流血甚至拿生命做赌注，但其蕴含的优雅倒是为现代体育文化精神的塑造提供一些启示。同样，绿色体育理念在竞技运动中也存有基础。绿色体育不仅仅意味着人类本就是自然一部分，运动亦要回归自然，并遵循自然之道，它还意味着心灵的纯净。唯有心灵的纯净，才能最大程度挖掘人性善良和柔软的一面。体育人的心灵纯净了，体育就会健康起来。

随着体育产业化、商业化、国际化发展，拜金主义、唯成绩论在不断演绎，冲击着体育文明的根基。唯成绩论可以让人们不惜通过药物或者过度训练伤害运动员身体，拜金主义则将铜臭味带进体育肌体，致使其不断变质、腐烂。文明不等同于文化。拜金主义、唯成绩论乃体育糟粕文化。为摒弃这种不健康的体育文化。需要培植健康文明的体育信仰，将爱国主义和集体主义融进每一位体育人的血脉之中。为此，需要摒弃功利主义思想，杜绝体育文化的媚俗心态，努力营造一种健康向上

---

① 参见吴光远、黄亚玲：《体育人文社会学概论》，北京体育大学出版社 2011 年版，第 44 页。

的体育文化氛围，积聚体育正气，特别培养中国体育文化自信。[①] 体育的发展永远不能以牺牲文明为代价。为此，需要遵循"技艺为体，文化为魂"，体育活动才能紧跟人类文明的步伐。当然，培植健康文明的体育文化不是喊喊口号，而要落实到具体事情中去。诸如，对于运动员而言，不纹身、不酗酒、不出入夜店、不服用兴奋剂、不歧视他人；对于体育俱乐部、体育社团而言，不恶性竞争、不搞金元政策；对于体育行政管理者而言，不贪腐、不操纵比赛，等等。这些都是在为培植健康的体育文化做贡献。

二、建立体育伦理约束机制

体育伦理的研究方兴未艾，成果也较为丰硕。就体育犯罪行为而言，道德修养、职业操守、比赛伦理、生活伦理、观众伦理都是值得关注的体育伦理。体育伦理的失范必然带来相关体育秩序的失序。体育参与者道德修养不够，难免会制造有伤风化行为。体育领域有伤风化行为，轻者如赛场裸奔、使用流氓话语侮辱他人；重者如性骚扰、寻衅滋事等。关于流氓话语，石岩教授认为，是指运用污秽的字词或与性器官、性行为和受话者长辈有关的字词来辱骂、谩骂他人，以达到宣泄情绪和伤害他人身心的行为。[②] 体育参与者不遵守职业操守和比赛伦理，就会在功利主义泥潭中难以自拔，打假球、赌球等操纵比赛事件就会屡禁不绝。运动员生活伦理失范，就可能会恣意纹身、经常出入夜店、生活不检点、训练态度不端正等，也会成为削减其运动能力和比赛动力的重要因素。比赛伦理失范，就会出现斗殴、毁坏财物、种族歧视、民族歧视等事件，并极有可能将此类行为延伸至赛场之外。正如学者所言，

[①] 参见张训：《体育职务犯罪实证分析——主要以国际足联腐败案为考察对象》，《体育与科学》2015 年第 36 卷第 5 期。

[②] 参见石岩、范冬梅·《中国式球场观众流氓话语分析及应对策略》，《体育科学》2010 年第 30 卷第 8 期。

如果没有伦理的制导，在体育比赛剧烈的身体对抗中，激发出来不会是友谊，而是仇恨；不会是闪耀着善的光芒的人性，而是血腥的动物攻击性。[①]

可以说，不同性质的体育犯罪行为的发生大都与体育伦理失范有关。为此，需要构建针对体育参与者以及与体育行业关涉人员的伦理体系。相较于法律规范对于防控体育犯罪的"刚性"而言，伦理只是一种软性约束，但是体育伦理秩序的构建本身就意味着对体育活动及其参与者的一种"他律"。因为伦理是显性的，外在的。正如学者所言："伦理带有一定的约束性、规范性、整合性、客观性的特点。"[②] 作为体育犯罪行为分层治理的配套机制，体育伦理约束机制可以涵括道德自省、职业操守培养、文化宣传、警示教诲、榜样激励等多种内容。

三、构设体育犯罪行为情境预防和预警机制

在犯罪学理论中，情境预防是通过管理、设计等方式，有机地改变情境，影响犯罪人的理性选择，减少犯罪的机会和促成情境因素。情境预防旨在从社会控制转向行为控制，以日常活动理论、环境设计预防理论、破窗理论等为支撑，在可能发生犯罪的环境上体现预防犯罪的方法，通过加大犯罪风险、减少或降低犯罪所得利益等，落实具体的犯罪防控方案。[③]

情境预防理论和策略同样适合体育犯罪行为治理。情境预防作为体育犯罪行为的预防程序，应当设置于惩治等程序之前，针对的主要是潜在越轨行为人。当然，惩罚本身就意味着预防。对于受罚人，惩罚是特殊预防，对于其他人，惩罚是一般预防。正如贝卡里亚所言，惩罚的目

---

① 参见任海：《论体育伦理问题》，《伦理学研究》2007 年第 6 期。

② 参见陈勇、宁玉民：《伦理约束与道德宽容》，《北京青年政治学院学报》1999 年第 1 期。

③ 参见贾银生、张丽萍：《"盲井案"之犯罪防控——以情境预防理论为视角》，《犯罪研究》2017 年第 4 期。

的在于，阻止罪犯再重新侵害公民，并规诫其他人不要重蹈覆辙。[①] 基于体育犯罪行为的层次性、发生场域的广泛性以及行为人群体的多样性，可以制定不同的情境预防方案。

针对体育犯罪行为的空间情境预防乃主要针对赛事环境而言。赛事外围以及现场环境的清理与整肃可以有效阻断越轨行为的发生。赛场内发生的越轨行为多属激情类和偶发类，多数情况下乃赛场氛围或者特定情境催生。于此，可以通过增加礼貌观赛的宣传、空间阻隔、情绪降温等措施予以干预。对于足球等容易点燃情绪的赛事，应当制定针对运动员、现场观众等多重对象的过滤、阻断机制。如划定重点防控区域，锁定重点嫌疑对象。对于有前科的体育流氓，要禁止其进入赛场，要通过体育流氓档案与社会诚信档案的连接机制，利用赛场现场及周边的监控设备、人脸识别系统等，及时知悉其在场外的活动轨迹，以便及时防控。对于经常发生流氓、暴力事件并管控不当的赛事举办场地，可以禁止其作为主场，或禁止其举办一定级别的赛事。对处于敏感区的体育赛事，要提升安保等级。尤其针对空间开放的赛事，要建立或者启动多维度安保体系。要达到这一要求，需要安保力量多种类、可协同、可调配、机动性强；安保范围外延扩大，时间前置。

针对不同的行为主体，情境预防策略有所不同。对于赛事中可能发生的激情类越轨行为，要通过看台文化设计、位次区域设置、安保人员布局等方式予以疏导与管控。对于赛事中有越轨经历的重点人员，要通过档案及时锁定目标，采取空间阻隔，重点跟防，或预警，或控制。体育商业化制造了机会，也带来了功利。针对体育链条中的机会主义者和功利主义者，一方面通过政策干预、行业内部调整、体育制度改革等方式消除不法者的可乘之机，另一方面，增加越轨行为的成本，让其明确感知惩罚之痛。机会主义和功利主义驱使下的体育犯罪行为者大都精于

---

① ［意］贝卡里亚：《论犯罪与刑罚》，黄风译，中国大百科全书出版社 1993 年版，第 42 页。

算计。越轨就会有惩罚。当越轨所带来的收益远远低于惩罚之重时，绝大多数潜在越轨者经过效益考量，会选择收手。对于体育领域中可能发生的贪渎行为，在制度制衡与程序透明的基础上，还通过设置警示教育等特定情境，让每一位游走在职务便利边缘的人切实感受到越轨行为所制造的耻辱和羞愧，以便作为前车之鉴。

四、建立针对体育犯罪行为引发的突发事件应急机制

体育是开放性的活动。特别是一些重大赛事中，参与者庞杂，不确定性因素众多，容易引发群体性突发事件。根据我国《突发事件应对法》关于突发事件的界定，相应来看，体育领域里越轨行为引发的突发事件是指，体育活动中人为制造，突然发生，侵害或者可能侵害体育活动秩序，并带来或者可能带来严重危害后果，需要采取应急处置措施予以应对的安全事件。这些事件中伴生着危及财产、身体乃至生命安全的越轨行为。能够引发突发事件的体育犯罪行为往往是暴力事件，可能少数人为之，亦可能为有组织行动；可能采取爆炸等恐怖袭击的方式完成，也可能以打砸抢的方式完成。无论是哪一种行为形态，皆具有过程不可控、危害后果严重的特征。体育社团、体育协会等专业性自组织力量很难通过自我协调或者借助于内部惩罚来完成体育突发越轨行为的应对。情境预防以及预警机制中往往就赛场内外可能发生的群体性事件有所防范，但突发事件具有触发不确定性和后果不可控性特征，带有关口前移特征的预警机制往往对其难以有效防范。因而，需要为此建立专门的体育犯罪行为引发的突发事件应急管理机制。

体育突发事件应急机制注重应对机制的延续性、动态性和扩展性。这与有学者所提倡的体育突发事件应急管理过程可分为缓解、准备、响应和恢复4个循环阶段相吻合。[①] 其扩展性体现在，既要对体育突发事

---

① 参见曾建明、石路、赵霞：《基于 GIS 技术的重大体育突发事件应急管理研究——以乌鲁木齐红山体育中心区域为例》，《中国体育科技》2010 年第 46 卷第 5 期。

件的发生地提升安保等级，防控事态升级，并且不能仅局限于此，还要启动针对周边乃至更广范围安全的应急方案；同时，体育赛事应急机制建立不能仅依托赛事主办方及当地安部门单一力量，还需要借助于政府部门、跨行业、跨部门等综合力量。延续性体现在，其既包括与预警机制相融的事前预防，也包括事件过程中的控制，以及事后的延伸防范。如在波士顿马拉松爆炸惨案发生后，美国立刻作出紧急反应，白宫紧闭大门、设立警戒线，全境加强安保工作，通过第一时间扩展安保外延、加大安保强度来提升安保规格。

为此，体育突发事件应急管理应当遵照程序前置、重心下沉、属地为主、外延拓展的工作理念，遵循应急管理的科学规律，特别针对体育活动的开放性特征，做好空间设计和管理，并通过法律、法规明确和固定工作成果，以便做到体育突发事件应急管理工作的常规化、效能化和法治化。在法律设立上，可以借鉴其他国家的应急法律体系设置经验。例如，英国有《体育场地安全法案》《足球观众法案》《足球骚乱法案》等系列相关法案。在具体管理机构设置上，体育行政主管机关应当协同安保等部门成立常设性突发事件应急机构。针对大型赛事，还应当特别成立应急管理委员会等临时性应急机构。应急管理机构需要针对不同的赛事及其可能发生的突发事件类型，制定不同的应急管理方案。

第四节　体育犯罪行为处罚及救济的衔接机制

活动规则是人类共同体长治久安的制度依赖。作为现代社会繁荣的重要支柱，体育运动持续、健康发展自然离不开体育规则的保障。体育规则除了要引领体育活动有序开展之外，还对体育机体的破坏行为起着重要的防范与控制作用。作为体育规则的重要运行机制，体育外罚则是维护体育秩序的最后一道铁闸。

随着体育的产业化、国际化和社会化发展，体育规则的破坏者亦无孔不入，体育越轨行为几乎侵蚀到体育链条的每一个环节。实践中针对体育越轨行为所适用的各种体育处罚越来越多，由此引起了理论界的广泛关注。人们从概念、类型、属性、原则、价值等层面对体育处罚现象进行多维度探讨。有人单独对体育处罚之一种如体育纪律处罚进行了细致研究。有人着眼于某一项体育越轨行为如使用兴奋剂之体育处罚进行深入分析。学者们的积极回应态度以及整体与单项兼顾的分析范式对于体育处罚现象的理论提升与实践支撑具有一定的意义。不过，就检索到的资料来看，笔者没有见到有人就纪律处罚、行政处罚、刑事处罚等不同体育处罚类型之间的衔接问题以及被处罚者获得救济所采用的纪律、行政、仲裁、司法等手段之间的衔接问题展开研究。而此类衔接问题如何能够通过立法梳理和司法整合两个层面加以完善乃是重大的学术命题，不容忽视，笔者将以此为中心展开论述。

一、体育处罚的概念界定与类型划分

（一）概念界定

韩勇认为，体育处罚，是指有处罚权的机构或个人依据有关法律或规则对体育中的不当行为或体育人的不当行为做出惩戒性决定。[①] 这一概念界定结构完整，要素齐全，表意明确。不过这一概念倾向于在民法主要是侵权法视域下展开，因而导致其外延不周。例如，在"不当行为"之术语的使用上，笔者更倾向于使用犯罪学视域下的"越轨行为"。这一术语也为国外学者普遍使用。英语国家的研究者使用"sport deviance behavior"，恰于中文"体育越轨行为"对应。此外，单纯的体育不当行为显然无法涵括一切违反体育活动规则的行为。在犯罪学视域中，越轨行为的外延更大，主要包括异常行为、不当行为和犯罪行为。

---

① 参见韩勇：《体育纪律处罚研究》，《体育科学》2007 年第 4 期。

也有学者将其划分为 5 个层次，分别是违反风俗的行为、违反纪律的行为、违反道德的行为、违法行为和犯罪行为。[1] 因此，采用越轨行为还能够体现从违规行为、到违法行为，再到犯罪行为层层递进的动态性。与之适应，有权主体对体育越轨行为采用由轻到重的不同体育处罚类型之间的衔接性亦得以体现。

因为不再拘泥于单纯的民法或者刑法视域，而是在接近社会学意义的犯罪学视域下界定，体育处罚的结构得以呈现开放性姿态，与之相关的有权主体、处罚对象、依据规则、处罚结果也会呈现多元性。具体而言，有权主体指的是那些能够临场或者事后对体育越轨行为做出处罚的不同层级的机构或者个人。处罚对象主要包括在体育活动领域中作出有违体育活动规则行为的一切单位或个人。而作为体育处罚依据的体育规则则涵括了不同层级和规范属性的惯例、规章、法规和法律。体育处罚结果则会因此呈现出或轻或重、或临场或事后、可救济或不可救济等不同样态。

以此，在犯罪学视域下，体育处罚是指有权主体依据体育规则针对体育越轨行为做出的惩处。

（二）类型划分

依据不同的标准，体育处罚可以做不同层面的类型划分。依据处罚作出的时间，体育处罚可分为临场处罚和事后处罚。依据处罚结果是否能够变更，分为可更改的处罚和不可更改的处罚。例如在一些体育竞赛项目中裁判员临场作出的判罚就不可更改，甚至有些项目采用裁判员零容忍规则，即禁止球员或者教练员抱怨此次判罚，否则还可能对其追加吹罚技术犯规。依据处罚获得救济的方式，体育处罚分为可诉的处罚和不可诉的处罚。前者主要通过现场投诉或事后申诉等非诉讼方式获得救济，后者可以通过诉讼进入司法程序。正规的事后解决方式主要有两大

---

[1] 参见罗文静、周丽君：《冲突理论视角下的体育越轨行为》，《浙江体育科学》2011 年第 4 期。

方式，一是非诉讼方式的仲裁模式，另一是诉讼方式的司法模式。其中仲裁方式的开展主要建立在体现合意的契约或者条款的基础之上，而司法方式则是被处罚者获得救济的最终渠道。

学者们则根据研究的需要，从不同的角度对体育处罚进行归类。韩勇将体育处罚分为违规处罚、违纪处罚和违法处罚3种。[①] 王梦认为体育处罚类型有纪律处罚、行政处罚和刑事处罚三种。[②] 韩勇所言的违规处罚，更接近于笔者所言的临场处罚，是裁判员临场对运动员或者教练员的犯规乃至抱怨行为所采取的轻则减少进攻机会、重者终止比赛资格乃至驱逐出场的判罚。基于这些行为属于轻微的越轨行为，极少具有社会危害性，甚至有的连违反道德都算不上，所以针对此种行为作出的违规处罚不纳入本书的分析范畴。至于韩勇归纳的违法处罚，则需要进行进一步分解，可细化为违反行政法规或一般法律的处罚和违反刑事法律的处罚。其中，前者表现为行政处罚，后者表现为刑罚。

出于行文的需要，笔者更倾向于采用王梦对体育处罚的归类，认为根据处罚主体、处罚依据、处罚后果的轻重以及如何救济，体育处罚主要包括纪律罚、行政罚和刑罚三种类型。

体育纪律罚是指体育社团或者体育组织依据体育内部纪律、体育惯例等规则对体育活动领域中的违纪行为作出的惩罚。体育行政罚是指行政机关依据行政法规或一般法律对体育活动领域中的违法行为作出的惩罚。体育刑罚是指司法机关依据刑事法律对体育活动领域中的犯罪行为作出的刑事处罚。

为了让三者之间的关系更加明晰，以区分图示之（表11）：

---

① 参见韩勇：《体育纪律处罚研究》，《体育科学》2007年第4期。
② 参见王梦：《反兴奋剂目标与纪律处罚措施探讨》，《体育文化导刊》2012年第1期。

表 11　不同体育处罚类型区分一览表

	有权主体	处罚依据	越轨行为性质	救济途径
纪律罚	体育社团	体育纪律	违纪行为	内部申诉或寻求独立体育仲裁机构之仲裁
行政罚	行政机关	行政法规或法律	违法行为	申请复议或寻求司法救济
刑罚	司法机关	刑法	犯罪行为	司法途径

二、体育处罚中的民意考量

在今天，体育不仅仅止于提升人们身体素质、带给人们运动激情，它已经成为人们交流思想、切磋技艺、增进友谊的纽带与桥梁。体育不再是一人、一团体之喜好，而成为全民族、全人类之活动。不过，体育的国际化和市场化也在一定程度上制造了异化空间，唯成绩论和民族主义则会催生不健康的体育观，如果不加以控制，难免会滋生有违体育精神和体育伦理的举止，从而损害体育的健康机体。故此，必须制定建立在正当性与合理性基础之上的体育规则，以疏导和制约影响体育中的异常行为，而作为带有竞技、比赛性质的体育活动尤为如是。作为体育规则中的重要组成部分，体育处罚乃阻止或者惩戒体育活动中越轨行为的最后手段。问题在于，什么样的体育规则才是正当合理的？什么样的体育处罚才是公正理性的？于此，或许从法理学家那里得到一些启示。考夫曼认为："法不是如同树木和房屋一般的'客体'，相反，它是一种关系的结构，人们在这种关系中相互依存并与物发生关系。"[1]这句话旨在告诫，法律的制定，要体现民意，需要公众参与。我国《立法法》明确规定，立法应当体现人民的意志。同样，法律的适用亦需要建立开放的程序，以便最大程度的吸纳公众参与。

---

[1]　［德］阿图尔·考夫曼、温弗里德·哈斯默尔：《当代法哲学和法律理论导论》，郑永流译，法律出版社 2002 年版，第 19 页。

"开门立法"几乎成为现代法治建设的一种新常态，法规制定呈现出前所未有的开放程度。上至全国性的基本法律、行政法规，下至地方法规和行政规章，在其制定或修改过程中，制定主体一般都公布征求意见稿，恳请社会各界人士通过网络平台、邮件等方式提供意见。各地亦将近年的立法规划项目纳入开放平台，以听取民声、汲取社会营养。在制定法律、法规的过程中，也组织专门的立法听证，广泛征求参与者的意见。近年来，因为民众意愿而启动的立法事件亦频频发生，如"孙志刚事件"引发社会热议而导致废除《城市流浪乞讨人员收容遣送办法》出台《城市生活无着的流浪乞讨人员救助管理办法》等。接受民众意见而修改法律的也不少，如刚刚在《刑法修正案（九）》中废除民众质疑声不断的嫖宿幼女罪。之所以如此，一方面是因为立法要顺应现代法治的开放精神，另一方面则是因为民意乃"人类本性的庙堂"①，在立法中的确发挥着不可替代的作用。民众参与立法对立法动因、内容、规则设计等方面都起着重要的推进或制约作用。"开门立法"更为法的运行与实践奠定了民意基础，也提升了民众对法律规范的认同感。

体育规则的制定及实施亦需要紧跟时代潮流，延续法治轨迹，因而要求，在其制定时需要广泛征求民意、听取民声。不止于此，在依据体育规则裁决时，以及裁决结果公布后的评议中，都需要设置民众参与的程序，扩容民众参与的路径，以求裁决正义并得到人们的认可。

（一）样本的选取

对于体育而言，体育处罚规则的制定、体育处罚裁决的作出以及体育处罚结果的评议都应当广泛吸收民意。尤其在体育处罚的裁决过程中，倘若因为没有吸收民众参与的程序而忽视民意，那么体育处罚结果的社会满意度则会大打折扣。本书以最近中国某协会纪律委员会作出的两起体育处罚为例略作说明。一是，其作出的关于某俱乐部球员 ××

---

① ［英］威廉·葛德文：《政治正义论》（第二、三卷），何慕礼译，商务印书馆 1997 年版，第452 页。

因为"挑衅公众"和"打架斗殴"禁赛5场的处罚决定；另一是，其作出的关于某俱乐部外援×××使用"危险动作"而禁赛1场的决定。或许单纯看这两起处罚，特别是基于体育处罚的时效性和资源有限性等角度考虑，似乎无可厚非。但问题是，这两起处罚为何都招致了大量的负面评议？人们的声讨或者非议，在前一案例主要集中在处罚不顾"事出有因"（即认为，××之所以有如此举动是因为有"体育流氓"挑衅在先），在后一案例主要集中在处罚"有些突然（即认为，在×××当场没有领到红牌，对方球队也没有申诉的情况下，处罚来得有些突然）"。姑且不管此处罚结果的对与错、处罚主体的是与非，且论为何会因为一次处罚而招致如此非议。我们认为，症结还在于处罚过程的不透明性上。为了消解体育处罚所招致的非议，本书将着重探讨在体育处罚规则制定、体育处罚裁决程序设计以及体育处罚结果评议机制中如何最大限度吸纳民意。因为"民意是合法或违禁、真理或谬误的最可靠的仲裁者。"①

　　所幸，人们看到一些体育协会制定体育规则时，吸纳不同领域和层次的人员参与进来，在增进体育规则专业性的同时以平衡多方的利益关系。不过需要说明的是，大多数自娱自乐的民众体育活动即便演绎成所谓的"竞技"运动，虽然其竞赛规则制定亦同样要得到行业认可，但基于其规则并不含有处罚条款，甚至为了推行此项运动，只列明奖励条款，比如《"中国掼牛"竞赛规则》，因而不涉及竞技者体育处罚问题，所以，没有处罚权的体育组织制定的不含有处罚条款的体育规则不在考察之列。

　　另外，各项竞技运动中纯粹用来推进比赛的竞赛规则，比如国际篮球联合会制定的《篮球规则》，也有值得斟酌之处。尽管这些竞赛规则中也设置了一些违规处置条款，例如赋予裁判员临场处罚权力，但是以

---

① ［美］塞缪尔·亨廷顿：《失衡的承诺》，周端译，东方出版社2005年版，第25页。

此作出的违规处罚主要针对技术犯规、作弊、暴力等临场做出判罚，一般不允许改判。[①] 虽然，违规处罚目的是为了维持赛场纪律，其后往往也成为体育处罚的依据，但是总体而言，体育违规处罚具有临场急迫性和不可更改性，而且处罚权限紧缩，若要竞赛顺畅推进，错与对不可深究，所以并非严格意义上的体育处罚，故也不在考察之列。

根据处罚主体、处罚依据、处罚后果的轻重以及如何救济，体育处罚主要包括纪律罚、行政罚和刑罚三种类型。[②] 因而，笔者遴选的是设置有纪律处罚、行政处罚及刑罚条款的体育规则，以此作为比较分析样本。

广义而言，体育规则乃关涉体育活动的规范性文件，一般包括国家基本法律，专门性体育法律，体育行政法规、规章和体育社团活动章程、工作条例等四个层次。第一层次是指规定一般公民、社团、组织基本权利义务的法律规范，在我国如《中华人民共和国宪法》《中华人民共和国刑法》；第二层次是指立法机关制定的带有法律性质的专门性体育规范，我国如《中华人民共和国体育法》、他国如《英国体育场地安全法案》等；第三层次是指国家最高政府或国家主管体育活动的政府部门制定的带有法规性质的行政法规和部门规章，如中国国务院颁布的《反兴奋剂条例》和国家体育总局 20 号令《反兴奋剂管理办法》；第四层次是指体育协会、体育组织、体育社团制定的活动章程和纪律规定，往往以章程、条例、准则或者办法等方式出台，如《中国足球协会章程》《中国足球协会纪律准则》等。在第四个层次上，还有协会专门制定纪律委员会的工作条例，如《中国足球协会纪律委员会工作条例》。可见，虽然协会的纪律准则中已经明确了处罚决定机关就是协会的纪律委员会，但还是通过制定专门的工作条例进一步明确纪律委员会的工作职责和处罚依据等相关事宜。

---

① 参见韩勇：《体育纪律处罚研究》，《体育科学》2007 年第 4 期。

② 参见张训：《不同体育处罚类型间的衔接问题》，《武汉体育学院学报》2015 年第 8 期。

依据不同层次的体育规则，体育处罚的有权主体、处罚依据、处罚内容、处罚力度会有所不同。具体而言，依据第一层次规范作出的体育处罚因为受罚对象触犯刑法而构成犯罪，属于体育刑罚范畴；依据第二层次规范作出的体育处罚如果行为人涉及触犯行政法规中的附属刑法条款，则会构成体育犯罪，处罚属于体育刑罚，也可能属于行为人单纯触犯行政法规，则构成行政违法，处罚属于体育行政罚；因为第三层次的规范属于行政法规，而其中并无附属刑法，因而依据第三层次规范作出的是体育行政罚；在第四层次，由体育协会、社团依据其制定的章程或内部纪律条例对违纪行为作出的处罚是体育纪律罚。

（二）体育处罚规则中的民意"在场"

1. 体育处罚规则制定中的公众参与

随着体育制度改革的逐步推进，带有法人性质的体育社团和体育组织会越来越多。以中国足球改制为例，2015 年 3 月公布《中国足球改革发展总体方案》，明确中国足球协会乃具有公益性、专业性、权威性的社团法人，在人财物等方面拥有自主权。2015 年 8 月《中国足球协会调整改革方案》公布，正式宣布中国足协与体育总局脱钩，依法独立运行。如此，中国足球协会虽然身为公益性的社会组织，但是其根据法律授权又作为管理全国足球事务、具有公共职能的自律机构。也就是说，作为全国性的足球管理机构，中国足球协会拥有对全国足球运动事项的普遍管辖权，其章程和纪律条例的适用范围极为广泛。类似的情形还可能存在于随后改制的其他全国性的体育社团中。这也意味着，全国性的体育社团、体育组织即便改制，仍然拥有对其成员、会员的申戒罚、财产罚、资格罚等体育纪律处罚权力。

当然，有处罚就得有救济，姑且排除诸多体育规则中明确一些临场处罚不可更改和一些处罚不允许申诉之外，绝大多数体育规则规定体育处罚可以通过申诉、仲裁和诉讼等途径得以救济。但问题在于，通过对我国现时有效的体育协会的章程和纪律工作条例考察，会发现，其间存在不少值得商榷和斟酌之处。此处，仍以《中国足球协会纪律准则》作为分析样本。该准则中虽然规定了纪律委员会设置问题，但并未明确纪律委员组成规则和程序如何，比如并未就组成人员性质、来源、名额配置等问题作出规定，虽然其后也规定纪律委员可以适用回避制度，但是行文中使用"可以"一词，而非"应当"，这就可能导致在实践中针对具体事项组成纪律委员会方便主义现象出现，而因此忽视了程序正义问题。另外，其中关于处罚是否立即生效和是否允许申诉的处罚事项范围也值得商讨。

那么，如何才能保障设置体育处罚条款的体育规则科学、合理与正当呢？笔者认为，首先要保证它在源头上是纯净的，也就是制定体育规则目的的正当性。毫无疑问，任何体育规则制定的动因都是为了促进这一项体育运动和行业的健康发展。但是多数体育规则制定模式仍然沿袭精英立法模式。在规则制定实践中，可能会出现一些参与立法者出于专业偏执乃至地方保护、小团体利益，而使得规则中掺杂进感性因素，从而人为干扰、削弱了规范的理性程度。"开门立法"则可以最大程度消除少数立法精英的"私心杂念"。开放程序的意义还在于促成体育规则的全面性。规则制定者虽多为行家里手，但是来自社会各阶层、各领域的民众意见能让其找准具体细则的切入点和各方利益衡量的关节点，从而领略到规则制定中的每一个细节，并最终制定出为绝大多数人认同的体育规则来。正如巴纳德所言："一项命令是否具有权威，决定于命令的接受者，而不在于命令的发布者"[1]。对民意的尊重是体育规则制定的基础，同时为其增加社会接受度而树立权威奠定基础。

具体而言，需要发动并保障公众参与到体育规则制定中来。首先，虽无需就是否制定体育规则向社会征集立法意向，但是应当就某项体育规则的制定或修改成立专门的体育规则制定委员会，制定机构成员组成

---

[1] ［美］切斯特·巴纳德：《经理人员的职能》，王永贵译，机械工业出版社 2007 年版，第 65 页。

应采用开放性方式进行，即广泛遴选相关人士。现代社会，虽然不可能再采用共同体成员全员参与制定的立法模式，但是并非意味公众没有参与立法的意愿，因而体育规则制定委员会中应当有一定数额的相关群体选出的代表。甚至可以就体育规则制定委员会组成是否适当举行专门的听证会。坚决摒弃实践中存在的某项体育规则之制定或修改交由几位法律和业内专家案头起草的做法。其次，体育规则制定委员会负责起草体育规则草案，形成征求意见稿。征求意见稿应当通过各种渠道和平台向社会公布。除了通过其官方网站、媒体等普通渠道之外，还应当构建一些特殊的意见征集渠道。比如针对体育学和法学研究者，体育俱乐部，体育运动员等。特别是体育运动员、体育俱乐部作为体育规则虚拟的规制对象，更需要拥有知情权和表达不同意见的权利，以求能在处罚规则设定之前就破除有损自身利益的不合理立项而不是等到处罚降临身上，才寻求救济。征集意见稿的发放，可采用信息平台发布、邮件传送和纸质文书个别报送等多种方式展开。最后，经过一段时间的征集，由体育社团民意处理机关将收集来的意见分门别类整理好，将真实有效的民意交由体育规则制定委员会研判、遴选，供其参考，从而进一步完善体育规则草案，由此，最终法案才能进入立法之审议、表决、颁行等程序。

2. 体育处罚裁决过程的公众参与

再科学的体育规则也需要应对活生生的现实，体育规则在运行过程中仍然可能改变初衷，因而有权主体裁决时虽然要严格遵循体育规则，但亦不能做机械的法条主义者，不仅需要作出适当解释，而且需要裁决时集思广益。否则其作出的裁决极可能偏离最初的目标，甚至适得其反。体育处罚裁决作出后也会出现上文所言的招致非议的情形。解决这一问题的关键在于扩容体育处罚的裁决程序，让更多的人参与进来，而不是仅让纪律委员会等有权机构安排几个成员在相对封闭的空间"独舞"。

为此，要确立商谈理念和设置商谈空间。每个人都有表达的意愿，因而需要为体育处罚裁决设置一个交互性商谈的平台，并且如哈贝马斯所建议的那样，"让每一能言谈的主体都可以参加商谈讨论。每个人都可以使每一主张成为问题；每人都可以把每一主张引入商谈讨论"。①可见，商谈必须深入，而且需要真诚，因而直面的商谈是最切实有效的。其他诸如以网络、电台、电视、报纸等媒介为平台的商谈在体育处罚裁决中或许并不可行，因为体育处罚裁决具有即时性，故不能如体育规则之制定，可因左右衡量而延续时日。而且即便是直面商谈，也可能面临因参与者层次不一、组织无序而阻滞裁决进程的困境，所以，构建科学有效的商谈机制变得尤为重要。

既然拓展商谈空间成为体育处罚裁决的第一要务，就要改变体育社团将处罚裁决事宜仅交由纪律委员会独自处理的情形。我们建议，可以考虑设置体育处罚听证委员制度。事实上，实施体育处罚听证委员会制度的提议并非突兀，在一些体育社团纪律委员会工作条例中就有关于可以适用听证的规定。这一制度类似于西方司法制度中的陪审团制度。听证委员会成员从花名册上随机抽取，花名册上的登记人员主要以非体育专业人士为主。听证委员会只对待处理事项的事实进行审议，并最终判定是否需要作出处罚，裁决时实施多数决。至于涉及专业性和法律性问题则交由主要由资深法律人士、体育人士组成的纪律委员决断。根据裁决直接性要求，无论是听证委员会还是纪律委员会成员都要全程参与。需要说明的是，重视事实认定是现代陪审团制度和我国古代司法制度的常规模式。现代陪审团制度中以事实审为先决条件自不待言，在中国传统社会，没有职业法官，因而法律问题亦往往被当做事实问题来解决。②为了进一步扩增空间，甚至可以考虑对适用听证程序的体育处罚裁决采用网络或者自媒体直播等方式向公众全程直播。

---

① 参见薛华：《哈贝马斯的商谈伦理学》，辽宁教育出版社 1988 年版，第 14 页。
② 参见孙笑侠、熊静波：《判决与民意——兼比较考察中美法官如何对待民意》，《政法论坛》2005 年第 5 期。

不过，考虑到体育处罚裁决程序的效率和处罚成本等问题，一般情形下，诸如体育纪律处罚裁决由体育纪律委员会作出，体育纪律处罚听证制度并非常规制度，听证委员会也不是常设机构，只针对特殊案例和特殊情形才启动成立。所谓特殊案例主要指在处罚前就引起广泛关注、存在大量评议或者影响力较大的案例。听证启动程序分为申请启动、自行启动和指令启动三种类型。申请启动是指处罚相对人或者其他利害关系人，就此次处罚申请启动听证程序。自行启动是指裁决机关在裁决准备工作中，认为出现特殊情形，有必要启动听证程序。指令启动是指作为纪律委员的领导机关或者体育社团的权力机关认为此次处罚有启动听证程序的必要而指令处罚裁决主体召集成立听证委员会。申请启动和自行启动乃常规模式，指令启动乃非常规模式。

3. 体育处罚结果的公众评议

体育处罚裁决作出后，并非将其束之高阁就万事大吉，更不能遮遮掩掩、刻意隐瞒，而应当开辟专门性渠道，将案例示以众人。展示案例可以带来两种效用，一是具有典型意义的案例对于其后裁决可以发挥指导和启示意义，另一是让更多的人知悉案例情况，以便接受公众评议。前者可以引发建立体育处罚案例指导制度的构想。在普通法系国家，判例一般作为法官判案的指引。借鉴于此，我国司法改革进程中也开始尝试构建案例指导制度，即由最高人民法院和最高人民检察院定期公布指导性案例，以对全国司法系统发挥指导性作用。至于后者，通过多种平台的展示可以弥补为考虑体育处罚即时性而忽略更大范围征集民意以及没有就处罚裁决设定公示期而带来的一些缺憾。这种评议不同于体育处罚相对人的评价与申诉，而是接受更广范围的人群认知和评价，以此疏导可能因对此体育裁决不满而郁积的民怨。当然，体育处罚的事后评议，并不能起到更改已决裁决的效果，但是至少对于疏导民怨以便于相似案例裁决的适正起到一定的借鉴意义。

接纳评议的平台采用传统（如信件、登门等方式）和现代（电话、网络平台）相结合的方式构建。尤其网络平台成为聚集民意的新型介质，它的出现使得评议更为便捷和直接。因此体育社团官方网站及其纪律委员会工作网站应当设置专门的公示案例评议平台，制作评议表格，设置优良中差等评议等级和评议意见书写空间，并最终通过每一具体案例所获得评议等级换算出分数的方式，对所有公示案例进行位序排名，并且责成纪律委员会分时间段对获得差评的案例进行分析与说明，以此来敦促体育处罚裁决更为谨慎与合理。

（三）对体育处罚规则中民意的权衡与取舍

实践中，对待某一事项的民意往往分流为对抗的两派，即所谓的力挺派和质疑派，同时还可能衍生"跟风一族"，即无知或起哄闹事派，无论哪一派都可能成为影响甚至左右裁决者的异质因素。虽然，上文强调在体育处罚之规则制定和裁决过程中有权主体都要从善如流，充分重视民意，但是，民意的碎片化和情绪化等特征决定其具有失范的危险性，而且有些民意纯粹就是民众受恶性情绪支配汇集而成的民怨。所谓人言可畏，民意的恣意之流足以摧毁理性的堤坝。"人们相互结成一个共同体。相反的意识总是相互消解，而相同的意识总是相互融通，相互壮大；相反的意识总是相互减损，相同的意识总是相互加强。"[1] 这段话生动描述了民意伺机扩容的特质。即便是建立在尊重民意基础上的多数决机制，也存在诸多隐患。正像托克维尔眼中"多数人的暴政"。又如麦迪逊的告诫，"即使所有的雅典公民都是苏格拉底，每次雅典会议的成员依然会是一群暴徒。"[2] 因而，体育处罚之有权主体倘若处处追随民意，随波逐流，那么带来的不仅仅是体育规则因随意流动而丧失威信，还会为此增加不必要的控制成本，所以，这就要求有权主体要有足够的智慧，理性看待民意，不可轻易让民意绑架。特别是作为体育处罚的裁决者，一方面其

---

[1] ［法］埃米尔·涂尔干：《社会分工论》，渠东译，三联书店 2000 年版，第 61 页。

[2] ［美］亚历山大·汉密尔顿、约翰·杰伊、詹姆斯·麦迪逊：《联邦党人文集》，张晓庆译，中国社会科学出版社 2009 年版，第 262 页。

要注重将民意引入裁决程序，但同时还要保障民意不能作为一种当然的正当性资源进入裁决程序，更不能将其直接体现在裁决结果之中。

当然，理性对待民意并非仅仅靠提高警惕性即可，为防止民意冲动给体育规则制定、体育处罚裁决带来冲击，关键在于构建科学的民意遴选机制，以权衡和取舍民意。任何开放和民主的法治国家，司法系统都不可能忽视民意对具体案件裁决所发挥的作用。那么，如何让民意以正当途径进入司法程序，又同时防止民意干扰司法？美国的做法或许能够带来一些启示。美国的司法过程对民意是相当开放的，但其前提是民意必须遵从既定法律渠道、法律程序，以某种"法律参与"的形式进入司法场域。民意在美国司法审判过程中的体现大致有三：一是法官的"合理化法律分析"，二是陪审团审判，三是作为"法律诉讼"的政治参与。但显而易见的是，陪审团成员最容易成为被民意干扰的裁决者，为此，司法系统通过变更陪审地点、隔离陪审员、采取延期审理等方式清理可能被民意污染的外围环境。①

以此，本书认为，构建合理的体育处罚民意遴选机制应当注意以下几个方面：

其一，基于体育处罚的即时性和有效性原则考虑，应当为体育处罚裁决商谈空间圈界一定范围。体育处罚裁决和司法裁决在所面对的对象和处罚的力度等方面存在根本差异。因而，其不可能完全依循司法裁决的严密程式。在体育处罚裁决上，既要考虑设置民众参与的空间，但也要从经济学角度考虑控制成本问题。正如学者指出，"如果从惩罚某种有害行为中获得的收益不能补偿因此而耗费的成本，那么这种有害行为就应当处于法律的控制范围之外。"②此外，还要从裁决的效率价值和正

---

① 参见孙笑侠、熊静波：《判决与民意——兼比较考察中美法官如何对待民意》，《政法论坛》2005 年第 5 期。
② 参见桑本谦：《法律控制的成本分析——以对通奸和黄色短信的法律控制为例》，《现代法学》2007 年第 5 期。

义原则角度考虑体育处罚的及时性。

总之,体育处罚裁决的商谈空间不可能无限扩展。而且,商谈空间的随意扩张,必然招致参与主体的失序和商谈内容的混乱,从而导致出现莫衷一是的局面,影响了体育处罚裁决作出的进程,丧失其有效性。不过,商谈空间的限定应以针对体育规则制定、体育处罚裁决和体育处罚结果评议分别设定。针对体育规则之立项和征求意见稿,应当尽可能地开辟公众参与渠道,广泛征求民意,所以商谈空间呈全方位开放姿态。比如,对于一般性的体育纪律处罚裁决,直接交由纪律委员会裁决,商谈空间仅局限于纪律委员会成员之间。而对于实施听证程序的体育纪律处罚裁决,虽然可以采用直播等方式扩容商谈空间,但是仍然要遵循外延有限原则,主要在听证委员会和纪律委员会成员之间展开有效商谈。至于,体育纪律处罚结果评议,因为不涉及更改结果、多为积累经验考虑,所以应当尽可能地开辟其商谈通道。

其二,有权主体应当合理规划和设计民意收集路径。笔者以体育社团及其制定体育规制、实施体育处罚中如何与民意互动为例加以说明。作为体育领域的公共管理机关,体育社团应当具有责任意识,不管此种责任是源自其成员内心对体育事业的热爱,还是来自体育规则和更高位阶法律的要求,它都应该成为体育社团在制定体育规则和开展体育处罚裁决时广泛征求民意的内在驱动力。在此基础上,体育社团设计出自上而下的民意收集路径并保证其顺畅无阻以便能收集到真实有效的民意信息。为此,有关责任人应当深入相关群体探查民意、听取民声,启动民意的动态收集系统。在另外一方面,体育社团需要搭建网络、信箱等静态的民意收集平台,以搜集来自下层的基于公民精神和参与意识而发起的民意。最好是在体育社团官方网站开辟以公共理性为指导的"网络话语公共空间"供公众就特定议题发表意见,公共理性的疏导可以在一定程度上防止纯粹的情感宣泄所导致民意无常、无序、无理现象的出现。在体育规则制定、裁决作出和结果评议之不同阶段可能会对两种路径的依赖有所侧重，但是路径设计合理、主次有序无疑会提升民意的收集效果。

其三，对收集来的民意比对、权衡、遴选与整合。信息化促成民意表达的井喷时代。这给收集民意提供了便利，但同时也制造了难题。本质上，"决策者在利用民意调查时，是不愿被一堆统计数据牵着鼻子走的，而更希望利用民意调查来引导民意，为其政策服务。"① 那么，面对诸多民意信息，有权主体要学会如何辨识民意的真假与良善，如何遴选真实有效民意及发挥其价值。此处仍以体育社团及体育纪律处罚为例做一说明。对于拥有体育纪律处罚权的体育社团而言，应当借鉴我国其他各地、各部门的做法，成立专门的民意处理机关。体育社团民意处理机关不仅负责推动自上而下的民意调查和自下而上的民意收集工作，而且负责民意的整合工作，即通过开展去伪存真、去粗取精的遴选工作，将真实有效的民意提供给体育规则制定者、体育纪律处罚裁决者。此项工作虽然以幕后工作为主导，但它是体育纪律处罚民意考量的一道重要工序，也是防止民意收集平台虚置、整场民意收集沦为作秀的最为关键的一道防线。

三、不同体育处罚类型之间的冲突及衍生的问题

为了寻找并构建不同体育处罚类型之间的协调机制，首先要借助于不同体育处罚类型的实践样态。为此，需要收集国内外不同体育处罚的案例进行实证分析。因为本部分内容重点考察不同体育处罚类型在法律规定中的竞合和实际处置上的冲突，所以拟从立法和适用两条路径分别对体育越轨行为之纪律罚、行政罚、刑罚三种案例进行比较分析。为了保证体育处罚案例的真实可靠，案例收集渠道包括司法系统、体育机构官方网站和北大法宝等权威案例库。

---

① 参见陈文鑫:《塑造还是反映民意》,《美国研究》2003 年第 4 期。

（一）案例展示

近年来，国内外针对体育越轨行为所实施的各种类型的处罚案例很多。限于篇幅，本书拟针对每种处罚类型，国内外各撷取一例，列表示之。国外案例主要来自体育职业化和产业化程度较高的英美法系国家。不过需要说明的是，在英美法系国家，对违法者惩戒或制裁的权力一般归属司法机构，即便是需要对一般违法治安的行为单独判处罚金，在英国也交由治安法院管辖，在美国则可能需要走更为复杂的陪审团程序，所以很难在这些国家找到单纯的体育行政处罚案例。多数情形下，英美法系国家司法系统针对体育领域中的违法行为和轻微的犯罪行为所作出的微罪判决或者单处罚金类似于我国行政主管机关作出的行政处罚。因此，下表美国琼斯说谎案例虽然处以刑罚，实则类似于我国的行政处罚。

表 12　体育处罚事件一览表

处　罚　事　件	处罚类型
2014 年 6 月，世界杯小组赛，乌拉圭球员苏亚雷斯咬人之后。国际足联对其作出禁赛 9 场，禁止其在 4 个月内参加与足球相关活动，并处 10 万瑞士法郎的罚款。	纪律罚
2014 年 12 月，2014—2015 中国男子篮球职业联赛四川金强对天津荣钢的比赛中，双方队员发生了严重冲突。中国篮协分别对责任人员给予通报批评、停赛、罚款的处罚。	纪律罚
2008 年 1 月，美国地方法院因为前奥运冠军琼斯在使用兴奋剂事件中说谎，对其判处 6 个月监禁。	刑罚
2012 年 7 月，北京国安球迷攻击申花球迷，致两位球迷严重受伤。肇事的 5 人被公安机关行政拘留。	行政罚
2005 年 10 月，美国全国冰球联盟温哥华队纳克折断对手脖子，被法院判处缓刑 1 年兼履行社区服务令。	刑罚
2010 年 10 月，北京国安夺得中超联赛冠军，球迷马某砸坏一辆奔驰轿车，被法院判处拘役 6 个月。	刑罚

（二）分析与结论

上述体育处罚的实践案例显示，因为处罚主体和依据的一致性，英美法系国家一般不存在体育行政罚与体育刑罚之间的严重冲突问题。在体育纪律罚上，可能会出现国际组织体育规则与国内法之间的冲突以及如何协调体育纪律罚与其他体育处罚之间救济渠道的衔接问题。尤其当体育仲裁成为解决诸多体育纠纷案件的重要的非诉讼手段，并且受理范围不再局限于当事人之间的合意，而扩展至"审理运动场暴力和裁判员滥用权力"①之后，英美法系国家也面临仲裁与司法救济范围之间的冲突问题。中国国内的实践案例之间的比较结果显示，我国体育处罚体系之间存在处罚主体权限划分不明、处罚范围重复、处罚内容竞合等诸多问题，并由此引发以下几个衍生性问题，主要有：体育社团有无行政性质的罚款权？体育处罚立法上的竞合会不会制造实践处置上的重复处罚从而违背一事不再理原则？不同体育处罚之间的救济手段如何衔接？

1. 不同体育处罚之间的冲突现象

从理论上，体育纪律罚、体育行政罚以及体育刑罚在处罚依据的制定主体及其规范性质、处罚主体、处罚范围、处罚内容等方面的区分应该是明晰的。不过通过实践案例来看，这三者之间无论是规范性文件制定还是实践处置中都存在一定程度的冲突现象。

以我国体育处罚的范围进行比较，会发现，体育纪律罚的类型主要有申戒罚、资格罚和财产罚；体育行政罚的类型主要有自由罚、资格罚和财产罚；体育刑罚的类型主要有资格刑、自由刑、财产刑与生命刑。三种体育处罚的主要类型之间至少在资格刑与财产刑上存在重叠现象，而体育行政罚和体育刑罚之间还存在自由刑上的重叠。当然，这些重叠虽然只是称谓上的，而且体育行政罚中的自由罚和体育刑罚中的自由刑实质上都是剥夺或者限制人身自由，但它们之间却存在处罚依据性质上的根本差异。比如体育纪律罚之财产罚所依据的规范性文件性质乃民间规约，而体育行政罚之财产罚的依据属行政规章、行政法规或者一般法律，至于体育刑罚之财产刑依据的刑法则属于基本法律。三种规范性文

---

① 参见刘同众.《国外体育仲裁范围与模式对我国体育仲裁立法的相关启示》，《体育与科学》2011年第6期。

件属性和位阶明显不同。不过，正是因为三种体育处罚分别有不同性质的处罚主体和依据，却拥有实质相同的处罚权，这必定会带来处罚权限冲突和范围重叠问题。此其一。

其二，实质相同的处罚，却因为所依赖的程序不同，则至少因为救济途径上的差异而形成冲突。依据现有的法律和规则，针对体育纪律罚，虽然不服处罚者根据仲裁协议可以寻求外部独立的体育仲裁机构的帮助，但是涉及纯属技术性问题的受罚者往往只能寻求内部的申诉，因为一些独立的体育仲裁机构对仲裁协议的范围进行了界定，许多技术性纠纷往往不被其受理；而在体育行政罚那里，受罚者除了借助于申请复议等手段寻求内部救济之外，还可以寻求行政诉讼之外部救济方式；体育刑罚的受罚者则可以在司法程序内行使上诉或者申诉等司法救济手段。性质相同的处罚却不能得到等质的救济方式，必然会因为规范性文件规定的竞合而制造更深层次的法律体系之间的冲突。

其三，体育行政罚和体育纪律罚之间的权限模糊，这是和管控体育行业的主体多元化以及现代体育社会中体育社团法人的崛起有关的。体育行业的社会化和延展性决定其不仅仅受制于体育行政主管机关一家，还会受公安、卫生、工商等其他行政管理部门的管控。因此，体育行政处罚主体呈现多元化特征。随着体育越来越专业和精细，体育行政机关已经没有能力或无暇处理诸多体育领域里的违规事件，转而交由更加专业的体育社团组织进行处置。而此必然带来体育纪律处罚主体更加多元化的局面。庞杂的体育处罚行使主体、处罚对象的广泛、违纪违法内容的多样以及随时可能失控的裁量自由权，由此型构成体育处罚体系间冲突的另一种乱象。

2. 引发与衍生的问题

以上所言的体育刑罚体系中的冲突必然会引发、衍生出诸多问题，主要有以下两个方面。

一是，如何消解体育纪律罚所带有的行政处罚属性。依据相关规定，中国篮球协会、中国足球协会等体育组织的法律性质被定位为社团法人。我国体育处罚体系中的体育纪律罚处罚主体多属于这类社团法人。体育本是专业技术性和行业封闭性的领域。由体育社团自行制定并且执行组织纪律处罚，可以防止外行管理内行现象的出现，也有利于体育行业的精细化和专业化发展。因此，体育处罚的纪律罚交由体育组织内部实施符合体育发展的规律。不过，体育纪律罚的权限设定则不仅是一个技术问题，也是一个是否合宪、合法、合理的问题。

当我们追溯体育社团处罚权的源头，会发现，纪律处罚的体育社团之处罚权乃由体育行政主管机关权力分配或者下放。此为《中华人民共和国体育法》之第49、50条加以确认。在我国，长期以来存在体育行政机关与体育社团组织"政社合一"的局面，如中国足协既是体育行政机关的下属单位，也作为体育社团法人参与行业运营。因此，这类体育社团的处罚权很大一部分是源自体育行政主管机关的权力分流。所以，由其主导的体育纪律罚自然存在一定的行政罚倾向。体育社团的处罚权还有一部分源自体育行政机关权力的下放。而拥有下放而来的体育处罚权力的体育社团组织则因此成为官方的代言人或者虽为民间自发组织却实为半官方组织。

而在国外，不仅一些国际性的体育组织拥有大额度的罚款权，英美法系国家，还存在体育组织内部制裁的事件。例如北美国家职业冰球比赛出现的致残或致死事件为数不少，但是，并没有经过司法程序，而是内部"消化"了。[1] 再如，在德国，每一项运动都有自己的行业执法机关。德国足协的执法机关包括"调查委员会"与"体育（足球）法庭"，前者像检察机关一样负责对违规行为进行调查，后者如同法院那样负责判决。它们根据足协的法规，负责对所有违反足球竞赛规则的行为进行处理。[2] 这种在我国类似"私力救济"的处罚显然侵占了刑法的管辖

---

[1]　参见贾文彤：《中外体育越轨行为研究与比较》，《沈阳体育学院学报》2014年第5期。

[2]　参见石泉：《竞技体育刑法制约论》，吉林大学博士论文2004年度。

领域。

我国虽然没有出现体育社团拥有"刑罚权"的事件，但动辄几十万元的带有行政罚倾向的大额罚款却时有发生。这类纪律处罚显然倾轧了行政处罚权限。就体育社团法人的法律地位和属性而言，笔者认为，体育社团既不能拥有刑罚权，也不能拥有行政处罚权。

二是，不同层级和属性的规范性文件处罚规定的竞合，会带来重复处罚现象，从而违背一事不再理这一法治原则。"同一错误不受两次责罚"，这一法律格言表达了一事不再理的裁决既判力的原则，旨在强调规范的安定性。就体育处罚的规范性文件体系而言，虽然层级不等、属性不同，但是为了避免不必要的冲突，不仅在立法时要注意上下位阶的规范之间的协调性，还要避免实践中适用规范时处罚主体各自为战而扰乱法律统一性的现象。虽然，体育处罚主体在对某一越轨行为决定处罚时会适当考虑其可能遭遇重复处罚，而有意进行技术性处理。比如，2010年针对中国男篮与巴西男篮群殴事件，中国篮协对责任人作出"停训"而非"禁赛"的处罚，据称是为了防止国际篮协按照规定对其再次使用"禁赛"而导致重复处罚出现。不过，不同层级规范性文件之间的冲突和某一类处罚权（如体育行政处罚）主体多元的现状，加之不同处罚尤其是行政罚和刑罚所调整的一般违法行为与严重违法行为之间的界限有时变动不居、难以判断的事实，体育处罚上的重复性在所难免。而此，在一定程度上是对一事不再理原则的反动。

四、不同体育处罚类型之间的衔接

造成体育处罚类型冲突和由此引发深层次问题的原因主要来自立法和实践操作两个方面。规定不同体育处罚类型的立法主体的多元化和其所制定的规范性文件的属性不一是产生问题的根源，而实践适用中体育处罚主体各自为战的失序性则加剧了这种混乱程度。为此，认清不同体育处罚类型之间的衔接现状，理顺并构建不同体育处罚类型之间涵括立法、适用与救济上的衔接机制成为解决问题的一种思路。

（一）不同体育处罚之立法衔接

体育活动的多元化以及由此带来的体育环境的复杂化必然使得体育越轨行为乱象丛生，国家采用纪律、行政、司法多头并进的手段纾解体育领域的难题已经成为时代特色。不同属性和效力等级的规范性文件（广义上的法）亦应运而生。但也由此带来不同体育处罚立法之间的协同问题。关于不同体育处罚立法之冲突现状，上文已有所表述，比如体育纪律罚之资格罚、财产罚与体育行政罚之资格罚、财产罚之间的类型竞合，体育行政罚之资格罚、财产罚、自由罚与体育刑罚之资格刑、自由刑、财产刑之间的类型竞合，而三种体育处罚的主要类型之间至少还在资格刑与财产刑上存在共同重叠现象。此处想再次强调的是，造成不同体育处罚之间冲突的根源就在于这些属性不一、位阶不同的规范性文件之间的关系没有梳理清楚。不同的立法主体在立法时并没有完全顾全其他关于体育处罚的规定，而出于自身立法目的而自建体系，从而导致了不同体育处罚类型之间的竞合和冲突。而在另一层面，各种体育处罚之间又存在一定的中断与脱节现象。最明显的是，规范的疏漏或者过于简单使得一些体育越轨行为处在法律的真空之中。

我国体育处罚立法一般从体育越轨行为轻重、涉及金额多少以及越轨行为后果大小三个方面来确立适用范围。但是，一些体育越轨行为的惩罚性并不必然随着量变而变化，而且不是所有的行为都能够以量来划定。体育处罚入罪标准的模糊性致使立法者很难精准把握处罚的基准，即便在自洽的处罚体系内部也会出现技术设定上的冲突，比如在刑罚体系内部一直存在为人所诟病的"死刑过重、生刑过轻"的问题。处罚范围的模糊性必然造成体育纪律罚、体育行政罚与体育刑罚三者之间的轻重衔接不畅。体育纪律罚和体育行政罚之间过于混淆的是财产罚的界限，体育行政罚与体育刑罚之间在财产罚与财产刑之间也没有相互照应。立法者没有注意到体育行政罚之自由罚与体育刑罚之自由刑间的过渡与衔接问题。比如，虽然作为行政处罚之一的劳动教养制度已经废除，但是类似于此的收容教养制度等还存在，这就表示体育行政罚之最高自由罚仍然高于体育刑罚之最低自由刑。

这显然违背了刑罚作为最严厉制裁手段的理念，同时凸显出我国行政罚与刑罚立法体例上的某种症候。我国刑事立法采用"散在型依附性"体例模式，即在行政法规中设置具有独立罪名和法定刑的刑法规范。学者认为，这种立法体例的弊端在于，分散设置在行政法律中的刑事罚多只规定对某种行政犯罪行为依照或比照刑法的规定追究刑事责任，甚至只是笼统规定"依法追究刑事责任"，没有直接规定罪名和法定刑。① 这种依附，一种可能因为行政处罚权过剩乃至超过刑罚权而导致依附流于形式，另一种可能情形是行政处罚有权主体在比附刑法条款时找不到合适的依据，使得有法难依。行政罚与刑罚总体上的冲突也必然会映照在体育行政罚与体育刑罚之间的关系上。

为了摆脱因立法技术缺陷导致的司法操作中的困境，需要在立法层面进行体育处罚体系的规整。基本思路应当是，纪律的规纪律，行政的归行政，刑罚的归刑罚。具体而言，我国体育纪律罚体系的构建，不仅不能借鉴英美法系国家体育组织设置调查机关和审判机构的做法以便内部消化严重体育越轨行为，而且体育社团法人的大额处罚权亦应当由行政主管机关收回，即体育纪律罚之大额财产罚应归属体育行政罚。与此同时，整饬体育行政罚体系，将涉及资格罚和小额罚款通过授权下放给体育社团组织，而将涉及长期剥夺、限制人身自由的自由罚和大额度的财产罚并入体育刑罚之中，升格为体育刑罚之自由刑和罚金刑。如此，需要弥补刑事法律的体例缺陷，改行政刑法"依附性"为"独立性"，废除行政法中的带有刑法性质的附属条款，设置专门的行政刑法以彻底改观行政罚与刑罚之间人为造成的要么"两不管"、要么"争着管"的

---

① 参见周佑勇、刘艳红：《试论行政处罚与刑罚处罚的衔接》，《法律科学》1996 年第 3 期。

窘境，在体育行政罚和体育刑罚之间的空间地带设置专门的体育行政刑罚，以此完成对二者以面带点的有机衔接。

（二）不同体育处罚之适用衔接

正是基于立法的权限不明，体育处罚的有权主体尽管"照章办事"，也会带来适用上的冲突，何况现实中还存在体育处罚主体多元化和处罚权限泛化的情形。体育处罚主体的多元化会造成不同体育处罚之适用衔接通道的堵塞。最明显的症候就是对同一体育越轨行为的重复惩罚现象。正如韩勇指出，对一些体育违规行为，仅仅由裁判做出处罚显然不够，体育组织还要对这些行为追加纪律处罚，其还可能同时触犯国家法律，受到司法制裁，往往要受到"双罚"或"三罚"。[1] 或者反过来，可能出现一种体育处罚遮蔽另一种体育处罚的现象，而使得越轨者逃脱了当受的苛责。例如，体育行政机关及其公务人员违法实施职权行为，处罚者容易忽视其中可能包含的犯罪性质，使行政违法行为掩盖了犯罪行为，行政违法行为虽受到行政处罚，却逃脱了犯罪制裁；或只注意到该行为的犯罪性质，忽视了其行政违法性，只追究其犯罪行为，而忽视了对其行政违法的认定与追责。[2]

而体育处罚主体自由裁量权的泛化则加剧了不同体育处罚类型实践样态的迷乱程度。体育处罚有权主体自由裁量权失去监督必然会导致任性处罚和同案不同罚的现象。实践中僭越处罚权的事件时有发生，不仅发生过某体育社团法人在行使财产罚时超越规定漫天开罚单的现象，还发生过某体育组织取消媒体采访资格的处罚事件。体育处罚权限的任性使用还表现为滥用处罚权。滥用体育处罚权是指有权主体对处罚过分依赖，甚至视其为唯一手段。滥用处罚权的结果必然会导致其在人们心目中的软化，因为，处罚虽无所不在，但体育越轨行为仍然层出不穷并未得以遏制。正所谓，"人的心灵就像液体一样，总是顺应着它周围的事

---

① 参见韩勇：《体育纪律处罚研究》，《体育科学》2007年第4期。
② 参见周佑勇、刘艳红：《行政刑法性质的科学定位》，《法学评论》2002年第4期。

物，随着刑场变得日益残酷，这些心灵也变得麻木不仁了。"①体育处罚的"滥"与"软"使得有权主体的形象大打折扣。自由裁量权的弹性过大所招致的同案异罚则会因为侵蚀公平、公正之根基而给体育活动带来致命伤害。

对于因为主体多元、层级混淆、权责不明导致的适用衔接不畅问题，梳理并重构一体化的体育刑罚之法律体系才能正本清源，而导致体育处罚特别是体育行政处罚疲软的罪魁乃"以罚代刑"，为了从根本上肃清这些现象，应当从立法上对体育行政部门的职责、权利和义务加以具体明确，把体育行政管理部门与社会体育组织之间的责任和义务划分清楚；②也应当从立法上消弭体育行政罚与体育刑罚之间的模糊地带，严密刑事法网，加大对一些体育越轨行为的惩治力度。至于，对体育处罚主体自由裁量权之泛化现象则需要分级应对。对于体育纪律而言，同一项运动应当由主管全国体育的行政机关制定统一的惩戒规定，只允许在特别地区有所变通，不同项目尽管千差万别，但是应秉持公正公平之底线，比照设置可以一体遵循的惩戒标准。对于体育行政处罚，应当由国家体育行政机关针对不同的运动领域制定细致并可操纵的处罚基准，将有权主体的自由裁量权尽可能地限制在一定幅度内。于此，可以借鉴近年来在我国开展的以限制法官自由裁量权为中心的量刑规范化改革。《量刑规范化指导意见》也是限制体育刑罚权实施主体自由裁量权的制度借鉴。

此外，我国正在尝试构建的典型案例指导制度亦能为消除体育处罚适用上的乱象带来一定启示。受英美法系国家判例确立司法原则乃至法律制度的影响，我国近年来逐步确立和明确典型案例对司法实践的指导意义，指导性案例由最高司法机关定期统一发布。受此启发，应当由权

---

① ［意］贝卡里亚：《论犯罪与刑罚》，黄风译，中国大百科全书出版社1993年版，第43页。
② 参见姜熙：《澳大利亚体育法及其对我国〈体育法〉修改的启示》，《武汉体育学院学报》2014年第10期。

威机关建立专门的体育处罚案例库，定期从中遴选对实践操作具有重大指向意义的典型体育处罚案例，由权威机关予以发布。体育刑罚案例自然应当融入我国指导性案例制度中，由最高司法机关统一发布，而体育纪律罚和体育行政罚案例则交由国家体育行政机关统一收集并发布。必要时，还可以由国家体育总局、最高人民法院、最高人民检察院联合发布体育处罚指导性案例。

（三）不同体育处罚之救济衔接

如上文所言，纯属技术性的事实纠纷引起的体育纪律罚，其受罚人一般只能寻求申诉等内部救济途径，而在设有相关仲裁机构并且拥有仲裁协议的情形下，一些体育纪律罚的受罚人还能够谋求外部的仲裁救济手段。尽管英美法系国家肯定体育纪律罚的可诉性，但是从实践来看，体育纪律罚的受罚人几乎很少能够得到司法救济。在我国，针对体育纪律罚而提起的行政诉讼一般会被法院以不符合受理条件驳回。例如，2002 年的长春亚泰足球俱乐部起诉中国足协即被法院裁定不予受理。按照现代法治精神，任何纠纷不经司法裁决都不能最终盖棺定论。涉及技术性问题的体育纪律罚救济的内部解决模式有时会让受罚者陷入诉说无门的逆境。尤其对于由半官方组织性质的处罚主体作出的带有行政处罚倾向的纪律罚所制造的纷争，却没有设定仲裁、司法等外部救济渠道，表明了在体育纪律罚和体育行政罚救济衔接上存在问题。

针对体育纪律罚多以内部救济的现状，可以借鉴国际体育组织体育纪律罚的做法，设立特别体育仲裁法庭，以准司法的途径解决这种需要司法救济倾向性的体育处罚所制造的纠纷。这一点其实已经为我国《体育法》之第 33 条明示，只可惜，我国尚未出台统一性的体育仲裁规范，体育行业内部自行组建的体育仲裁机构往往造就了体育仲裁救济方式的割据局面。而针对国际体育组织的体育纪律处罚，除了申诉途径之外，还可以寻求国际体育仲裁法庭（CAS）的裁决。例如 2012 年我国举重运动员廖辉诉国际举重联合会案。如果国际体育仲裁庭驳回不予受理，还有机会寻求对体育纠纷情有独钟并且拥有国际体育仲裁庭仲裁之否决权的瑞士联邦最高法院的最终裁决。如2011年的巴里诉纳沙泰尔案。近期，西班牙巴萨足球俱乐部就国际足联禁止其引援的处罚上诉至国际仲裁法庭被驳回，亦准备上诉至瑞士联邦最高法院寻求终局裁决。不过在我国还面临着国际仲裁效力承认与否的问题，就现有的法律而言，此尚属空白地带，需要从立法和司法两个层面予以跟进，方能理顺体育处罚救济上的衔接。

依据现有的法律框架和法治原则，仲裁裁决是在平等主体之间能够通过双方达成合意的仲裁协议或者仲裁条款的前提下进行，因此，鉴于行政主体和行政相对人之间的不平等，体育行政处罚引起的纷争不便寻求体育仲裁机构救济，但可以在穷尽内部投诉、复议等救济手段之后，转而寻求司法救济，即通过行政诉讼的方式进行。至于体育刑罚的受罚人本就在司法程序中，因而司法救济成为其当然的救济手段。即使针对涉及专业技术纠纷的体育纪律罚，司法程序同样可以植入，只不过在事实认定上可以交由从体育专业人士中挑选的人民陪审员进行认定，伴随着司法改革的深度展开，还可能成立专门性质的人民陪审团，以解决体育纪律处罚所引起的诉讼纷争。

参考文献

著作类：

1. 高铭暄、马克昌：《刑法学》北京大学出版社 2014 年版。

2. 高铭暄：《中华人民共和国刑法的孕育与诞生和发展完善》，北京大学出版社 2012 年版。

3. 马克昌：《犯罪通论》，武汉大学出版社 2003 年版。

4. 王作富：《刑法论衡》，法律出版社 2004 年版。

5. 王牧主编：《新犯罪学》高等教育出版社 2010 年版。

6. 储槐植：《刑事一体化与关系刑法论》，北京大学出版社 1997 年版。

7. 储槐植：《刑事一体化》，法律出版社 2004 年版。

8. 储槐植：《刑事一体化论要》，北京大学出版社 2007 年版。

9. 陈兴良主编：《刑法学》，复旦大学出版社 2009 年版。

10. 陈兴良：《犯罪论体系研究》，清华大学出版社 2005 年版。

11. 陈兴良：《刑法的启蒙》，法律出版社 2003 年版。

12. 陈兴良：《刑法哲学》，中国政法大学出版社 2004 年版。

13. 陈兴良：《刑法的人性基础》，中国人民大学出版社 2006 年版。

14. 张明楷：《刑法分则的解释原理》(上、下)，中国人民大学出版社 2011 年版。

15. 张明楷：《刑法学》，法律出版社 2021 年版。

16. 赵秉志：《当代刑法问题新思考》，中国法制出版社 2016 年版。

17. 赵秉志：《新形势下贿赂犯罪司法疑难问题》，清华大学出版社 2015 年版。

18. 曲新久：《刑事政策的权力分析》，中国政法大学出版社 2002 年版。

19. 张旭：《犯罪学要论》，法律出版社 2003 年版。

20. 邱兴隆：《关于惩罚的哲学》，法律出版社 2000 年版。

21. 张远煌：《犯罪学原理》，法律出版社 2003 年版。

22. 皮艺军：《犯罪学研究论要》，中国政法大学出版社 2001 年版。

23. 康树华：《当代中国犯罪主体》，群众出版社 2005 年版。

24. 张晓真：《犯罪心理学》，中国政法大学出版社 2005 年版。

25. 王祖清：《犯罪学》，中国政法大学出版社 2005 年版。

26. 张明：《走向歧途的心灵犯罪心理学（图解现代人心理新话题）》，科学出版社 2004 年版。

27. 孔一：《犯罪预防实证研究》，群众出版社 2006 年版。

28. 谢勇：《宏微之际：犯罪研究的视野》，中国检察出版社 2005 年版。

29. 严圭：《犯罪心理学阅读材料》，中国林业出版社 2005 年版。

30. 邱国梁：《犯罪心理学的理论与运用研究》，群众出版社 2005 年版。

31. 翟中东：《犯罪控制：动态平衡论的辩解》，中国政法大学出版社 2004 年版。

32. 赵宝成：《犯罪学专论》，中国人民公安大学出版社 1999 年版。

33. 李伟：《犯罪学的基本范畴》，北京大学出版社 2004 年版。

34. 周东平：《犯罪学新论》，厦门大学出版社 2004 年版。

35. 冯树梁：《中外预防犯罪比较研究》，中国人民公安大学 2003 年版。

36. 吴宗宪：《西方犯罪学》，法律出版社 1999 年版。

37. 张甘妹：《犯罪学原理》，汉林出版社 1985 年版。

38. 全国集中打击赌博违法犯罪活动协调小组办公室：《网络赌博侵入中国》2004 年版。

39. 刘强：《美国犯罪学研究概要》，中国人民公安大学出版社 2002 年版。

40. 许发民：《刑法的社会学分析》，法律出版社 2003 年版。

41. 黎国智等：《犯罪行为控制论》，中国检察出版社 2002 年版。

42. 白建军：《关系犯罪学》，中国人民大学出版社 2005 年版。

43. 王政勋：《正当行为论》，法律出版社 2000 年版。

44. 田宏杰：《刑法中的正当化行为》，中国检察出版社 2004 年版。

45. 许永强：《刑事法治视野下的被害人》，中国检察出版社 2003 年版。

46. 梅传强：《犯罪心理学》，法律出版社 2003 年版。

47. 张晓秦：《当代中国的犯罪与治理》，北京大学出版社 2001 年版。

48. 杨焕宁：《犯罪发生机理研究》，法律出版社 2001 年版。

49. 贾宇：《罪与刑德思辨》，法律出版社 2002 年版。

50. 蔡道通：《刑事法治的基本立场》，北京大学出版社 2008 年版。

51. 乐国安：《法律心理学》，华东师范大学出版社 2003 年版。

52. 张春兴：《现代心理学——现代人研究自身问题的科学》，上海人民教育出版社 2005 年版。

53. 袁贵仁：《价值学引论》，北京师范大学出版社 1991 年版。

54. 皮艺军：《在天使与野兽之间》，贵州人民出版社 1999 年版。

55. 孙正平：《金话筒的诉说——电视体育节目的解说与主持》，中国经济出版社 2000 年版。

56. 李泽厚：《美的历程》，天津社会科学院出版社 2001 年版。

57. 吴光远、黄亚玲：《体育人文社会学概论》，北京体育大学出版社 2011 年版。

58. 徐爱丽等:《体育经纪人实务》,复旦大学出版社 2004 年版。

59. 颜绍泸:《体育运动史》,人民体育出版社 1990 年版

60. 唐凯麟:《伦理学》,高等教育出版社 2001 年版。

61. 费孝通:《美国与美国人》,北京三联书店 1984 年版。

62. 刘德佩:《体育社会学》,人民体育出版社 1990 年版。

63. 吴光远、黄亚玲:《体育人文社会学概论》,北京体育大学出版社 2011 年版。

64. 李重申等:《丝绸之路体育文化论集》,中华书局 2005 年版。

65. 冯尔康:《中国社会史概论》,高等教育出版社 2004年版。

66. 顾拜旦:《奥林匹克宣言》,人民出版社 2008 年版。

67. 颜绍泸:《竞技体育史》,人民体育出版社 2006 年版。

68. 熊晓正、钟秉枢:《新中国体育 60 年》,北京体育大学出版社 2010 年版。

69. 钟秉枢:《职业体育——理论与实证》,北京体育大学出版社 2006 年版。

70. 国家体育总局政策法规司:《体育产业:现状趋势与对策》,人民体育出版社 2001 年版。

71. 郭玉川:《竞技体育刑法规制问题研究》,法律出版社 2013 年版。

72. 董小龙、郭春玲:《体育法学》,法律出版社 2013 年版。

73. 谭小勇:《学校体育伤害事故法律问题研究》,法律出版社 2015 年版。

74. 韩勇:《体育法的理论与实践》,北京体育大学出版社 2009 年版。

75. 龚正伟:《当代中国体育伦理建构研究》,北京体育大学出版社 2009 年版。

76. 郑芳:《基于要素分析的职业体育治理结构研究》,浙江大学出版社 2010 年版。

77. 程林林:《当代中国体育利益格局演化研究》,学习出版社 2011 年版。

78. 肖永平、黄世席:《欧洲体育法研究》,武汉大学出版社 2010 年版。

79. 崔乐泉:《中国古代体育文物图录》,中华书局 2000 年版。

80. 丁玲辉:《西藏传统养生体育文化》,西藏人民出版社 2001 年版。

81. 谷世权:《中国体育史》,北京体育大学出版社 2003 年版。

82. 国家体委:《中国体育史参考资料》,人民体育出版社 1956 年版。

83. 郝更生:《中国体育概论》,商务印书馆 1926 年版。

84. 黄益苏、史绍蓉:《中国传统体育》,中南工业大学出版社 2000 年版。

85. 林思同:《唐代马球探微》,甘肃人民出版社 1982 年版。

86. 卢兵:《中华民族传统体育文化导论》,民族出版社 2005 年版。

87. 孙景琛:《中国舞蹈史》,文化艺术出版社 1983 年版。

88. 体育史编写组:《体育史》,高等教育出版社 1987 年版。

89. 徐玉良:《中国少数民族体育史》,中央民族大学出版社 2005 年版。

90. 韦晓康:《壮族民族传统体育文化研究》,中央民族大学出版社 2004 年版。

91. 涂绍生、向鸣坤:《土家族民间体育》,中央民族大学出版社 2000 年版。

92. 杨向东:《中国古代体育文化史》,人民体育出版社 2004 年版。

93. 姚重军:《少数民族体育传统文化研究》,民族出版社 2004

年版。

94. 曾于久、刘星亮：《民族传统体育概论》，人民体育出版社 2000 年版。

95. 施耐庵：《水浒传》，人民文学出版社 1985 年版。

96. 林勇虎：《体育的社会学探索》，万卷出版公司 2005 年版。

97. 谭建湘等：《体育经纪导论》，高等教育出版社 2004 年版。

98. 路云亭：《竞技·中国》，中华工商联合出版社 1997 年版。

99. 李建设：《体育经纪：理论研究与实践探讨》，北京体育大学出版社 2005 年版。

100. 倪泽仁：《暴力犯罪刑法适用指导》，中国检察出版社 2006 年版。

101. 杨则宜：《药物与竞技体育》，人民体育出版社 1998 年版。

102. 刘以林：《体育演义》，华语教学出版社 1984 年版。

103. 郭树理：《体育纠纷的多元化救济机制探讨——比较法与国际法的视野》，法律出版社 2004 年版。

104. 刘欣然：《生命行为的存在：体育哲学、历史与文化的线索》，北京体育大学出版社 2014 年版。

105. 赵毅：《罗马体育法要论》，法律出版社 2017 年版。

106. 唐勇：《体育法基本问题研究》，法律出版社 2020 年版。

107. 郑璐、刘舒辉、张记国：《体育法律问题研究》，中国政法大学出版社 2019 年版。

108. ［希腊］赛莫斯：《古里奥尼斯原生态的奥林匹克运动》，上海人民出版社 2008 年版。

109. ［意］马里奥·科尔特：《进球！进球！进球！足球征服世界》，陈晶晶译，山西人民出版社 2012 年版。

110. ［美］A.麦金太尔：《追寻美德》，宋继杰译，译林出版社 2003 年版。

111.［德］包尔生:《伦理学体系》,何怀宏、廖申白译,中央编译出版社 1998 年版。

112.［古希腊］亚里士多德:《尼各马科伦理学》,苗力田译,中国社会科学出版社 1999 年版。

113.［日］大塚仁:《犯罪论的基本问题》,中国政法大学出版社 1993 年版。

114.［美］威廉·赖特:《基因的力量——人是天生的还是造就的》,郭本禹译,江苏人民出版社 2001 年版。

115.［美］罗纳德·J.博格、小马文·D.弗瑞、帕特里克亚·瑟尔斯:《犯罪学导论——犯罪、司法与社会》,刘仁文等译,清华大学出版社 2009 年版。

116.［英］休谟:《人性论》(上册),关文运译,商务印书馆 1991 年版。

117.［法］埃米尔·迪尔凯姆:《自杀论》,钟旭辉等译,浙江人民出版社 1988 年版。

118.［法］埃米尔·迪尔凯姆:《社会学方法的规则》,胡伟译,华夏出版社 1997 年版。

119.［英］亚当·斯密:《道德情操论》,蒋自强等译,商务印书馆 1997 年版。

120.［英］戈登·休斯《解读犯罪预防——社会控制、风险与后现代》,刘晓梅等译,中国人民公安大学出版社 2009 年版。

121.［英］米歇尔·贝洛夫,蒂姆·克尔,玛丽·德米特里:《体育法》,武汉大学出版社 2008 年版。

122.［意］切萨雷·龙勃罗梭著,黄风译:《犯罪人论》2005 年版。

123.［意］恩里科·菲利:《实证派犯罪学》,中国人民公安大学出版社 2004 年版。

124.［意］恩里科·菲利:《犯罪社会学》,中国人民公安大学出版社 2004 年版。

125. ［意］加罗法洛著，耿伟等译：《犯罪学》，中国大百科全书出版社 1996 年版。

126. ［美］约翰·列维斯·齐林：《犯罪学及刑罚学》，中国政法大学出版社 2003 年版。

127. ［美］约翰·罗尔斯著，何怀宏等译：《正义论》，中国社会科学出版社 2003 年版。

128. ［美］理查德·昆尼、约翰·威尔得曼：《新犯罪学》，中国国际广播出版社 1988 年版。

129. ［德］汉斯·约克西姆·施奈德：《犯罪学》，中国人民公安大学出版社与国际文化出版公司联合出版 1990 年版。

130. ［英］D. R. 英特拉姆：《运动药物》，兰州大学出版社 1993 年版。

131. ［英］David Miller：《Olympic Revolution》，人民体育出版社 1996 年版。

132. Jack Anderson. Modern Sports Law. Oxford：Hart Publishing，2010.

133. D. S. Eitzen. Sport in contemporary society. St. Martin Press，1979.

134. Leunes I. D，Nation J. R. Sport Psychology：an Introduction. Nnelson-Hall Pub，1989.

论文类：

期刊论文：

1. 韩勇：《体育纪律处罚研究》，《体育科学》2007 年第 4 期。

2. 王梦：《反兴奋剂目标与纪律处罚措施探讨》，《体育文化导刊》2012 年第 1 期。

3. 贾文彤：《刚刚在路上——再论中国体育法学向何处去》，《体育与科学》2015 年第 5 期。

4. 巴艳芳、郭敏、田静：《体育犯罪学初探》，《体育文化导刊》2006 年第 1 期。

5. 夏婧、李丹：《我国竞技体育中的犯罪预防与惩处研究》，《理论月刊》2008 年第 1 期。

6. 黄晓卫：《体育非法行为及其司法控制刍议》，《四川体育科学》1999 年第 2 期。

7. 康均心：《我国体育犯罪研究综述》，《武汉体育学院学报》2010 年第 4 期。

8. 谢望原、陈琴：《体育竞技中贿赂犯罪比较研究》，《政法论丛》2004 年第 6 期。

9. 杨科：《体育犯罪概念及其类型的再分析》，《武汉体育学院学报》2010 年第 6 期。

10. 任海：《论体育伦理问题》，《伦理学研究》2007 年第 6 期。

11. 侯迎锋、郭振：《西方竞技体育身体暴力的演变》，《体育学刊》2010 年第 11 期。

12. 梁爽：《美国体育中的英雄主义》，《科技视界》2014 年第 6 期。

13. 陈强：《权利个人主义与道德个人主义辨析》，《道德与文明》2014 年第 5 期。

14. 李津蕾、石岩：《英国反足球观众暴力立法的变迁历程与内容透视》，《中国体育科技》2005 年第 4 期。

15. 高强：《论现代体育之"超越"品格》，《成都体育学院学报》2014 年第 1 期。

16. 陈强：《权利个人主义与道德个人主义辨析》，《道德与文明》2014 年第 5 期。

17. 罗文静、周丽君：《冲突理论视角下的体育越轨行为》，《浙江体育科学》2011 年第 4 期。

18. 刘湘溶、刘雪丰：《当前竞技体育伦理问题及其实质》，《伦理学研究》2006 年第 3 期。

19. 王健、董传升：《人文主义视野中体育伦理的技术化转向及其困境》，《社会科学辑刊》2006 年第 6 期。

20. 苏力：《只是与写作相关》，《中外法学》2015 年第 1 期。

21. 安乐哲：《儒家角色伦理学：挑战个人主义意识形态》，《孔子研究》2014 年第 1 期。

22. 张新、夏思永：《管窥中国传统体育伦理思想》，《北京体育大学学报》2004 年第 1 期。

23. 侯迎锋、郭振：《西方竞技体育身体暴力的演变》，《体育学刊》2010 年第 11 期。

24. 黄立、龙玉梅：《竞技体育犯罪研究的回顾与展望》，《体育学刊》2010 年第 12 期。

25. 张晓龙、沈建华：《基因时代体育科技观的哲学思考》，《上海体育学院学报》2007 年第 2 期。

26. 杨万友、王庆军：《从传播学视角看足球流氓暴力行为的成因》，《体育文化导刊》2007 年第 2 期。

27. 薛静丽、田吉明：《竞技体育犯罪：法律与伦理的双重审视》，《成都体育学院学报》，2010 年第 12 期。

28. 刘同众：《国外体育仲裁范围与模式对我国体育仲裁立法的相关启示》，《体育与科学》2011 年第 6 期。

29. 贾文彤：《中外体育越轨行为研究与比较》，《沈阳体育学院学报》2014 年第 5 期。

30. 姜熙：《澳大利亚体育法及其对我国〈体育法〉修改的启示》，《武汉体育学院学报》2014 年第 10 期。

31. 于善旭：《创建深化体育改革与建设法治体育互为推进的新常

态》，《上海体育学院学报》2016 年第 1 期。

32. 于善旭：《〈中华人民共和国体育法〉的颁行成效与完善方策》，《体育科学》2015 年第 9 期。

33. 于善旭：《论法治体育在推进体育治理现代化中的主导地位》，《上海体育学院学报》2014 年第 6 期。

34. 黄世席：《足球暴力法律规制之比较研究》，《体育与科学》2008 年第 1 期。

35. 薛静丽、田吉明：《竞技体育犯罪：法律与伦理的双重审视》，《成都体育学院学报》2010 年第 12 期。

36. 李文等：《"黑哨"现象犯罪成因的主体分析》，《北京体育大学学报》2005 年第 10 期。

37. 石泉：《竞技体育活动中恶意伤害行为的刑法评价》，《吉林省经济管理干部学院学报》2004 年第 2 期。

38. 姚树基：《职业足球联赛球场暴力的成因及对策》，《体育学刊》2003 年第 4 期。

39. 吕伟：《美国规制操纵体育比赛犯罪研究》，《武汉体育学院学报》2015 年第 1 期。

40. 吕伟：《我国职业体育领域腐败犯罪的成因探讨》，《西安体育学院学报》2015 年第 2 期。

41. 姜熙：《〈体育法〉修改增设"体育纠纷解决"章节的研究》，《天津体育学院学报》2015 年第 5 期。

42. 王桢：《三阶层犯罪论体系下体育不法侵害行为的责任阻却事由解析》，《体育学刊》2018 年第 5 期。

43. 姜世波：《国际体育组织法律问责机制之缺失与对策》，《西安体育学院学报》2016 年第 2 期。

44. 杨国庆、闫成栋：《新时代我国竞技体育改革发展的法治保障》，《体育科学》2019 年第 1 期。

45. Koller, Dionne L. Putting Public Law into Private Sport, Pepperdine Law Review, Vol. 43, Issue 3（2016）.

46. 克劳斯·费维克、唐志威：《德国体育法导论：协会自治与法律规制之间（上篇）——自我规制与双轨制的视角》,《体育与科学》2020 年第 4 期。

47. 周青山、杨婧：《体育纪律处罚的监督机制：模式与中国道路》,《北京体育大学学报》2020 年第 12 期。

48. 徐士韦：《建设体育强国进程中运动员权利保护的问题意识——以中超处罚事件为例》,《武汉体育学院学报》2020 年第 2 期。

49. 张文闻、吴义华：《程序正义与权利保障：国际体育组织处罚权行使的原则及实现机制》,《上海体育学院学报》2018 年第 2 期。

50. 陈锐：《论我国体育行业协会社会服务纪律处罚的适用》,《天津体育学院学报》2019 年第 4 期。

51. 李智、刘永平：《我国〈体育法〉修订进程中体育仲裁制度的构建与完善》,《北京体育大学学报》2021 年第 11 期。

学位论文:

1. 邹鸿：《体育犯罪问题研究》, 西南政法大学硕士学位论文, 2007 年。

2. 石泉：《竞技体育刑法制约论》, 吉林大学博士学位论文, 2004 年。

3. 王良玉：《转型期中国竞技体育腐败问题研究》, 北京体育大学博士学位论文, 2013 年。

4. 罗嘉司：《竞技体育犯罪研究——以犯罪学为视角》, 吉林大学博士学位论文, 2006 年。

5. 张彩红：《竞技体育犯罪法律治理研究》, 北京体育大学博士学位论文, 2011 年。

6. 姜熙：《比较法视角下的我国体育立法研究——以〈体育法〉修改为切入点》, 上海体育学院, 2017 年。

图书在版编目(CIP)数据

体育犯罪及其分层治理研究/张训著. —上海：
上海三联书店,2023.3
ISBN 978 - 7 - 5426 - 8025 - 9

Ⅰ. ①体… Ⅱ. ①张… Ⅲ. ①竞技体育-刑事犯罪-
研究-中国 Ⅳ. ①D924.305

中国国家版本馆 CIP 数据核字(2023)第 035959 号

体育犯罪及其分层治理研究

著 者 / 张 训

责任编辑 / 殷亚平
装帧设计 / 一本好书
监 制 / 姚 军
责任校对 / 王凌霄

出版发行 / 上海三联书店
　　　　　(200030)中国上海市漕溪北路 331 号 A 座 6 楼
邮 箱 / sdxsanlian@sina.com
邮购电话 / 021 - 22895540
印 刷 / 上海惠敦印务科技有限公司

版 次 / 2023 年 3 月第 1 版
印 次 / 2023 年 3 月第 1 次印刷
开 本 / 640mm×960mm 1/16
字 数 / 250 千字
印 张 / 17.25
书 号 / ISBN 970 7 - 5426 - 8025 - 9/D · 568
定 价 / 88.00 元

敬启读者,如发现本书有印装质量问题,请与印刷厂联系 021 - 63779028